해커스공무원

신 민 숙
쉬운국어

한 권으로 끝

해커스공무원

목차

이 책의 활용법 4

I 국어학

01 지문에서 파악한 문법 정보로 문제 해결하기 8

II 화법과 작문

01 화법 44

02 표현하기 54

03 개요 작성 및 수정 64

04 고쳐쓰기 74

05 논지 전개 방식 98

여러분의 합격을 응원하는

해커스공무원의 특별 혜택

FREE 공무원 국어 **특강**

해커스공무원(gosi.Hackers.com) 접속 후 로그인 ▶ 상단의 [무료강좌] 클릭하여 이용

해커스공무원 온라인 단과강의 **20% 할인쿠폰**

F B 7 E 2 3 8 3 7 6 C D E B 9 W

해커스공무원(gosi.Hackers.com) 접속 후 로그인 ▶ 상단의 [나의 강의실] 클릭 ▶
좌측의 [쿠폰등록] 클릭 ▶ 위 쿠폰번호 입력 후 이용

* 등록 후 7일간 사용 가능(ID당 1회에 한해 등록 가능)

합격예측 **온라인 모의고사 응시권 + 해설강의 수강권**

D 5 2 7 7 A 2 B D B F 8 4 4 8 J

해커스공무원(gosi.Hackers.com) 접속 후 로그인 ▶ 상단의 [나의 강의실] 클릭 ▶
좌측의 [쿠폰등록] 클릭 ▶ 위 쿠폰번호 입력 후 이용

* ID당 1회에 한해 등록 가능

해커스 매일국어 **어플 이용권**

T M Q S 6 K 8 1 B D Z 8 8 M M N

구글 플레이스토어/애플 앱스토어에서 [해커스 매일국어] 검색 ▶
어플 다운로드 ▶ 어플 이용 시 노출되는 쿠폰 입력란 클릭 ▶ 위 쿠폰번호 입력 후 이용

▲ 매일국어 어플 바로가기

* 등록 후 30일간 사용 가능
* 해당 자료는 [해커스공무원 국어 기본서] 교재 내용으로 제공되는 자료로, 공무원 시험 대비에 도움이 되는 유용한 자료입니다.

쿠폰 이용 관련 문의 **1588-4055**

단기 합격을 위한 해커스공무원 커리큘럼

입문

탄탄한 기본기와 핵심 개념 완성!

누구나 이해하기 쉬운 개념 설명과 풍부한 예시로 부담없이 쌩기초 다지기

TIP 베이스가 있다면 **기본 단계**부터!

기본+심화

필수 개념 학습으로 이론 완성!

반드시 알아야 할 기본 개념과 문제풀이 전략을 학습하고
심화 개념 학습으로 고득점을 위한 응용력 다지기

기출+예상 문제풀이

문제풀이로 집중 학습하고 실력 업그레이드!

기출문제의 유형과 출제 의도를 이해하고 최신 출제 경향을 반영한
예상문제를 풀어보며 본인의 취약영역을 파악 및 보완하기

동형문제풀이

동형모의고사로 실전력 강화!

실제 시험과 같은 형태의 실전모의고사를 풀어보며 실전감각 극대화

최종 마무리

시험 직전 실전 시뮬레이션!

각 과목별 시험에 출제되는 내용들을 최종 점검하며 실전 완성

PASS

* 커리큘럼 및 세부 일정은 상이할 수 있으며,
자세한 사항은 해커스공무원 사이트에서 확인하세요.

단계별 교재 확인 및 **수강신청은 여기서!**

gosi.Hackers.com

III 독해

독해 기초 훈련하기 108

01 주제문, 중심 내용 찾기 142

02 세부 내용 파악하기 148

03 순서 배열 찾기 158

04 글의 전략 166

05 추론하기 172

06 빈칸 넣기 180

07 문학 지문 파악하기 190

IV PSAT형 언어 논리

01 논지의 강화와 약화 202

02 추리 논증 210

이 책의 활용법

국어학부터 논리 유형까지 한 권으로 끝!

목차

이 책의 활용법 4

I 국어학
01 지문에서 파악한 문법 정보로 문제 해결하기 8

II 화법과 작문
01 화법 44
02 표현하기 54
03 개요 작성 및 수정 64
04 고쳐쓰기 74
05 논지 전개 방식 98

III 독해
독해 기초 훈련하기 108
01 주제문, 중심 내용 찾기 142
02 세부 내용 파악하기 148
03 순서 배열 찾기 158
04 글의 전략 166
05 추론하기 172
06 빈칸 넣기 180
07 문학 지문 파악하기 190

IV PSAT형 언어 논리
01 논지의 강화와 약화 202
02 추리 논증 210

국어학부터 화법과 작문, 독해, 논리 유형까지 시험에 출제되는 모든 영역을 학습할 수 있도록 구성하였습니다. 각 영역별로 반드시 알아야 할 필수 내용을 바탕으로 다양한 유형의 문제를 풀어보며 국어 실력을 끌어올릴 수 있습니다.

[독해 기초 훈련하기]로 꽉 잡는 독해 감각!

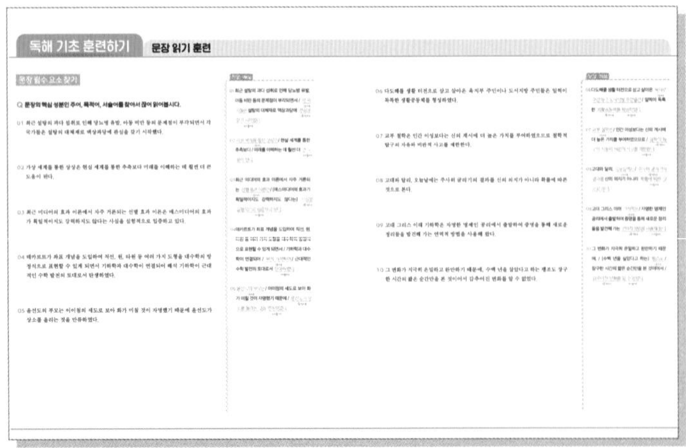
독해 기초 훈련하기 문장 읽기 훈련

최신 출제기조에 따라 지문형 문제를 대비할 수 있도록 독해의 기본기를 다질 수 있는 연습 문제를 다수 수록하였습니다. 문제를 풀어보며 글을 빠르게 읽고 정확하게 분석하는 방법을 직접 체화할 수 있어 단기간에 독해 실력을 향상시킬 수 있습니다.

핵심 개념만 효율적으로 정리하는 이론 학습!

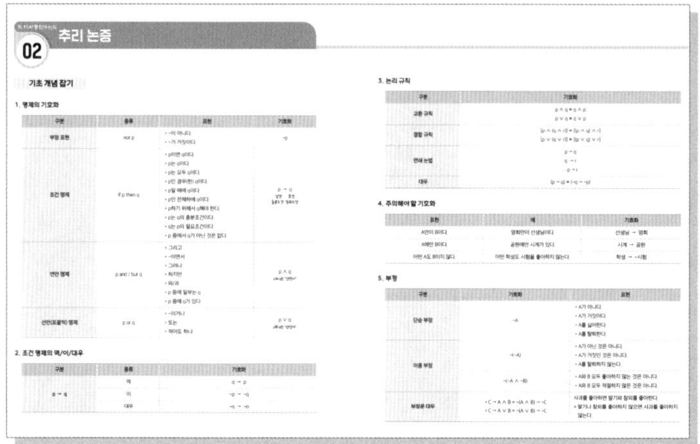
02 추리 논증

기초 개념 잡기

문제 풀이 시간을 단축시키는 배경지식을 쌓을 수 있도록 필수 이론을 핵심 위주로 수록하였습니다. 반드시 알아야 하는 내용만 빠르게 학습하여 국어 이론을 가장 효율적으로 학습할 수 있습니다.

객관식 문제풀이로 실전 완벽 대비!

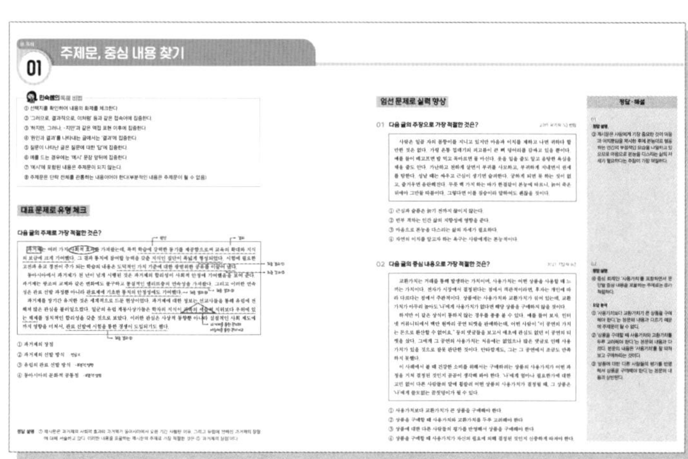
01 주제문, 중심 내용 찾기

대표 문제로 유형 체크

엄선 문제로 실력 향상

대표 문제로 유형 체크

각 유형을 대표하는 문제를 손글씨 해설과 함께 수록하였습니다. 출제자의 의도와 정답을 찾아가는 사고 과정을 한눈에 파악할 수 있는 친절한 손글씨 해설을 통해 유형별 풀이 방법을 쉽고 빠르게 익힐 수 있습니다.

엄선 문제로 실력 향상

실제 시험과 동일한 유형의 객관식 예상 문제를 풍부하게 수록하였습니다. 학습한 이론을 문제에 바로 적용해 볼 수 있어 실전 감각까지 키울 수 있습니다.

I 국어학

01 지문에서 파악한 문법 정보로 문제 해결하기

대표 문제 & 핵심 이론 언어의 본질

다음 글에서 추론한 내용으로 적절하지 않은 것은?

언어의 기호성은 언어가 그것의 음성, 문자 기호를 가지고 있다는 특징을 말한다. 문자는 언어의 중요한 기호 중 하나로, 각 글자와 단어는 특정한 의미를 나타내기 때문에 언어는 상징적이며 기호적인 언어로써의 역할을 수행한다. 이러한 기호들은 사회 구성원과 약속되어 결정된 표현을 전달할 수 있는 도구로서 사용된다. 예를 들어 '봄'이 글자 기호 'ㅂ + ㅗ + ㅁ'으로 구성되는 것은 언어의 기호성에 해당한다.

언어의 자의성은 언어에 있어서 그 의미와 소리 간의 관계가 필연적이지 않다는 것이다. 즉 우리나라에서 '엄마'라는 단어를 영어에서는 'mother'이라고 하는 것은 언어의 의미와 소리 간의 관계가 필연적이지 않기 때문에 나타날 수 있는 특징이다. 따라서 하나의 단어에 둘 이상의 음성 형태를 가진 언어가 사용되기도 하고 특정 음성 형태에 둘 이상의 의미가 대응될 수도 있다.

언어의 사회성은 언어는 그 언어를 사용하는 사람들 사이의 약속이므로, 어느 한 개인이 마음대로 바꾸어 쓸 수 없다는 것이다. 한 번 만들어진 단어는 사회 구성원들의 약속으로 이루어진 것으로 그 약속을 반드시 지키는 것이 원칙이다.

언어의 역사성은 시간의 흐름에 따라 단어의 소리나 의미가 변화하거나, 문법 요소가 변화하게 되는 특성을 의미한다. 즉, 언어는 생성되거나 소멸되며 의미가 확대, 축소, 이동될 수 있다.

① 하나의 음성을 여러 가지의 기호로 나타낼 수 있는 것은 언어의 기호성에 해당한다.
② 영어에서의 'house'를 우리나라에서는 '집'이라고 할 수 있는 것은 언어의 자의성에 의한 것이다.
③ '어엿브다'가 '불쌍하다'의 뜻에서 '예쁘다'로 변하게 된 것은 언어의 역사성에 해당한다.
④ 철수가 자전거를 '돌돌이'로 부르고, 냇물을 '졸졸이'로 부르기로 한 것은 언어의 사회성에 해당한다.

정답 설명 ④ 언어의 사회성은 사회 구성원들의 약속을 의미하며, 사회적 약속에 의해 정해진 단어를 임의대로 바꿀 수 없다는 것을 말한다. ④의 내용은 마음대로 단어를 바꿔서 사용하고 있기 때문에 사회성을 위반하는 것이지, 사회성에 의한 것이 아니다.

오답 분석 ① 언어의 기호성의 특징에 해당된다. 하나의 음성인 '봄'은 'ㅂ, ㅗ, ㅁ' 기호로 쓸 수 있다.
② 언어의 자의성과 관련된 내용이다.
③ '어엿브다'는 예전에는 '불쌍하다'로 사용되다가 지금은 '예쁘다'로 사용되므로 이는 시간의 흐름에 따라 단어의 의미가 변화한 언어의 역사성에 해당한다. 참고로 '어엿브다'는 의미 이동의 예이다.

1. 언어의 특징

구분	개념
기호성	어떤 것을 기록한다는 뜻으로, 언어가 기호로써 나타난다는 성질 예 음성: [강] → 음운: ㄱ, ㅏ, ㅇ
자의성	언어의 의미(내용, 대상, 말하려는 바) 와 말소리(형식, 소리) 사이에는 필연적인 관계가 없음 예 꽃 - 한국어: 꽃[꼳], 영어: flower[플라워]
사회성	언어는 사회적 약속으로 굳어진 것이므로 개인이 임의로 바꿀 수 없음 예 그는 개를 '깜박이'라고 말했으며, 자전거는 '돌돌이', 신발은 '찍찍이'라고 불렀다. → 사회성을 위반함 — 처음 언어가 만들어질 때는 '자의성', 만들어진 이후에는 '사회성(사회적 약속)'
역사성	언어가 시간의 흐름에 따라 변화하는 성질. 언어는 시간이 지나면서 생성, 발전, 소멸함 예 • 얼굴: 의미 축소(몸 전체 > 안면(顔面), 낯) • 영감: 의미 확대(정삼품과 종이품의 벼슬아치 > 나이 많은 남자) • 어리다: 의미 이동(어리석다[愚] > 나이가 적다[幼]) • 어엿브다: 의미 이동(불쌍하다 > 예쁘다) • 방송(放送): 의미 이동(죄인을 풀어주다 > 전파를 내보내다)
분절성	• 언어는 음운, 형태소, 단어 등으로 나누어지거나 결합할 수 있음 • 언어는 외부 세계를 반영할 때, 있는 그대로를 반영하지 않고 연속적으로 이루어져 있는 세계를 불연속적인 것처럼 끊어서 표현함 예 무지개 색깔(빨, 주, 노, 초, 파, 남, 보) — 실제 무지개는 색깔 사이의 경계가 분명하지 않다. 그러나 우리는 무지개 색깔을 일곱 가지로 분절하여 표현한다.
추상성	구체적 대상에서 공통적인 요소를 뽑아 일반적인 개념으로 파악하는 것(추상화 과정) 예 진달래, 개나리, 목련 → 꽃
규칙성	언어에는 일정한 규칙인 문법이 있음 예 동생이(주어) 밥을(목적어) 먹는다(서술어). → 국어는 '주어 - 목적어 - 서술어'의 어순을 지닌다.
창조성	전에 없던 것을 처음으로 만드는 성질. 상황에 따라 새로운 말을 만들 수 있음 예 ㄱ, ㅁ: 가무, 가뭄, 구문……

개념 PLUS

언어의 자의성과 사회성의 관계

언어가 형성될 때는 '자의성'이 적용되며, 언어가 소통될 때는 '사회성'이 적용됨

예 '사람의 팔목 끝에 달린 부분'이라는 의미와 '손'이라는 말소리가 결합한 것은 자의적이지만, 그 말이 사람들 사이에서 사용될 때는 사회적 성격을 띠므로 개인이 임의로 바꿀 수 없다.

01 지문에서 파악한 문법 정보로 문제 해결하기

대표 문제 & 핵심 이론 음운과 음절

01 다음 글에서 추론한 내용으로 적절하지 않은 것은?

국어 문법에서 음절은 언어를 구성하는 기본 단위로, 소리가 나누어진 최소한의 단위를 의미한다. 각 음절은 자음과 모음의 결합으로 이루어져 있으며, 이 조합에 따라 발음과 어감이 달라진다. 음절은 단어의 구조를 이해하고 발음을 효과적으로 파악하는 데 중요한 역할을 한다. 이에 반해 단어의 뜻을 구별해 주고 더 작은 단위로는 분석되지 않는 소리의 단위를 음운이라고 한다. 음운은 분절 음운과 비분절 음운으로 분류된다.

이때 음운이 모여서 이루어지는 소리의 결합체를 음절이라고 하는데 현대 국어의 음절 유형은 크게 다음 네 가지로 분류된다.

ㄱ. '중성'으로 이루어진 음절 (예 아, 야, 와, 의)
ㄴ. '초성+중성'으로 이루어진 음절 (예 끼, 노, 며, 소)
ㄷ. '중성+종성'으로 이루어진 음절 (예 알, 억, 영, 완)
ㄹ. '초성+중성+종성'으로 이루어진 음절 (예 각, 녹, 딸, 형)

'최소 대립쌍'이란 하나의 말소리만이 달라서 그 의미가 구분되는 단어의 쌍을 말한다. '최소 대립쌍'을 형성하여 단어의 의미에 영향을 미치는 말소리들은 모두 별개의 음운으로 분류된다.

① 초성, 종성 중 일부가 존재하지 않더라도 음절의 역할을 한다.
② '가'의 'ㅏ'는 소리가 나누어진 최소한의 단위를 나타낸다.
③ '북'과 '불'은 최소 대립쌍으로 여기서 'ㄱ'과 'ㄹ'은 국어의 음운에 포함된다.
④ '열'은 중성과 종성으로 이루어진 음절로 분류할 수 있다.

02 <보기>의 '학습 과제'를 바르게 수행하였다고 할 때, ㉠에 들어갈 단어로 적절한 것은?

보기

[학습 자료]

음운은 단어의 뜻을 구별해 주는 소리의 가장 작은 단위이다. 특정 언어에서 어떤 소리가 음운인지 아닌지는 최소 대립쌍을 통해 확인할 수 있다. 최소 대립쌍이란, 다른 모든 소리는 같고 단 하나의 소리 차이로 의미가 구별되는 단어의 쌍을 말한다. 예를 들어, 최소 대립쌍 '감'과 '잠'은 [ㄱ]과 [ㅈ]의 차이로 인해 의미가 구별되므로 'ㄱ'과 'ㅈ'은 서로 다른 음운이다.

[학습 과제]

앞의 단어와 최소 대립쌍인 단어를 말해 보자.
'쌀 → 달 → ㉠ → 굴'

① 꿀　② 답　③ 둘　④ 말

01 정답 설명 ② 음절인 '가'의 'ㅏ'는 음운으로, 소리가 나누어진 최소한의 단위는 음절이다. 음운은 단어의 뜻을 구별해 주고 더 작은 단위로는 분석되지 않는 소리의 단위를 의미한다.

02 정답 설명 ③ ㉠에는 앞사람이 말한 '달', 뒷사람이 말한 '굴' 모두와 최소 대립쌍인 단어가 들어가야 한다. '둘'과 '달'은 [ㅜ]와 [ㅏ]의 차이가 있고, '둘'과 '굴'은 [ㄷ]과 [ㄱ]의 차이가 있다. 따라서 '둘'과 '달', '둘'과 '굴'은 최소 대립쌍이다.

1. 음운

1) 말의 뜻을 구별해 주는 기능을 가진 소리의 가장 작은 단위

예 • 말[말]/발[발]/살[살] → 자음
• 발[발]/벌[벌]/볼[볼]/불[불] → 모음

2) 종류

분절 음운	자음(19개)	ㄱ ㄴ ㄷ ㄹ ㅁ ㅂ ㅅ ㅇ ㅈ ㅊ ㅋ ㅌ ㅍ ㅎ ㄲ ㄸ ㅃ ㅆ ㅉ
	모음(21개)	• 단모음(10개): ㅏ ㅐ ㅓ ㅔ ㅗ ㅚ ㅜ ㅟ ㅡ ㅣ • 이중 모음(11개): ㅑ ㅒ ㅕ ㅖ ㅘ ㅙ ㅛ ㅝ ㅞ ㅠ ㅢ
비분절 음운	소리의 길이, 높이, 세기, 억양 예 눈[眼]/눈:[雪], 말[馬]/말:[言], 밤[夜]/밤:[栗], 성인(成人)/성:인(聖人)	눈이 눈:을 보네 말이 말:을 하네 밤에 밤:을 먹네

2. 음절

1) 한 번에 소리 낼 수 있는 소리의 덩어리(최소 발음 단위)로, 우리말을 발음 나는 대로 적었을 때 한 글자가 하나의 음절임

예 [날씨가말가서조타](날씨가 맑아서 좋다.)

2) 음절의 종류

구분	모음	자음+모음	모음+자음	자음+모음+자음
예시	아, 어	나, 너	압, 앙	강, 산

개념 PLUS

모음 조화 현상

두 음절 이상의 단어에서 'ㅏ, ㅗ' 등의 양성 모음은 양성 모음끼리, 'ㅓ, ㅜ' 등의 음성 모음은 음성 모음끼리 결합하려는 현상

예 • 음성상징어
: 퐁당퐁당, 풍덩풍덩
• 어간+어미
: 잡+아, 먹+어

모음 축약 현상

1. 어간 'ㅗ/ㅜ' 뒤에 어미 '아/어'가 오는 경우 'ㅘ, ㅝ'로 줄어드는 현상
예 • 봐라(보아라)
• 줘라(주어라)
2. 'ㅣ' 뒤에 '-어'가 와서 'ㅕ'로 줄어드는 현상
예 • 가져(가지어)
• 가졌다(가지었다)
• 견뎌(견디어)
• 견뎠다(견디었다)
• 막혀(막히어)
• 막혔다(막히었다)
• 풀려(풀리어)
• 풀렸다(풀리었다)

모음 탈락 현상

어간 'ㅏ/ ㅓ' 뒤에 어미 '아/어', '았/었'이 오는 경우 뒤에 있는 '아/어'가 탈락하는 현상

예 • 가라(가아라)
• 갔다(가았다)
• 서라(서어라)
• 섰다(서었다)

지문에서 파악한 문법 정보로 문제 해결하기

대표 문제 & 핵심 이론 품사 - 명사

01 다음 글에서 추론한 내용으로 적절하지 않은 것은?

국어의 품사는 단어나 문장의 형태와 기능에 따라 분류된다. 체언은 명사, 대명사, 수사로 구성된다. 그중 명사는 사람이나 사물의 이름을 나타내는 단어인데 그 특징에 따라 세분화할 수 있다. 우선 이들은 자립성의 여부에 따라 자립 명사와 의존 명사로 구분된다. 자립 명사는 자립하여 쓸 수 있는 명사로 '바다, 사랑'이 이에 해당한다. 의존 명사는 자립하여 쓸 수 없는 명사로 '것, 대로, 만큼, 뿐'이 이에 해당한다. 예를 들어 '그녀는 웃을 뿐 아무 말도 없었다'에서의 '뿐'은 명사이지만 자립하여 쓸 수는 없기 때문에 의존 명사로 분류된다. 또한 단위는 모두 의존 명사에 속한다.

① 자립 명사와 의존 명사는 모두 체언에 속한다.
② '대로'는 자립성을 가지고 있지 않으므로 의존 명사다.
③ '먹을 것이 없다.'의 '것'은 의존명사이나 '먹을 물이 없다.'의 '물'은 자립 명사이다.
④ '고등어 한 손을 샀다'에서 '손'은 자립 명사이다.

02 [A]를 참고할 때, 밑줄 친 단어의 띄어쓰기가 옳은지 판단한 결과로 적절하지 않은 것은?

명사는 자립성의 유무에 따라 자립 명사와 의존 명사로 나눌 수 있다. 가령 '새 물건이 있다.'에서 '물건'은 관형어인 '새'가 없어도 단독으로 쓰일 수 있기 때문에 자립 명사이다. 이와 달리 '헌 것이 있다.'에서 '것'은 관형어인 '헌'이 생략되면 '것이 있다.'와 같이 문법에 맞지 않는 문장이 되므로 의존 명사이다. 이처럼 의존 명사는 관형어의 수식 없이 단독으로 쓰일 수 없으며 조사와 결합한다는 특징이 있다.

[A] 한편 의존 명사 중에는 '만큼'과 같이 동일한 형태가 조사로도 쓰이는 경우가 있는데, 이처럼 하나의 형태가 여러 개의 품사로 쓰이는 것을 품사 통용이라 한다. 예를 들어 '먹을 만큼 먹었다.'의 '만큼'은 관형어 '먹을'의 수식을 받는 의존 명사이지만, '너만큼 나도 할 수 있다.'의 '만큼'은 체언 '너' 뒤에 붙는 조사이다. 이때 의존 명사는 앞말과 띄어 쓰고, 조사는 앞말과 붙여 써야 한다.

예문	판단 결과
① 노력한 <u>만큼</u> 대가를 얻는다.	×
② 나도 형 <u>만큼</u> 운동을 잘 할 수 있다.	×
③ 그 사실을 몰랐던 <u>만큼</u> 충격도 컸다.	○
④ 시간이 멈추기를 바랄 <u>만큼</u> 즐거웠다.	○

01 정답 설명 ④ '고등어 한 손을 샀다'에서 '손'은 '2마리'를 뜻하는 단위로 의존 명사에 해당한다.

02 정답 설명 ① '만큼'은 관형어 '노력한'의 수식을 받는 의존 명사이므로, 앞말과 띄어 써야 한다.

1. 체언 - 명사

구분 기준	종류	개념	예시
사용 범위	고유 명사	특정한 사람이나 사물에 붙인 이름(사람 이름, 문화재명, 지명)	서울, 한강, 광화문
	보통 명사	일반적인 사물의 이름	알약, 학교, 상자
자립성의 유무	자립 명사	관형어의 꾸밈 없이도 단독으로 쓰일 수 있는 명사	하늘, 바다
	의존 명사	주로 관형어의 꾸밈을 받아 쓰이는 명사	바, 것, 수
감정 표현 능력의 유무	유정 명사	감정을 나타내는 사람이나 동물을 가리키는 명사	친구, 사슴
	무정 명사	감정을 나타내지 못하는 식물이나 무생물을 가리키는 명사	꽃, 바위, 돌

2. 의존 명사

주로 관형어의 수식을 받아 쓰이는 명사(자립성은 없으나, 하나의 단어이므로 띄어 씀)

예
- 마실 것 좀 다오.
- 사랑하는 이를 만났어요.
- 멋있는 분이 앉아 계시다.
- 먹을 수가 없다.
- 못 이기는 척 시키는 대로 하렴.
- 연필 한 자루 / 말 한 마리 / 조기 한 손 / 북어 한 쾌

3. '대로, 만큼, 뿐'의 품사 통용

1) 의존 명사: 어간 + 관형사형 전성 어미 + 대로, 만큼, 뿐

예
- 느낀 대로 말해라.
- 노력한 만큼 대가를 얻는 법이다.
- 나는 웃고만 있을 뿐이었다.

2) 조사: 체언(명사, 대명사, 수사) + 대로, 만큼, 뿐

예
- 단추는 단추대로 모아 두어야 한다.
- 집을 궁만큼 크게 지었다.
- 집뿐만 아니라 회사에서도 그런다.

01 지문에서 파악한 문법 정보로 문제 해결하기

대표 문제 & 핵심 이론 품사 - 대명사

01 <보기>의 ㉠ ~ ㉣을 추론한 내용으로 적절하지 않은 것은?

'명사를 대신한다'는 뜻을 지닌 대명사는 명사를 대신하는 기능을 가지고 있다. 뿐만 아니라 명사를 통하지 않고 대상을 직접 가리키는 것 역시 대명사이다. 대명사는 그 가리키는 대상에 따라 크게 인칭대명사(人稱代名詞)와 지시대명사(指示代名詞)로 나누어진다.

인칭대명사는 상황지시(狀況指示)의 원점인 화자를 중심으로, 또한 화자와 청자가 이루는 축(軸)을 중심으로 1인칭대명사(나·저·우리·저희 등)·2인칭대명사(너·당신·그대·너희 등)·3인칭대명사(이이·이자·이분, 이들·저들 등)·부정칭(아무·누구)·미지칭(누구)·재귀대명사(자기·저·당신) 등으로 나누어진다.

지시대명사는 다시 사물을 그 지시 내용으로 하는 사물대명사(이것·저것·그것·무엇 등)와 장소를 그 지시 내용으로 하는 처소대명사(여기·저기·거기·어디 등)로 나누어진다.

여기서 '이'를 가지는 형식(이·이것·이이·이들·여기 등)은 화자에게 가깝거나 화자의 관심 대상을 나타내는 근칭(近稱)대명사이며, '그'를 가지는 형식(그·그것·그이·그들·거기 등)은 청자에게 가깝거나 청자 관심의 대상을 나타내는 중칭(中稱)대명사이다. '저'를 가지는 형식(저·저것·저이·저들·저기 등)은 화자와 청자에게 동시에 멀리 떨어진 대상이나 청자의 관심에는 없다고 화자가 생각하는 대상을 나타내는 원칭(遠稱)대명사이다.

보기

㉠ <u>이것</u>은 열쇠이다.
㉡ 어제 <u>누구</u>하고 공부했니?
㉢ <u>저들</u>과 함께 여행을 간다면 어디라도 좋아.
㉣ <u>그분</u>, 요즘 많이 피곤해 보여요.

① ㉠의 '이것'은 사물을 지칭하는 사물대명사이다.
② ㉡의 '누구'는 미지칭 대명사이다.
③ ㉢의 '저들'은 화자의 관심 대상을 나타내는 근칭 대명사이다.
④ ㉣의 '그분'은 3인칭대명사에 속한다.

02 다음 글을 읽고 밑줄 친 말의 품사를 잘못 추론한 것은?

품사 통용은 하나의 단어가 상황에 따라 서로 다른 품사로 사용되는 것을 의미한다. 대표적으로 '이, 그, 저'와 같은 형태도 문장의 상황에 따라 품사가 달라진다. '이, 그, 저'와 같은 지시대명사는 지시 관형사와 구분해야 하는데 뒤에 조사가 오는 경우에는 대명사이지만, 뒤에 체언이 오는 경우에는 관형사로 분류된다. 예를 들어, '이도 저도 다 싫은 것이 솔직한 마음이다'에서 '이도'의 '이'는 뒤에 조사와 결합한 대명사이지만, '이 생각을 하지 못했다'의 '이'는 관형사이다. 이는 수 관형사와 수사의 경우도 마찬가지이다.

① 그 문제는 <u>다섯</u> 사람이 풀어도 끝내기 어렵다. - 관형사
② <u>저</u> 선물 중에 하나만 선택해야 한다. - 대명사
③ <u>여섯</u>이 그 일을 모두 해냈다. - 수사
④ <u>이</u>는 절대로 용납할 수 없는 일이다. - 대명사

01 정답 설명 ③ 4문단을 통해 '저들'은 화자와 청자에게 동시에 멀리 떨어진 대상이나 청자의 관심에는 없다고 화자가 생각하는 대상을 나타내는 원칭 대명사임을 알 수 있다.

02 정답 설명 ② '저'는 뒤에 조사와 결합하지 않고 '선물'이라는 체언을 수식하고 있기 때문에 관형사이다.

1. 체언 – 대명사

1) 사람이나 사물의 이름을 대신 가리켜 이르는 말

2) '이, 그, 저'의 품사 통용

대명사	이, 그, 저 + 조사 예 이는 책이다. / 이는 내가 알 바가 아니다.
관형사	이, 그, 저 + 명사 예 이 책은 흥미롭다. / 이 사람이 범인이다.

3) 종류

① 지시 대명사

사물	이것, 그것, 저것, 무엇 등
장소	여기, 거기, 저기, 어디 등

② 인칭 대명사

구분		높임말	예사말	낮춤말
1인칭		-	나, 우리(들)	저, 저희
2인칭		당신, 그대	자네, 당신	너, 너희, 당신
3인칭	근칭(이)	이분	이이	이자
	중칭(그)	그분	그이	그자
		그, 그녀, 그들(*높임말, 예사말, 낮춤말의 구별 없음)		
	원칭(저)	저분	저이	저자
	미지칭	-	누구	-
	부정칭	-	아무, 누구	-
	재귀칭	당신	자기, 자신	저, 저희

개념 PLUS

대명사 '당신'의 쓰임

1. 2인칭 높임말
   예 당신(you)의 희생을 잊지 않겠습니다.
2. 2인칭 예사말
   예 당신(you)은 누구요?
3. 2인칭 낮춤말
   예 당신(you), 위험하게 운전을 하면 어떻게 해!
4. 3인칭 재귀칭
   예 저 소나무도 아버지께서 당신('자기'의 높임말) 손으로 직접 심으셨지.

대명사 '저희'의 쓰임

1. 1인칭 낮춤말
   예 저희가 가져오겠습니다.
2. 3인칭 재귀칭('자기'로 대체 ○)
   예 학생들은 저희들끼리 책을 고르겠다고 한다. ― 자기네들끼리

미지칭과 부정칭의 차이

1. 미지칭: 모르는 사람을 가리키는 말(대상 분명)
   예 저 사람이 누구인가요?
2. 부정칭: 정해지지 않은 막연한 사람을 가리키는 말(대상 불분명)
   예 누구든지 할 수 있다.

'이, 그, 저'가 결합된 단어

품사	대상	이	그	저
대명사	사람	이분	그분	저분
		이이	그이	저이
		이자	그자	저자
	사물	이것	그것	저것
	장소	여기	거기	저기
부사	-	이리	그리	저리

참고 의존명사 '이': 관형어 + 이
→ 이때의 '이'는 '사람'의 의미
예 사랑하는 이를 만나다.

01 지문에서 파악한 문법 정보로 문제 해결하기

대표 문제 & 핵심 이론 품사 - 수사

다음 글을 읽고 분석했을 때 밑줄 친 부분에 수사(數詞)가 쓰이지 않은 것은?

관형사는 체언 앞에 놓여서, 그 체언의 내용을 자세히 꾸며 주는 역할을 하는 품사를 일컫는다. 관형사는 조사와 결합하지 않고 활용하지도 않는다. '순 살코기'의 '순'과 같은 성상 관형사, '저 어린이'의 '저'와 같은 지시 관형사, '한 사람'의 '한'과 같은 수 관형사 따위가 있다.

이에 반해 수사는 사물의 수량이나 순서를 나타내는 말로 명사와 대명사와 함께 체언에 속한다. 일반적으로 수사는 양수사(量數詞)와 서수사(序數詞)로 나뉘며 조사와 결합하는 특징을 지닌다. 그러나 명사와는 달리 관형어의 꾸밈을 자유롭게 받지 못하며 복수 접미사에 의해 복수가 될 수 없다는 특징을 가지고 있다.

① 참외 하나를 집었다.
② 열 명이 더 오면 스물이다.
③ 한 사람도 오지 않았다.
④ 영희가 다섯째로 도착하였다.

정답 설명 ③ 이때 '한'은 뒤에 오는 체언 '사람'을 수식하고 있으므로 '그 수량이 하나임을 나타내는 말'인 수 관형사이다.

오답 분석 ① 이때 '하나'는 '수효를 세는 맨 처음 수'를 의미하며, 목적격 조사 '를'과 결합이 가능하므로 수사이다.
② 이때 '스물'은 서술격 조사 '이다'와 결합이 가능하므로 수사이다. 참고로 앞에 쓰인 '열'은 뒤에 오는 의존 명사인 '명'을 수식하고 있으므로 수 관형사이다.
④ 이때 '다섯째'는 '순서가 다섯 번째가 되는 차례'를 의미하며, 부사격 조사 '로'와 결합이 가능하므로 수사이다. 참고로, '맨 앞에서부터 세어 모두 다섯 개가 됨'을 의미할 때의 '다섯째'는 '명사'이다.

1. 체언 - 수사

1) 수량이나 순서를 가리키는 품사

2) 수와 관련된 단어의 품사 통용

① 수사 + 조사 O

예 • 여덟은 농구를 한다.
• 다섯에서 열까지 세라.

② 수 관형사 + 조사 ×, 체언 O

예 • 여덟 명이 농구를 한다.
• 다섯 사람이 보였다.

3) 종류

양수사	사물의 수량을 나타내는 수사 예 하나, 둘, 셋, 넷 / 일, 이, 삼, 사
서수사	사물의 순서를 나타내는 수사 예 첫째, 둘째, 셋째, 넷째

01 지문에서 파악한 문법 정보로 문제 해결하기

대표 문제 & 핵심 이론 품사 - 조사의 개념 · 격 조사

01 다음 글을 바탕으로 <보기>의 ㉠ ~ ㉣을 탐구한 내용으로 적절하지 않은 것은?

국어에는 체언이나 부사, 어미 따위에 붙어 그 말과 다른 말과의 문법적 관계를 표시하거나 그 말의 뜻을 도와주는 품사가 있는데, 이를 조사라고 한다. 조사는 그 기능과 의미에 따라 격 조사, 보조사, 접속 조사로 분류한다.

격 조사는 앞에 오는 체언이 문장 안에서 일정한 자격을 가지도록 해 준다. '이/가'와 같이 문장 안에서 체언이나 체언 구실을 하는 말 뒤에 붙어 주어의 자격을 가지게 하는 주격 조사도 있고, '을/를'과 같이 목적어가 되게 하는 목적격 조사도 있다. 또 '의'와 같이 관형어가 되게 하는 관형격 조사도 있고, '이/가'와 같이 '되다', '아니다'와 함께 쓰여 보어가 되게 하는 보격 조사도 있다. 그밖에 '에', '에서', '(으)로', '와/과', '보다'처럼 체언이나 체언 구실을 하는 말 뒤에 붙어 부사어의 자격을 가지게 하는 부사격 조사와 '아/야'와 같이 독립어 가운데 부름말이 되게 하는 호격 조사 등도 격 조사에 속한다. 특히 체언에 붙어 서술어의 자격을 가지게 하는 '이다'는 서술격 조사라고 하는데, 마치 동사나 형용사처럼 활용하는 특징이 있다.

보조사는 체언, 부사, 활용 어미 따위에 붙어서 어떤 특별한 의미를 더해 주는 구실을 한다. 보조사에는 '은/는', '도', '만', '까지', '마저', '조차', '부터' 따위가 있다. '인생은 짧고 예술은 길다.'에 쓰인 '은'은 체언에 붙어서 어떤 대상이 다른 것과 대조됨을 나타내는 보조사이다. 또 '고구마는 구워도 먹고 삶아도 먹는다.'에 쓰인 '도'는 활용 어미 뒤에 붙어서 둘 이상의 대상이나 사태를 똑같이 아우름을 나타내는 보조사이다.

접속 조사는 둘 이상의 단어나 구 따위를 같은 자격으로 이어 주는 구실을 한다. 접속 조사에는 '와/과', '하고', '(이)나', '(이)랑' 등이 있다. '배하고 사과하고 감을 가져오너라.'에 쓰인 '하고'는 둘 이상의 사물을 같은 자격으로 이어 주는 접속 조사이다.

보기

㉠ 그는 보통 인물이 아니다.
㉡ 철수야, 내일이 무슨 날이니?
㉢ 이번에 성적도 많이 올랐구나!
㉣ 언니가 동생의 간식을 만들고 있다.

① ㉠의 '이'는 체언인 '인물'에 붙는 주격 조사이다.
② ㉡의 '이니'는 체언인 '날'에 붙는 서술격 조사이다.
③ ㉢의 '도'는 체언인 '성적'에 붙어 특별한 의미를 더해 주는 보조사이다.
④ ㉣의 '의'는 체언인 '동생'에 붙는 관형격 조사이다.

02 다음 중 밑줄 친 부분이 격 조사인 것은?

① 이 과자는 외국에서 사 온 것이다.
② 자유와 진리를 위해 전진한다.
③ 유력한 후보였던 수지조차 선발 시험에서 탈락했다.
④ 지난밤, 눈이 많이는 내리지 않았다.

01 **정답 설명** ① 국어에서 '아니다' 앞에 쓰인 조사 '이/가'는 보격 조사이다.

02 **정답 설명** ① 이때 '에서'는 앞말이 행동이 이루어지고 있는 처소의 부사어임을 나타내는 부사격 조사이다.

오답 분석 ②③④ ②의 '와'는 접속 조사이고, ③과 ④의 '조차, 는'은 보조사이다.

1. 관계언 - 조사

1) 주로 체언 뒤에 붙어서 다른 말과의 문법적인 관계를 나타내는 품사

2) 특징

① 주로 체언과 결합함

② 자립성은 없지만 단어로 취급함

③ 활용하지 않음(불변어): 서술격 조사 '이다' 제외

④ 이형태가 존재함: 이/가, 을/를, 은/는, 와/과 등
└ 앞 단어의 받침 유무에 따라 결정됨

2. 격 조사

1) 체언이 일정한 자격을 갖도록 하여 주는 조사

2) 종류

종류	형태	형태	형태
주격 조사	이/가, 께서, 에서 (└ 단체를 나타내는 명사 뒤)	서술격 조사	이다
목적격 조사	을/를	관형격 조사	의
보격 조사	이/가('되다', '아니다'의 앞에 오는 것)	호격 조사	아/야, 이여
부사격 조사	에, 에게, 에서, 라고/고, (으)로, (으)로서/(으)로써, 와/과, 랑/이랑, 하고, 한테, 만큼, 보다, 께 ('에게'의 높임말)		

개념 PLUS

주격 조사와 부사격 조사 '에서'의 비교

1. 주격 조사 '에서': '이/가'로 대체 가능, 집단/단체의 의미를 지님
   예 정부에서 부동산 정책을 발표했다.
2. 부사격 조사 '에서': '이/가'로 대체 불가능, 장소/출발점의 의미를 지님
   예 내일 학교에서 만나자.

'에게'와 '에'의 구분

1. 에게: 유정명사 뒤에서 쓰임
   예 철수에게 돈이 많다.
   └ 감정을 나타내는 사람이나 동물을 가리키는 명사 (예) 친구, 사슴
2. 에: 무정명사 뒤에서 쓰임
   예 옷에 먼지가 묻다.
   └ 감정을 나타내지 못하는 식물이나 무생물을 가리키는 명사 (예) 꽃, 바위, 돌

'라고'와 '고'의 구분

1. 라고: 직접 인용 뒤
   예 나는 "배가 고프다"라고 말했다.
2. 고: 간접 인용 뒤
   예 나는 배가 고프다고 말했다.

'로서'와 '로써'의 구분

1. 로서
   - 지위, 신분, 자격을 나타낼 때
     예 선생님은 교육자로서 책임을 다했다.
   - 어떤 동작이 일어나거나 시작되는 곳을 나타낼 때
     예 모든 일은 너로서 시작되었다.
2. 로써
   - 어떤 일의 수단이나 도구를 나타낼 때
     예 말로써 천 냥 빚을 갚는다.
   - 시간을 셈할 때 셈에 넣는 한계를 나타내거나 어떤 일의 기준이 되는 시간임을 나타낼 때
     예 이로써 세 번째다.

01 지문에서 파악한 문법 정보로 문제 해결하기

대표 문제 & 핵심 이론 품사 - 접속 조사·보조사

01 다음 글을 참고할 때, <보기>의 ㉠~㉣에 대한 설명으로 적절하지 않은 것은?

> 조사는 그 기능과 의미 역할에 따라 '격 조사', '접속 조사', '보조사'로 나눌 수 있다. 격 조사는 앞에 오는 체언이 문장 안에서 일정한 문법적 자격을 가지도록 해 주는 것을 말한다. 격 조사는 형태에 따라 여러 종류로 나뉘는데, '{교실이 /실내가} 덥다.'의 '이/가', '어머니께서 나에게 반지를 주셨다.'의 '께서', '우리 학교에서 우승을 차지했다.'의 '에서'와 같은 주격 조사, '수박을/우유를'의 '을/를'과 같은 목적격 조사 등이 있다.
>
> 접속 조사는 두 단어를 같은 자격으로 이어주는 구실을 하는 것을 말한다. 예를 들어, '서울과 부산은 넓다.'는 '서울은 넓다.', '부산은 넓다.'라는 두 문장이 접속된 것으로서 이때의 '와'는 접속 조사이다. 다만, '서울은 부산과 다르다.'는 '서울은 부산과 비교할 때 다르다.'라는 의미를 가지고 있으므로 이때의 '과'는 비교의 의미를 지니는 부사격 조사이다.
>
> 보조사는 앞말에 특별한 뜻을 더해 주는 기능을 하는 것이다. 가령 '이곳에서는 큰소리를 내면 안 됩니다.'의 '에서는'과 같이 보조사와 격 조사가 함께 나타날 수 있는데, 이때 문법적 관계는 부사격 조사인 '에서'가 담당하고 보조사 '는'은 앞 체언에 '대조'의 의미를 더하는 기능을 한다.

> **보기**
>
> • ㉠ <u>회사에서</u> 이번 연수의 경비를 두둑이 내주었다.
> • ㉡ <u>사자와</u> 호랑이는 사냥을 잘한다.
> • 희영이는 ㉢ <u>수영은</u> 좋아한다.
> • 이번 여름, 너와 ㉣ <u>나만의</u> 추억을 만들자.

① ㉠의 '에서'는 '회사'에 주어의 자격을 부여하는 주격 조사이다.
② ㉡의 '와'는 부사격 조사이므로 두 문장으로 분리되지 않는다.
③ ㉢의 '은'은 다른 종목은 좋아하지 않는다는 의미를 더해 준다.
④ ㉣의 '만의'에서 문법적 자격을 부여하는 것은 '의'이다.

02 밑줄 친 부분 중 <보기> ㉠~㉢의 성격을 모두 갖는 것은?

> **보기**
>
> ㉠ 앞말에 특별한 뜻을 더하여 주는 보조사이다. ㉡ 상대 높임을 나타낸다. ㉢ 어절이나 문장의 끝에 결합한다.

① 조용히 해 주십시<u>오</u>.
② 인생<u>은</u> 짧고 예술은 길다.
③ 죽은 소와 돼지가 불쌍하지<u>요</u>.
④ 이것은 닭이<u>요</u>, 저것은 돼지입니다.

01 정답 설명 ② 2문단에 따라 '사자와 호랑이는 사냥을 잘한다'는 '사자는 사냥을 잘한다'와 '호랑이는 사냥을 잘한다'로 분리할 수 있으므로 이때의 '와'는 접속 조사임을 알 수 있다.

오답 분석 ① ③ ④ ㉠의 '에서'는 '주격 조사', ㉢의 '은'은 '보조사'이며 ㉣에서 문법적 자격을 부여하는 것은 관형격 조사 '의'임을 알 수 있다.

02 정답 설명 ③ '불쌍하지요'의 '요'는 청자에게 존대의 뜻을 나타내는 보조사이며, 상대 높임법의 하나인 '해요체'를 나타내고, 종결 어미 '-지' 뒤에 결합하므로 ㉠~㉢의 성격을 모두 갖는다.

오답 분석 ① '주십시오'는 하십시오체로 이때의 '-오'는 종결 어미이므로 ㉠의 성격과 맞지 않다.
② '인생은'의 '은'은 대조의 뜻을 나타내는 보조사이므로 ㉠의 성격을 가지나, ㉡과 ㉢의 성격이 드러나지 않으므로 적절하지 않다.
④ '닭이요'의 '-요'는 '이다', '아니다'의 어간 뒤에 붙어 사물 또는 사실 등을 열거할 때 쓰는 연결 어미이므로 ㉠, ㉡, ㉢의 성격과 모두 맞지 않다.

1. 접속 조사

1) 두 단어를 같은 자격으로 이어 주는 조사

2) 종류

종류	예시
와/과	고등학교 때 수학과 영어를 무척 좋아했다.
하고	철수는 꽃하고 나비를 좋아한다.
(이)랑	영희는 너랑 나를 파티에 초대했다.

2. 보조사

1) 앞말에 붙어 특별한 의미를 더해 주는 조사

2) 종류

의미	형태	예시
대조	은/는 - 주격 조사×	인생은 짧고, 예술은 길다.
한정	만	한 가지만 먹지 말고 골고루 먹어라.
포함, 더함	도	소설만 읽지 말고, 시도 읽어.
극단	까지	믿었던 너까지!
더함	조차, 마저	비가 오는데 바람조차 부는구나.
출발점	부터	처음부터 끝까지 말썽이다.
반전, 의문	마는	약속을 했지마는 안 되겠다.
감탄	그려, 그래	경치가 좋네그려.
높임	요	오늘은 일기를 썼어요.
부정	커녕	나무는커녕 잡초도 없다.

└ 는(보조사) + 커녕(보조사): 보조사는 붙여 써야함

개념 PLUS

접속 조사와 부사격 조사 '와/과'의 비교

1. '같다, 다르다, 닮다'의 서술어가 있는 문장에 쓰인 '와/과'는 부사격 조사
2. '와/과' 앞뒤가 같은 자격일 때: 접속 조사
   예 종구는 피자와 통닭을 먹었다.
3. '와/과' 앞뒤가 다른 자격일 때: 부사격 조사
   예 철수는 영수와 갈 것이냐?

보조사 '요', 연결 어미 '-요', 종결 어미 '-오'의 구분

1. 쉼표 앞에서는 연결 어미 '-요'를 씀
   예 이는 우리의 유산이요, 보물이요, 민족의 일이다.
2. '요', '오'를 뺐을 때
   - 문장 성립 O: 보조사 '요'
     예 • 돈이 없어요.
     • 새싹이 돋는군요.
   - 문장 성립 ×: 종결 어미 '-오'
     예 • 어서 오십시오.
     • 당신이 살던 고향으로 돌아가시오.

01 지문에서 파악한 문법 정보로 문제 해결하기

대표 문제 & 핵심 이론 품사 - 동사·형용사

다음 글을 읽고 이해한 내용으로 옳지 않은 것은?

한국어 동사와 형용사는 문장에서 각각 다른 역할을 수행하면서 공통적인 특징도 가지고 있다. 먼저, 이 두 용언의 공통점은 활용의 개념과 문장에서의 역할에 있다. 둘 다 활용의 개념을 갖고 있어 다양한 문맥에서 어미가 변형되어 다양한 형태로 나타날 수 있다. 또한 주어, 서술어, 목적어 등의 역할을 수행하여 문장을 완성한다.

하지만 동사와 형용사는 의미적으로 몇 가지 중요한 차이를 가지고 있다. 동사는 주로 행동이나 상태를 나타내어 특정 동작이나 상태 변화에 중점을 둔다. 이는 주로 무엇인가를 하는 행위나 일이 발생하는 상황을 나타낸다. 반면에 형용사는 대상의 특징, 상태, 크기 등을 묘사하여 주로 명사를 꾸며주는 역할을 한다. 이는 주로 대상의 속성이나 상태에 주목하여 묘사하는 것에 중점이 있다.

또한, 사용 위치에서도 두 용언은 차이가 나타난다. 동사는 주로 동사의 역할을 하는 부분에 위치하고, 문장의 중심에 나타난다. 반면에 형용사는 명사 앞에 위치하여 명사를 꾸며주는 역할을 하기 때문에 주로 명사를 수식하는 형태로 나타난다.

마지막으로, 활용 형태에서도 차이가 나타난다. 동사는 '명령형 종결 어미'나 '청유형 종결 어미'와 활용할 수 있으나 형용사는 '명령형 종결 어미'나 '청유형 종결 어미'와 활용할 수 없다. 또한 동사는 현재 선어말 어미 '-ㄴ-, -는-'과 활용할 수 있으나, 형용사는 현재 선어말 어미 '-ㄴ-, -는-'과 활용할 수 없다. 예를 들어, '자다'라는 동사는 '잔다'로 사용할 수 있지만, '예쁘다'라는 형용사는 '예쁜다'라는 형태로 쓰일 수 없다.

① '젊다'는 상태를 의미하는 단어로 품사는 형용사이다.
② '행복하다'는 청유형 종결 어미가 사용될 수 있는 단어로 동사에 속한다.
③ '좋다'는 선어말 어미 '-는'과 결합할 수 없기 때문에 형용사에 속한다.
④ '알맞다'는 선어말 어미 '-는'과 결합할 수 없기 때문에 형용사이다.

정답 설명 ② '행복하다'는 형용사로 청유형 종결 어미가 결합할 수 없다.

오답 분석 ① '젊다'는 '나이가 어린 상태'를 의미하는 형용사이다.
③ ④ 형용사는 선어말 어미 '-는'과는 결합이 불가능하다. '좋다'와 '알맞다'는 형용사이기 때문에 선어말 어미 '-는'과 결합할 수 없다.

1. 용언 – 동사, 형용사

1) 동사와 형용사의 구분

구분		동사	형용사
의미		주어의 동작이나 작용을 나타내는 단어 예 (책을) 보다, (빵을) 먹다	주어의 성질이나 상태를 나타내는 단어 예 (맛이) 달다, (날씨가) 춥다, (책이) 많다, (거짓이) 아니다
어미의 종류	감탄형 종결 어미	동사 어간 + -는구나 예 너도 점점 늙는구나.	형용사 어간 + -구나 예 늦게까지 공부하는 것을 보니 너도 아직 젊구나.
	현재 시제 선어말 어미	동사 어간 + -ㄴ/는- + 어미(○) 예 • 영희는 밥을 먹는다.(○) • 내일 소풍을 간다.(○)	형용사 어간 + -ㄴ/는- + 어미(×) 예 • 지혜는 지혜롭는다.(×) • 풍경이 예쁜다.(×)
	명령형/청유형 종결 어미	동사 어간 + 명령형/청유형 어미(○) 예 먹어라(○), 보아라(○), 일어나자(○), 읽자(○)	형용사 어간 + 명령형/청유형 어미(×) 예 행복해라(×), 건강해라(×), 곱자(×)

2) 헷갈리기 쉬운 동사와 형용사

동사	형용사
낡다, 모자라다, 늙다, 못나다, 못생기다, 닮다, 잘나다, 잘생기다	없다, 알맞다, 흐드러지다, 젊다, 예쁘다, 걸맞다, 아름답다

3) 동사와 형용사로 모두 쓰이는 단어 – 늦다, 밝다, 길다, 크다, 있다

구분		개념
늦다	동사	정한 때보다 지나다 예 그는 약속 시간에 매번 늦는다.
	형용사	• 기준이 되는 때보다 뒤져 있다. 예 작년에는 눈이 늦게 내렸다. • 시간이 알맞은 때를 지나 있다. 또는 시기가 한창인 때를 지나 있다. 예 늦은 점심을 먹었다. • 곡조, 동작 따위의 속도가 느리다. 예 박자가 늦은 곡을 들으면 졸리다.
밝다	동사	밤이 지나고 환해지며 새날이 오다. 예 벌써 새벽이 밝아 온다., 곧 날이 밝으면 출발할 수 있다.
	형용사	• 불빛 따위가 환하다. 예 밝은 조명 • 생각이나 태도가 분명하고 바르다. 예 예의가 밝다. • 예측되는 상황이 긍정적이고 좋다. 예 전망이 밝다. • 어떤 일에 대하여 잘 알아 막히는 데가 없다. 예 세상 물정에 밝다.
길다	동사	머리카락, 수염 따위가 자라다. 예 그는 수염이 잘 긴다.
	형용사	1. 잇닿아 있는 물체의 두 끝이 서로 멀다. 예 해안선이 길다. 2. 이어지는 시간상의 한 때에서 다른 때까지의 동안이 오래다. 예 긴 세월. 3. 글이나 말 따위의 분량이 많다. 예 긴 말씀. 4. 소리, 한숨 따위가 오래 계속되다. 예 길게 한숨을 내쉬다.

지문에서 파악한 문법 정보로 문제 해결하기

대표 문제 & 핵심 이론 용언의 어간과 어미

다음 글을 읽고 이해한 내용으로 옳지 않은 것은?

한국어의 어미는 문장의 의미를 완성하거나 문법적인 기능을 수행하는 중요한 역할을 하며, 종결 어미, 연결 어미, 전성 어미는 그중에서도 특히 중요한 세 가지 유형의 어미이다.

어미 중 종결 어미는 주로 문장이나 문단의 끝에서 나타나며, 문장의 완결을 나타내는 역할을 한다. 동사나 형용사의 어간 뒤에 붙어 사용되며, 확실한 의미 전달에 기여한다. '먹다'라는 동사는 '먹어라'와 같이 종결 어미를 통해 명령의 의미를 나타낼 수 있다.

연결 어미는 문장 안에서 단어와 단어, 문장과 문장을 연결하는 데 사용된다. 여러 가지 논리적인 관계를 형성하거나 시간, 원인, 조건 등의 관계를 나타낸다. '-고', '-며', '-아서/어서'와 같은 형태들이 연결 어미로 사용되며, 문장의 의미를 논리적으로 이어주는 역할을 한다.

마지막으로, 전성 어미는 용언의 서술 기능을 바꾸어 다른 품사의 기능을 하게 하는 어말 어미이다. 여기에는 관형사형 전성 어미, 명사형 전성 어미, 부사형 전성 어미가 있는데 먼저 관형사형 전성 어미는 '-(으)ㄴ, -는, -(으)ㄹ, -던'으로 '시장에서 예쁜 물건을 구입했다'에서 '예쁜'의 'ㄴ'이 바로 관형사형 전성 어미이다. 명사형 전성 어미로는 '-(으)ㅁ, -기'가 있으며 '나는 친구가 이미 도착했음을 알았다'에서 '도착했음'의 '(으)ㅁ'을 말한다. 부사형 전성 어미로는 '-게, -도록'이 있으며 '벚꽃이 예쁘게 피었다'라는 문장에서 '예쁘게'의 '-게'를 말한다.

이러한 종결 어미, 연결 어미, 전성 어미는 어간과 결합하여 다양한 형태로 나타나며, 한국어 문장의 다양한 표현을 가능케 하여 풍부한 언어 의사소통을 지원한다.

① '비가 오고, 바람이 분다'에서 '-고'는 연결 어미에 속한다.
② '장엄한 분위기'의 '장엄한'은 어간과 관형사형 전성 어미가 결합한 형태이다.
③ '드레스를 입음'에서 '입음'은 명사형 전성 어미를 사용한 형태이다.
④ '비가 세차게 내린다'에서 '세차게'는 문장의 의미를 논리적으로 이어주는 어미를 사용하고 있다.

정답 설명 ④ '비가 세차게 내린다'에서 '세차게'는 어간 '세차-' 뒤에 부사형 전성 어미 '-게'가 결합한 것이다. '문장의 의미를 논리적으로 이어주는 역할'을 하는 것은 연결 어미이기 때문에 올바른 설명이 아니다.

오답 분석 ① '비가 오고, 바람이 분다'에서 '-고'는 연결 어미이다.
② '장엄한 분위기'의 '장엄한'은 어간과 관형사형 전성 어미 '-ㄴ'이 결합한 형태이다.
③ '드레스를 입음'에서 '입음'은 명사형 전성 어미 '-음'이 결합한 형태이다.

1. 용언의 어간과 어미

1) 개념

용언의 어간	용언이 활용할 때 변하지 않는 부분
용언의 어미	용언의 어간을 제외한 나머지 부분으로, 용언이 활용할 때 변하는 부분

2) 선어말 어미

종류	기능	형태	예시
시제 선어말 어미	과거	-았-/-었-	솟았다, 먹었다
	현재	-는-/-ㄴ-	먹는다, 달린다
	미래	-겠-	가겠다, 먹겠다
높임 선어말 어미	주체 높임	-(으)시-	드시고, 앉으시고

3) 어말 어미

종류	개념	예시
종결 어미	• 평서형: -ㅂ니다, -습니다, -다, -아/-어 • 의문형: -ㅂ니까, -습니까, -(으)ㄹ까 • 명령형: -아라/-어라 • 청유형: -자, -(으)세 • 감탄형: -는구나, -구나	• 먹다. • 먹을까? • 먹어라. • 먹자. • 먹는구나!
연결 어미	• 대등적: -고, -(으)며 • 종속적: -아서/-어서 • 보조적: -아/-어	• 비가 오고 바람이 분다. • 비가 와서 소풍이 취소됐다. • 범인을 잡아 버렸다.
전성 어미	• 명사형: -ㅁ, -음 / -기 • 관형사형: -던 / -ㄴ, -은, -는 / -ㄹ, -을 • 부사형: -게 / -도록	• 밥을 먹기 싫다. • 내가 먹던 약이다. • 밥을 먹게 두어라.

01 지문에서 파악한 문법 정보로 문제 해결하기

대표 문제 & 핵심 이론 용언의 활용

다음 글을 읽고 이해한 내용으로 옳지 않은 것은?

한국어 용언의 활용은 규칙 활용과 불규칙 활용으로 구분된다. 규칙 활용은 어간의 형태가 일정하게 유지되고 어미가 일정한 규칙에 따라 결합되어 활용되는 경우를 말하며, 대부분의 용언이 규칙 활용을 따른다. 이는 용언의 어간이 변하지 않고 특정 어미가 결합되면서 활용 형태를 생성하는 규칙을 따르는 경우에 해당한다.

반면, 불규칙 활용은 용언의 어간이나 어미가 일정한 규칙에 따라 결합되지 않고, 각각의 용언이 고유한 어간이나 어미를 가지며 활용되는 경우를 의미한다. 불규칙 활용 용언은 일반적인 활용 규칙을 따르지 않아 예외적으로 기억해야 하는 경우이며, 이러한 용언들은 개별적인 형태를 가지고 있다.

불규칙 활용의 종류에는 '어간이 바뀌는 경우', '어미가 바뀌는 경우', '어간과 어미가 모두 바뀌는 경우' 3가지가 있다.

어간이 바뀌는 활용에는 먼저 어간 받침 'ㄷ'이 모음으로 시작하는 어미 앞에서 'ㄹ'로 바뀌는 경우가 있다. 예를 들어, '길을 걷다'의 '걷다'는 모음으로 시작하는 어미 '어' 앞에서 '걸어'로 바뀐다. 어간 끝소리가 'ㅂ'으로 끝날 때 'ㅗ/ㅜ'로 바뀌는 경우도 있다. '가깝다'라는 단어가 '가까워'가 되는 경우가 그러하다. 다음으로 어간의 끝소리 'ㅅ'이 모음으로 시작하는 어미 앞에서 사라지는 경우도 있다. '집을 짓다'의 '짓다'는 모음으로 시작하는 어미 '어' 앞에서는 'ㅅ'이 생략되어 '지어'로 표기된다. 어간의 끝이 '르'로 끝날 때 '르'가 모음으로 시작하는 어미 앞에서 'ㄹㄹ'로 바뀌는 경우도 있다. '물이 흐르다'의 경우 '흐르다'가 모음으로 시작하는 어미 '아/어'와 결합하면 '흘러'가 된다. 마지막으로 어간이 'ㅜ'로 끝날 때 모음으로 시작하는 어미와 결합하는 경우 'ㅜ'가 생략되는 경우도 있다. '물을 푸다'의 '푸다'가 '아/어'의 어미와 결합하면 '퍼'가 되는 경우를 말한다.

다음으로는 어미가 바뀌는 활용이 있다. '푸르다'와 같은 단어들이 '아/어'와 결합할 때 '아/어'가 '러'로 변하는 활용을 말한다. 예를 들어, '푸르다'는 '아/어'와 활용할 때 '푸르어'가 아닌 '푸르러'가 되며, 이러한 단어들은 '푸르다, 누르다, 노르다' 등이 있다. '하다'의 경우에는 '아/어'와 결합할 때 '아/어'가 '여'로 바뀌는 불규칙 활용의 단어이다. 어미 '아라'가 '오'로 바뀌는 형태도 있는데 이것은 '말하는 이가 듣는 이에게 어떤 것을 주도록 요구할 때 쓰이는 '주다'의 보충 동사인 '달다'가 '다오'가 되는 것만 존재한다.

어간과 어미가 모두 바뀌는 활용도 있다. 어간이 'ㅎ'일 때, 뒤에 '아/어'로 시작하는 어미가 오는 경우 'ㅎ'은 탈락하고 뒤에 있는 '아/어'가 '이'로 바뀌는 형태이다. 예를 들어, '파랗다'는 '아/어'와 활용할 때, '파랗아'가 아니라 '파래'가 된다.

① '물을 푸다'에서 '푸다'의 어간 '푸-'에 어미 '-어'가 결합하면 '퍼'가 된다.
② '라면이 붇다'에서 '붇다'의 어간 '붇-'에 어미 '-기'가 결합하면 '불기'가 된다.
③ '하늘이 푸르다'에서 '푸르다'의 어간 '푸르-'에 어미 '-어'가 결합하면 '푸르러'가 된다.
④ '고구마를 굽다'에서 '굽다'의 어간 '굽-'에 어미 '-어'가 결합하면 '구워'가 된다.

정답 설명 ② 불규칙 활용은 모음으로 시작하는 어미가 오는 경우에 변하는 것으로 어미 '-기'는 모음으로 시작하는 어미가 아니기 때문에 '붇다'의 어간 '붇-'에 어미 '-기'가 결합하면 '붇기'로 표기해야 한다.

오답 분석 ① '푸- + -어 = 퍼'에서는 어간 '푸-'의 'ㅜ'가 탈락하는 불규칙 활용이 일어난다.
③ '푸르- + -어 = 푸르러'는 '러' 불규칙 활용이 일어나 어미 '-어'가 '-러'로 변한 경우이다.
④ '굽다'의 어간 '굽-'에 어미 '-어'가 결합하면 'ㅂ' 불규칙 활용이 일어나서 '구워'가 된다.

1. 용언의 활용

1) 규칙 활용

어간 + 어미의 규칙적 활용	씻다
'으' 탈락: 어간의 끝 '으' + 모음 '-아/-어'로 시작하는 어미	쓰다, 치르다, 들르다
'ㄹ' 탈락: 어간의 끝 'ㄹ' + 'ㄴ, ㄹ, ㅂ, ㅅ, 오'	알다, 갈다

ㄹ수록, -ㄹ지언정, -ㄹ뿐더러, -ㄹ망정, -ㄹ까

2) 불규칙 활용

① 어간이 바뀌는 경우

'ㅅ' 불규칙	짓다, 잇다
'ㅂ' 불규칙	돕다, 눕다, 곤혹스럽다, 여쭙다, 서럽다
'ㄷ' 불규칙	듣다, 걷다, 붇다
'르' 불규칙	구르다, 흐르다, 서두르다, 머무르다
'우' 불규칙	푸다

② 어미가 바뀌는 경우

'여' 불규칙	하- + -아/-어 → 하여	
'러' 불규칙	• 푸르- + -어 → 푸르러 • 이르[至]- + -어 → 이르러	• 노르- + -어 → 노르러 • 누르- + -어 → 누르러
'오' 불규칙	달- + -아라 → 달오 → 다오	

노르-: 달걀 노른자의 빛깔과 같이 밝고 선명하다

누르-: 황금이나 놋쇠의 빛깔과 같이 밝고 탁하다.

③ 어간과 어미가 모두 바뀌는 경우

'ㅎ' 불규칙	• 파랗- + -아 = 파래 • 퍼렇- + -어 = 퍼레	• 하얗- + -아 = 하얘 • 허옇- + -어 = 허예

개념 PLUS

[연습하기]

<보기>의 ㉠과 ㉡에 해당하는 예로만 묶은 것은?

> 불규칙 용언은 그 활용형에 따라 ㉠ 어간만이 불규칙적으로 바뀌는 것, 어미만이 불규칙적으로 바뀌는 것, ㉡ 어간과 어미 모두가 불규칙적으로 바뀌는 것으로 나뉜다.

① (생선을) 굽다
(하늘이) 파랗다

② (들판이) 푸르다
(하늘이) 파랗다

③ (생선을) 굽다
(진실을) 깨닫다

④ (들판이) 푸르다
(진실을) 깨닫다

정답 ① • 굽+어 → 구우+어 → 구워 (ㅂ 불규칙 활용)
• 파랗+아 → 파래 (ㅎ 불규칙 활용)

[연습하기]

다음 중 활용 양상이 가장 이질적인 것은?

① 김치를 담가서 집에 가져다 줄게.
② 이곳에서도 장미꽃을 파니?
③ 삶이 아름답고 편안하게 느껴져.
④ 오늘 날씨에 겨울옷을 입고 가더라.

정답 ③ 아름답다: 아름답+어 → 아름다워 (ㅂ 불규칙활용)

해설
① 담그다 : 담그+아서 → 담가서 (으 탈락 : 규칙활용)
② 팔다 : 팔+니? → 파니? (ㄹ 탈락: 규칙활용)
④ 입다 : 입+어 → 입어 (규칙활용)

01 지문에서 파악한 문법 정보로 문제 해결하기

대표 문제 & 핵심 이론 품사 - 관형사 · 부사 · 감탄사

01 <보기>의 밑줄 친 단어를 바르게 분류한 것은?

보기

형용사와 관형사를 구별하는 기준의 하나로 '서술하는 기능'이 있다. 예를 들어, '동물원에는 큰 사자가 있다.'에서 '큰'은 '사자가 크다'처럼 주어인 '사자가'를 서술하는 기능을 하므로 형용사이다. 그러나 관형사는 그런 기능을 하지 못한다.

ㄱ. 정원에 아름다운 꽃이 피었다.
ㄴ. 웬 말이 그렇게 많은지 모르겠다.
ㄷ. 수리를 하고 나니 새 가구가 되었다.
ㄹ. 모여 있던 모든 사람들이 일제히 나를 쳐다봤다.
ㅁ. 그의 빠른 일 처리가 사람들을 만족스럽게 하였다.

	형용사	관형사
①	ㄱ, ㄷ	ㄴ, ㄹ, ㅁ
②	ㄱ, ㅁ	ㄴ, ㄷ, ㄹ
③	ㄴ, ㄹ	ㄱ, ㄷ, ㅁ
④	ㄴ, ㄷ, ㄹ	ㄱ, ㅁ

02 <보기>의 ㉠ ~ ㉢에 해당하는 것을 바르게 분류한 것은?

보기

㉠ 관형사, ㉡ 대명사, ㉢ 부사 중에는 '이, 그, 여기, 이리, 그리' 등과 같이 '지시성'을 지닌 단어들이 있다. 이들은 지시성이라는 공통점 때문에 구별이 쉽지 않으므로 문장 내에서의 기능을 통해 단어의 품사를 파악해야 한다.

ⓐ 이 사과는 맛있게 생겼다.
ⓑ 그 책 좀 나에게 빌려줄 수 있어?
ⓒ 여기가 바로 우리의 고향입니다.
ⓓ 이리 가까이 오게.
ⓔ 그리 물건을 보내겠습니다.

	㉠	㉡	㉢
①	ⓐ	ⓑ, ⓒ	ⓓ, ⓔ
②	ⓐ, ⓑ	ⓒ	ⓓ, ⓔ
③	ⓑ, ⓒ	ⓓ, ⓔ	ⓐ
④	ⓑ, ⓓ	ⓔ	ⓐ, ⓒ

01 정답 설명 ② ㄱ의 '아름다운'은 '꽃이 아름답다'처럼 주어인 '꽃이'를 서술하는 기능을 하며, ㅁ의 '빠른'은 '일 처리가 빠르다'처럼 주어인 '일 처리가'를 서술하는 기능을 하므로 형용사이다. 하지만, ㄴ의 '웬'과 ㄷ의 '새', ㄹ의 '모든'은 주어를 서술하는 기능을 하지 못하므로 관형사이다.

02 정답 설명 ② ⓐ '이'는 명사 '사과'를, ⓑ '그'는 명사 '책'을 수식하는 관형사이다. ⓒ '여기'는 장소를 나타내는 대명사이다. ⓓ '이리'는 용언 '오게'를, ⓔ '그리'는 용언 '보내겠습니다'를 수식하는 부사이다.

1. 수식언 - 관형사

1) 체언을 꾸며 주는 단어

2) 종류

성상 관형사	새 책, 헌 책, 어느 사람, 온갖 사물, 옛 모습, 모든 사람, 무슨 말, 갖은 고생, 첫 학기
지시 관형사	이 사람, 그 책, 저 교장 선생님
수 관형사	배 세 척, 사과 네 개, 학생 다섯 명

2. 수식언 - 부사

1) 주로 용언을 수식(활용하지 않음)

2) 종류

① 성분 부사

성상 부사	• 아주, 매우, 너무, 가장 • 상징 부사(의성어, 의태어): 철썩철썩, 깡충깡충, 흔들흔들, 헐떡헐떡, 촐랑촐랑, 방글방글
지시 부사	이리, 그리, 저리
부정 부사	• 안 예 • 철수는 김치를 안 먹는다. • 그는 잘 안 씻는다. • 못 예 • 철수는 김치를 못 먹는다. • 그는 상처 때문에 못 씻는다.

② 문장 부사

양태 부사	과연, 설마, 제발, 결코, 아마 등 예 과연 솜씨가 훌륭해!
접속 부사	그리고, 그러나, 즉, 곧, 또는, 및 등 예 그리고 배를 탔다.

3. 독립언 - 감탄사

감정	아, 아차, 아하, 아이코 등 예 아, 세월이 빠르구나.
의지	자, 에라, 글쎄, 천만에 등 예 자, 이제 그만 가자.
호응	여보, 여보세요, 예, 그래 등 예 예, 저요?
입버릇	뭐, 아, 저, 응 등 예 뭐, 난 여기 못 올 덴가.
답변	네, 아니요 예 네, 부르셨습니까?

01 지문에서 파악한 문법 정보로 문제 해결하기

대표 문제 & 핵심 이론 문장 성분

01 다음 글의 예로 적절하지 않은 것은?

관형어는 체언을 수식하는 문장 성분이다. 관형어가 체언을 수식하는 방법은 여러 가지이다. 가장 기본적인 것은 관형사가 그대로 관형어가 되는 경우이고, 두 번째는 체언에 관형격 조사 '-의'가 결합되어 실현되는 경우이고, 세 번째는 용언 어간에 관형사형 어미가 결합되어 실현되는 것이다. 네 번째는 관형격 조사 '-의'가 생략되어 '체언+체언'의 구성으로 된 경우이다.

① 그는 새 운동화를 신었다.
② 그녀는 작품을 겨우 완성했다.
③ 소녀는 시골 풍경을 좋아한다.
④ 이곳은 내가 다니던 학교이다.

02 다음 글을 읽고 추론한 내용으로 적절하지 않은 것은?

'품사'는 공통된 성질이 있는 단어끼리 묶어서 분류해 놓은 갈래를 뜻하고, '문장 성분'은 문장 안에서 일정한 문법적 기능을 하는 구성 요소를 뜻한다. 관형사는 체언인 명사, 대명사, 수사 앞에서 해당 체언을 꾸며 주는 품사이고, 관형어는 체언을 꾸며 주는 문장 성분이므로, 서로 문법 단위가 다르다. 그런데 관형사나 관형어는 이름과 그 기능이 서로 유사하여, 둘을 구별하기가 쉽지 않다.

관형사는 단어의 성질 자체가 체언의 수식에 있고, 문장 성분으로는 관형어의 기능을 한다. 하지만 관형어는 관형사로만 실현되는 것은 아니다. 관형사 이외에도 체언과 관형격 조사의 결합, 용언의 어간과 관형사형 어미의 결합, 체언 자체로도 관형어로 쓰일 수 있다.

(가) 헌 집이지만 나는 고향 집이 정겹다.
(나) 할아버지의 집을 고쳐서 예쁜 집으로 만들었다.

(가)의 '헌'은 '집'을 꾸며 주는 관형사이다. 이때 '헌'은 조사와 결합하지 않으며, '헌'이라는 고정된 형태로만 쓰인다. 즉 '헌책, 헌 구두'와 같이 관형사는 언제나 체언을 꾸며 주는 관형어로만 쓰인다. 또한 '고향'은 명사이지만, 뒤에 오는 체언 '집'을 꾸며주는 기능을 한다. 이처럼 체언이 나란히 올 경우 앞의 체언은 뒤의 체언을 꾸며 주는 관형어로 쓰일 수 있다.

(나)의 '할아버지'는 관형격 조사 '의'와 결합하여 '집'을 수식하는 관형어로 쓰인다. 또한 '예쁜'은 형용사인데, 어간 '예쁘-'에 관형사형 어미 '-(으)ㄴ'이 결합하여 '집'을 꾸미는 관형어로 쓰인다. 마찬가지로 '살던 집', '구경하는 집'처럼 동사의 어간에 관형사형 어미가 결합하여 관형어로 쓰일 수 있다.

① '헌'은 관형사이자 관형어이군.
② '시골 풍경'에서 '시골'은 '고향 집'의 '고향'과 같은 문장 성분을 지니겠군.
③ '푸른 하늘'에서 '푸른'은 어간에 관형사형 전성 어미가 붙은 관형어겠군.
④ '빌딩이 높고 크다'에서 '높고'는 어간과 어미가 결합한 관형어겠군.

01 **정답 설명** ② '겨우'는 부사로 서술어인 '완성했다'를 수식하고 있으므로, 관형어의 형성 방법에 따른 문장 성분으로 볼 수 없다.

02 **정답 설명** ④ '빌딩이 높고 크다'에서 '높고'는 어간과 연결 어미가 결합한 형태이다. '예쁜'과 같은 관형어가 되기 위해서는 어간과 관형사형 전성 어미가 결합되어야 하기 때문에 '높고'는 관형어로 볼 수 없다.

오답 분석 ① '오래된'의 의미인 '헌'의 품사는 관형사이고, 문장 성분은 관형어이다.
② 3문단에서 '고향'은 명사이지만, 뒤에 오는 체언 '집'을 꾸며주는 기능을 한다고 하였다. 이처럼 체언이 나란히 올 경우 앞의 체언은 뒤의 체언을 꾸며 주는 관형어로 쓰일 수 있기 때문에 '시골 풍경'의 '시골' 역시 관형어로 쓰였음을 알 수 있다.
③ 4문단 "'예쁜'은 형용사인데, 어간 '예쁘-'에 관형사형 어미 '-(으)ㄴ'이 결합하여 '집'을 꾸미는 관형어로 쓰인다'는 부분을 통해 '푸른 하늘'의 '푸른' 역시 어간과 관형사형 전성 어미가 결합된 관형어라는 것을 확인할 수 있다.

1. 주성분 - 주어, 목적어, 보어, 서술어

구분	개념	형식	예시
주어	서술어가 나타내는 동작 또는 상태나 성질의 주체가 되는 문장 성분	체언 + 주격 조사	꽃이 피기 시작했다.
		체언 + 보조사	꽃은 피기 시작했다.
목적어	타동사로 된 서술어의 동작이나 행동의 대상이 되는 문장 성분	체언/체언 구실을 하는 구나 절 + 목적격 조사	나무가 꽃을 피우기 시작했다.
		체언 + 보조사	나무가 꽃은 피우기 시작했다.
보어	서술어 '되다', '아니다'의 필수 성분이며, 서술어의 의미를 보충해주는 구실을 하는 문장 성분	체언 + 보격 조사	저것은 꽃이 아니다.
		체언 + 보조사	저것은 꽃은 아니다.
서술어	주어의 동작 또는 상태나 성질을 서술하는 문장 성분	체언 + 서술격 조사 '이다'(+ 종결 어미/연결 어미)	그녀는 학생이다.
		용언(어간 + 종결 어미, 어간 + 연결 어미)	빵을 먹다.
		본용언 + 보조 용언	사탕을 먹지 않는다.

2. 부속 성분 - 관형어, 부사어

구분	개념	형식	예시
관형어	주어, 목적어, 보어를 수식하는 문장 성분	체언 + 관형격 조사 '의'	지금도 나는 어머니의 말씀이 기억난다.
		체언 + 관형격 조사 '의' 생략	지금도 나는 어머니 말씀이 기억난다.
		관형사	새 책, 옛 모습, 갖은 음식
		용언 어간 + 관형사형 전성 어미	5월에 예쁜 꽃을 보러 가자.
부사어	용언, 관형어, 부사어, 문장 전체를 수식하는 문장 성분	체언 + 부사격 조사	• 집으로 가자. • 강에서 놀자.
		부사	그 학생이 아주 새 사람이 되었더라.
		용언 어간 + 부사형 전성 어미	꽃이 곱게 피었다.

3. 독립 성분

구분	개념	형식	예시
독립어	다른 성분들과 관련 없는 문장 성분	체언 + 호격 조사(아/야/이여)	철수야.
		감탄사	아야!
		제시하는 말(표제어) ─ 조사가 결합하지 않은 명사가 문장 맨 앞에 제시될 때	청춘, 이것은 듣기만 하여도 가슴 설레는 말이다.
		명령, 의지의 단어가 하나의 문장을 이룰 때	조용! / 어서! / 싫어! / 차렷!

01 지문에서 파악한 문법 정보로 문제 해결하기

대표 문제 & 핵심 이론 파생어

01 <보기>를 바탕으로 단어 형성법에 대해 탐구한 것으로 적절하지 않은 것은?

> 보기
>
> 단어에서 실질적 의미를 나타내는 중심 부분을 어근이라 하고, 어근에 붙어 그 뜻을 더하는 부분을 접사라고 한다. 단어는 형성 방법에 따라 단일어와 파생어, 합성어로 나누어진다. 단일어는 '바다', '놀다'와 같이 하나의 어근으로 이루어진 말이고, 파생어는 '군살'이나 '멋쟁이'처럼 어근과 접사의 결합으로 이루어진 말이다. 합성어는 어근과 어근이 결합한 말로 '달빛'이나 '뛰놀다'와 같은 말이 이에 해당한다.

① '치솟다'는 접사가 어근에 붙어 뜻을 더하고 있으므로 파생어이군.
② '헛디디다'는 접사에 어근이 결합한 파생어이고, '닭고기'는 어근끼리 결합한 합성어이군.
③ '나무꾼'과 '검붉다'는 모두 실질적인 뜻을 가진 어근끼리 결합하였으므로 합성어이군.
④ '개살구'와 '부채질'은 모두 어근에 접사가 결합하여 이루어진 단어이므로 파생어에 해당하는군.

02 다음 글은 '한-'의 사전 뜻풀이다. ⓐ~ⓒ에 해당하는 각각의 용례를 <보기>에서 찾아 바르게 짝 지은 것은?

> ⓐ '큰'의 뜻을 나타냄
> ⓑ '같은'의 뜻을 나타냄
> ⓒ '한창인'의 뜻을 나타냄

> 보기
>
> ㄱ. 요즘은 한겨울이라 관광객이 많이 줄었다.
> ㄴ. 아들이 제대하자 어머니는 한걱정을 덜었다.
> ㄷ. 철수와 영희는 한마을에서 자라나 아주 친하다.
> ㄹ. 고이 자다가 한밤중에 느닷없이 날벼락을 맞는 격이군.

	ⓐ	ⓑ	ⓒ
①	ㄱ	ㄴ	ㄷ, ㄹ
②	ㄱ	ㄷ	ㄴ, ㄹ
③	ㄴ	ㄷ	ㄱ, ㄹ
④	ㄴ	ㄷ, ㄹ	ㄱ

01 정답 설명 ③ <보기>에 따르면, '검붉다'는 '검-', '붉다'로 나눌 수 있는데 '검붉다'는 '검은빛을 띠면서 붉다'라는 의미이므로 '검-'이 '검다'에서 온 말인 것을 짐작할 수 있다. 따라서 '검-'도 어근, '붉다'도 어근이므로, '검붉다'는 합성어이다. 그러나 '나무꾼'은 '나무'와 '-꾼'으로 나눌 수 있는데, 이때 '나무'는 어근, '-꾼'은 접미사이므로 '나무꾼'은 파생어이다.

오답 분석 ① '치솟다'는 '치-'와 '솟다'의 결합으로 '치-'가 접두사로 쓰여 어근인 '솟다'에 '위로 향하게'의 의미를 더하고 있는 파생어이므로 적절하다.
② '헛디디다'는 '헛-'과 '디디다'의 결합이다. '헛-'은 접두사이고, '디디다'는 '발을 올려놓고 서거나 발로 내리누르다.'의 뜻을 가진 동사이다. 따라서 '헛디디다'는 접사와 어근이 결합한 파생어이다. 또 '닭고기'는 어근 '닭'과 어근 '고기'가 결합한 합성어이므로 적절하다.
④ '개살구'는 '개-'와 '살구'의 결합이고, '부채질'은 '부채'와 '-질'의 결합이다. 두 단어 모두 접사(접두사 '개-', 접미사 '-질')가 쓰인 파생어이므로 적절하다.

02 정답 설명 ③ ㄱ의 '한겨울'은 '한창 추위가 심한 겨울', ㄴ의 '한걱정'은 '큰 걱정', ㄷ의 '한마을'은 '같은 마을', ㄹ의 '한밤중'은 '한창인 밤'의 의미를 가진다.

1. 어근과 접사

1) 어근: 단어에서 실질적인 의미를 나타내는 부분 예 풋나물

2) 접사: 어근에 결합해 특정한 뜻을 더하는 부분 예 풋고추, 선생님

2. 단일어와 복합어

단일어	하나의 어근만으로 이루어진 단어 예 꽃, 산, 하늘	
복합어	파생어	• 접두사 + 어근 예 개 + 떡 → 개떡 • 어근 + 접미사 예 소리 + 꾼 → 소리꾼
	합성어	어근 + 어근 예 돌 + 다리 → 돌다리

3. 파생어: 어근과 접사가 결합하여 이루어진 단어

1) 접두 파생법

덧-	덧저고리 (거듭된, 겹쳐 신거나 입은)	풋-	풋고추, 풋사과/풋사랑 (덜 익은 / 미숙한)
막-	막고무신, 막국수/막일, 막말/막차, 막판 (거친, 품질이 낮은 / 닥치는 대로 하는 / 마지막)	홑/홀-	홑몸/홑이불, 홀몸, 홀바지 (한 겹으로 된, 혼자인 / 짝이 없이 혼자인)
알-	알밤, 알바늘/알바가지/알거지, 알부자 (겉을 덮어 싼 것을 다 제거한 / 작은 / 진짜)	몰-	몰염치, 몰상식 (그것이 전혀 없음)
엿-	엿보다, 엿듣다 (몰래)	휘-	휘감다, 휘날리다 (마구 심하게)
제-	제3장, 제삼장 (그 숫자에 해당되는 차례)	강-	강밥, 강술/강추위, 강행군 (그것만으로 이루어진 / 몹시)
짓-	짓밟다 (마구, 몹시)	한-	한시름, 한걱정/한밤중, 한여름/한데/한음식, 한저녁 (큰 / 정확한, 한창인 / 바깥 / 끼니때 밖)
헛-	헛걸음, 헛고생/헛살다, 헛디디다 (이유 없는, 보람 없는 / 보람 없이, 잘못)	치-	치뜨다, 치솟다, 치받다 (위로 향하게, 위로 올려)

2) 접미 파생법(어근 + 한정적 접미사)

-가	건축가, 교육가, 대식가 (특징을 지닌 사람)	-장이	미장이, 대장장이 (그러한 기술을 가진 사람)
-꾼	장사꾼, 일꾼, 노름꾼 (어떤 일을 하거나 즐기는 사람)	-쟁이	겁쟁이, 멋쟁이 (그러한 속성을 가진 사람)
-내기	신출내기, 서울내기 (그 특성을 지닌 사람)	-질	가위질, 부채질/곁눈질, 손가락질/선생질, 노름질 (그 도구를 가지고 하는 일 / 신체 부위를 이용한 어떤 행위 / 직업이나 행위를 비하)
-님	사장님, 대표님/달님, 해님 (높임 / 대상을 인격화하여 높임)	-다랗다	높다랗다, 굵다랗다 (그 정도가 꽤 뚜렷함)
-박이	점박이, 차돌박이, 오이소박이 (무엇이 박혀 있는 사람, 짐승, 물건)	-뜨리다	넘어뜨리다, 밀어뜨리다 (강조)

개념 PLUS

접사의 특징

1. 같은 형태여도 의미가 다른 접사이거나 어근일 수 있음

개-	• 개고기(합성어) • 개떡(파생어) • 개꿈(파생어) • 개망나니(파생어)
불-	• 불장난(합성어) • 불개미(파생어) • 불곰(파생어) • 불호령(파생어)
군-	• 군밤(합성어) • 군고구마(합성어) • 군식구(파생어) • 군살(파생어) • 군말(파생어)

2. 어휘의 기본적인 의미와 다른 경우가 많음
   예 • 개: 동물
   • 개-: 야생 상태의, 질이 떨어지는, 흡사하지만 다른
3. 접사는 실질 형태소에 붙음
4. 제한적인 어근과 결합함

01 지문에서 파악한 문법 정보로 문제 해결하기

대표 문제 & 핵심 이론 합성어

01 ㉠~㉣에 들어갈 어휘의 예로 적절하지 않은 것은?

합성어는 어근의 배열 양상에 따라 통사적 합성어와 비통사적 합성어로 나뉜다. 어근의 배열이 우리말의 일반적인 문장 구성 방식과 일치하는 것을 통사적 합성어라 하고, 그렇지 않은 것을 비통사적 합성어라 한다. 합성어에서 어근의 구체적 결합 양상은 다음과 같다.

〈통사적 합성어의 유형과 예〉
- ㅇ 체언 + 체언 : 밤낮
- ㅇ 체언 + 용언 : ㉠
- ㅇ 관형사 + 체언 : ㉡
- ㅇ 용언의 관형사형 + 체언 : ㉢

〈비통사적 합성어의 유형과 예〉
- ㅇ 부사 + 체언 : 보슬비
- ㅇ 용언의 어간 + 체언 : 감발
- ㅇ 용언의 어간 + 용언의 어간 + 어미 : ㉣

① ㉠ : 낯설다 ② ㉡ : 첫사랑 ③ ㉢ : 뜬소문 ④ ㉣ : 앞서다

02 ㉠에 해당하는 것만을 <보기>에서 있는 대로 고른 것은?

합성어는 명사와 명사의 결합, 용언의 관형사형과 명사의 결합, 부사와 용언의 결합처럼 어근과 어근의 연결이 우리말의 어순이나 단어 배열법과 일치하는 ㉠ 통사적 합성어와 용언의 어간과 명사의 결합, 용언의 어간에 용언의 어간이 직접 결합한 것처럼 우리말의 어순이나 단어 배열법과 일치하지 않는 비통사적 합성어로 나눌 수 있다.

보기

덮밥, 돌다리, 젊은이, 높푸르다, 잘생기다

① 돌다리, 높푸르다 ② 덮밥, 돌다리, 젊은이
③ 덮밥, 젊은이, 높푸르다 ④ 돌다리, 젊은이, 잘생기다

01 정답 설명 ④ '앞서다'는 체언 '앞'과 용언 '서다'의 연결을 통해 만들어진 통사적 합성어에 해당된다.

오답 분석 ① '낯설다'는 체언 '낯'과 용언 '설다'의 연결을 통해 만들어진 통사적 합성어로, ㉠의 적절한 예에 해당된다.
② '첫사랑'은 관형사 '첫'과 체언 '사랑'의 연결을 통해 만들어진 통사적 합성어로, ㉡의 적절한 예에 해당된다.
③ '뜬소문'은 용언 '뜨다'의 관형사형 '뜬'과 체언 '소문'의 연결을 통해 만들어진 통사적 합성어로, ㉢의 적절한 예에 해당된다.

02 정답 설명 ④ '돌다리'는 명사(돌)와 명사(다리), '젊은이'는 용언의 관형사형(젊은)과 명사(이), '잘생기다'는 부사(잘)와 용언(생기다)이 결합한 말이기 때문에 통사적 합성어에 해당한다.

오답 분석 ①②③ '덮밥'은 용언의 어간(덮)과 명사(밥)로 비통사적 합성어에 속하고, '높푸르다'는 용언 어간(높)과 용언의 어간(푸르)이 직접 결합한 말이기 때문에 비통사적 합성어에 해당한다.

1. 합성어 - 실질적 의미 + 실질적 의미

1) 합성어의 의미 범주에 따른 분류

대등 합성어	오가다, 팔다리
종속 합성어	손수건, 책가방, 손수레
융합 합성어	밤낮(항상), 춘추(나이), 피땀(노력), 쑥밭(엉망)

2) 합성어의 형성 방법에 따른 분류

① 통사적 합성어: 국어의 일반적인 단어 배열과 일치 O

형성 방법		예시
어간 + 어미 + 어간 + 어미		들어가다, 알아보다, 돌아가다, 돌아오다, 가져오다, 타고나다
명사 + 용언 (동사, 형용사)	주어(주격 조사) + 서술어	힘들다, 빛나다, 철들다, 손쉽다
	목적어(목적격 조사) + 서술어	본받다, 수놓다, 용쓰다
	부사어(부사격 조사) + 서술어	앞서다, 뒤서다, 남다르다
부사 + 동사, 형용사		그만두다, 잘생기다
관형사 + 명사		새해, 첫사랑, 웬일, 새언니
용언의 관형사형 + 명사		젊은이, 어린이, 쓴웃음, 작은집(따로 살림하는 아들이나 아우, 작은아버지의 집)
같은 품사	명사 + 명사	논밭, 기와집, 김치찌개, 회덮밥, 밤낮, 손목, 눈물, 할미꽃, 어깨동무, 얼룩소, 금지곡, 한자음, 핵폭발, 수족(手足), 연세(年歲)(한자어 명사 + 한자어 명사)
	부사 + 부사	이리저리, 비틀비틀, 부슬부슬
	감탄사 + 감탄사	얼씨구절씨구

② 비통사적 합성어: 국어의 일반적인 단어 배열과 일치 ×

형성 방법	예시
어간 + 명사	덮밥, 접칼, 먹거리, 감발, 붉돔, 곶감
어간 + 어간 + 어미	검붉다, 짙푸르다, 보살피다, 오르내리다, 굶주리다, 굳세다, 높푸르다, 날뛰다, 돌보다
부사 + 명사	부슬비, 척척박사, 산들바람, 살짝곰보, 딱딱새
한자어 어순이 우리말과 다른 경우	독서(讀書), 등산(登山)

지문에서 파악한 문법 정보로 문제 해결하기

대표 문제 & 핵심 이론 높임법

<보기>의 문장을 ㉠에 따라 바르게 나타낸 것은?

높임법이란 말하는 이가 듣는 이나 다른 대상을 높이거나 낮추는 정도를 언어적으로 구별하여 표현하는 문법 요소를 말한다. 높임법은 높이는 대상이 누구인가에 따라 크게 세 가지 차원으로 나뉜다. 하나는 행위의 주체(문장의 주어)를 대상으로 하는 높임법이요, 다른 하나는 그 행위가 미치는 쪽(문장의 목적어나 부사어)을 대상으로 하는 높임법이다. 그리고 마지막으로 말을 듣는 상대, 곧 청자를 대상으로 하는 높임법이 있다. 이를 각각 주체 높임법, 객체 높임법, 상대 높임법이라고 한다.

주체 높임법은 주로 서술어에 선어말 어미 '-(으)시-'가 붙어 실현되나, 부수적으로 주격 조사 '이/가' 대신 '께서'가 쓰이기도 하고 주어 명사에 '-님'이 덧붙기도 한다. 객체 높임법에서는 주로 '모시다', '드리다'와 같은 특수 어휘를 쓰고, 조사 '에게' 대신 '께'를 사용하기도 한다. 상대 높임법은 종결 표현으로 실현되는데, 의례적인 용법의 격식체에는 높임의 등급에 따라 '하십시오체', '하오체', '하게체', '해라체'가 있고, 정감을 드러내는 비격식체에는 존대에 '해요체'가, 비존대에 '해체'가 있다.

위에서는 세 가지 차원의 높임법을 따로따로 서술하였지만, 실제 대화 상황에서는 이들 중 둘 또는 셋이 문장에 동시에 작용한다. 가령, 형이 동생에게 말하는 "할아버지께서 집에 다녀가셨어."는 두 차원의 높임법이 적용된 문장인데, 여기서 '할아버지'는 주체로서 '-시-'를 적용받고, 동시에 청자인 동생은 '-어'를 적용받고 있다. ㉠ <u>높임법의 존대를 [+]로 비존대를 [-]로 나타낸다면, 이 문장은 [주체+], [상대-]로 표시할 수 있을 것이다.</u> 이렇게 세 종류의 높임법을 각각 등급을 달리하여 조합하면, 많은 수의 높임 표현이 가능하게 됨을 알 수 있다.

보기

고모, 영희가 할아버지를 모시고 목욕탕에 갔어요.

① [주체+][객체+][상대+]
② [주체-][객체+][상대+]
③ [주체+][객체+][상대-]
④ [주체-][객체-][상대+]

정답 설명 ② '영희가 ~ 갔어요'라는 부분에서 주체 높임을 하지 않았으므로 [주체-]로 표시할 수 있으며, '할아버지를 모시고'에서 목적어인 '할아버지'를 높였으므로 [객체+]로 표시할 수 있다. 그리고 '갔어요'에서 해요체를 쓰고 있으므로 [상내+]로 표시할 수 있다.

1. 높임 표현의 종류

1) 주체 높임법: 주어(높임의 대상)

구분	예시
주어 + 조사(께서) + (으)시	아버지께서 여기 오시다.
주어 + 조사(께서) + 특수 어휘 잡수시다, 주무시다, 계시다, 편찮으시다	아버지께서 주무신다.

① 주체 간접 높임

높여야 할 주체와 밀접한 연관이 있는 대상(신체 부분, 소유물 등)을 높일 때는 '-(으)시-'를 붙여 간접적으로 주체를 높인다.

예
- 할아버지는 귀가 밝으시다.
- 선생님의 말씀이 있으시겠습니다.
- 부장님의 따님은 집에 있으신가요?
- 그분은 걱정이 항상 많으시니 각별히 배려해 드려야 합니다.

2) 객체 높임법: 목적어(높임의 대상), 부사어(높임의 대상)

구분	예시
객체 높임 어휘	드리다, 뵈다, 뵙다, 여쭈다, 여쭙다, 모시다
목적어(을/를) + 특수 어휘 뵈다, 뵙다, 여쭈다, 여쭙다, 드리다, 모시다	영희가 선생님을 모시고 왔어
부사어(께) + 특수 어휘	영희가 답을 선생님께 여쭈었다.
부사어(께)	선생님께서 어머니께 통신문을 발송하셨다.
특수 어휘	선생님, 제가 뵙고 말씀드릴 것이 있습니다.

3) 상대높임법: 듣는 이를 높이거나 낮춤

구분		평서법	의문법	명령법	청유법	감탄법
격식체	하십시오체	갑니다, 가십니다	갑니까?, 가십니까?	가십시오	가십시다, 가시지요	-
	하오체	가오	가오?	가오	갑시다	가는구려
	하게체	가네, 감세	가나?	가게	가세	가는구먼
	해라체	간다	가냐?, 가니?	가라	가자	가는구나
비격식체	해요체	가요	가요?	가요	가요	가요
	해체	가, 가지	가?, 가지?	가, 가지	가, 가지	가, 가지

개념 PLUS

조건에 따른 높임법의 표시

- 문장 1
  : 아버지, 어머니께서 할머니를 모시고 병원에 가셨습니다.
- 문장 2
  : 철수야, 어머니께서 할머니를 모시고 병원에 가셨어.

1. 조건 ①

우리말에는 주체 높임, 객체 높임, 상대 높임 등이 있다. 주체 높임과 객체 높임, 상대높임이 있는 경우는 +로, 없는 것은 -로 표시할 수 있다.

- 문장 1
  : [주체높임+][객체높임+][상대높임+]
- 문장 2
  : [주체높임+][객체높임+][상대높임+]

2. 조건 ②

우리말에는 주체 높임, 객체 높임, 상대 높임 등이 있다. 주체 높임과 객체 높임의 경우 높임은 +로, 높임이 아닌 것은 -로 표시하며, 상대 높임의 경우 반말체는 -로, 존댓말은 +로 표시한다.

- 문장 1
  : [주체높임+][객체높임+][상대높임+]
- 문장 2
  : [주체높임+][객체높임+][상대높임-]

01 지문에서 파악한 문법 정보로 문제 해결하기

대표 문제 & 핵심 이론 홑문장·겹문장

[01~02] 다음 글을 읽고 물음에 답하시오.

우리나라 문장에는 홑문장과 겹문장이 있다. 문장의 가장 기본이 되는 주어와 서술어가 하나인 문장이 홑문장이고, 두 개 이상인 경우를 겹문장이라고 한다. 그중에서 겹문장은 이어진 문장과 안은문장, 안긴문장으로 나눌 수 있다. 안은문장은 다른 문장 속에 들어가 하나의 문장 성분처럼 쓰이는 절을 안고 있는 문장을 말하며, 안긴문장(=절)에는 명사절, 관형사절, 부사절, 서술절, 인용절이 있다.

겹문장의 명사절은 주어, 목적어, 부사어, 보어처럼 문장 성분 기능을 하며, 그 형성은 명사형 어미 '-(으)ㅁ, -기'가 붙어 실현된다. 관형절은 절 전체가 문장에서 관형어의 기능을 하며, 그 형성은 관형사형 어미 '-던, -(으)ㄴ, -는, -(으)ㄹ'이 붙어서 만들어진다. 부사절은 절 전체가 문장에서 부사어의 기능을 하는 것을 말하는데 서술어를 수식하는 기능을 한다. 그 형성은 부사형 어미 '-게, -도록, -이'에 의해서 이루어진다. 절 전체가 서술어의 기능을 하는 서술절로 안긴문장도 있는데 서술절은 절 표지가 따로 없다는 점에서 다른 안긴문장과 차이를 보인다. 마지막으로 인용절로 안긴문장도 있다. 이는 다른 사람의 말을 인용한 것이 절의 형식으로 안긴 것으로 '-라고, -고'를 통해 만들어진다.

01 윗글을 토대로 할 때, 다음 중 문장의 짜임새가 다른 것은?

① 나는 형과 달리 말을 잘한다.
② 민영이는 내가 집중하도록 배려했다.
③ 서희는 우리가 돌아온 사실을 모른다.
④ 동수가 소리도 없이 다가왔다.

02 윗글을 바탕으로 <보기>에 대해 이해한 내용으로 적절하지 않은 것은?

보기
㉠ 그는 우리가 이기기를 바랐다.
㉡ 내가 본 영화가 아주 감동적이었다.
㉢ 나는 너의 이야기가 너무 재미있어서 웃었다.

① ㉠의 명사절은 조사와 결합하여 안은문장의 목적어로 쓰이고 있다.
② ㉡의 관형사절은 '영화'와 결합하여 안은문장의 주어로 활용되고 있다.
③ ㉢의 부사절은 '너의 이야기가 너무 재미있어서'가 부사어처럼 쓰이고 있다.
④ ㉡, ㉢ 모두 동일 단어의 반복을 피하기 위해 절 내부의 주어를 생략하고 있다.

01 정답 설명 ③ '우리가 돌아오다'에 관형사형 어미 '-ㄴ'이 붙어 '사실'을 꾸며주는 관형절을 안은문장이다.

오답 분석 ① '나는 형과 다르다.'에 부사형 어미 '-이'가 붙어 서술어 '잘한다'를 수식하는 부사절을 안은문장이다.
② '내가 집중하다'에 부사형 어미 '-도록'이 붙어 서술어 '배려하다'를 수식하는 부사절을 안은문장이다.
④ '소리도 없다'에 부사형 어미 '-이'가 붙어 서술어 '다가왔다'를 수식하는 부사절을 안은문장이다.

02 정답 설명 ④ ㉡에서 안긴문장은 '내가 영화를 보다.'로, 주어인 '내가'가 생략되지 않고 명시되어 있다. 또한 ㉢에서 안긴문장은 '너의 이야기가 너무 재미있다.'인데, 여기서 생략된 성분은 없으므로 적절하지 않다.

오답 분석 ① '우리가 이기기'라는 명사절은 목적격 조사 '를'과 결합하여 목적어로 쓰이고 있으므로 적절하다.
② '내가 본'이라는 관형사절은 '영화'와 결합하여 주어로 쓰이고 있으므로 적절하다.
③ '너의 이야기가 너무 재미있어서'는 부사절로, 문장에서 부사어로 쓰이고 있다.

1. 문장의 종류

1) **홑문장: 주어와 서술어의 관계가 한 번인 문장** 예 영수는(주어) 모든(관형어) 학생들의(관형어) 존경을(목적어) 받는다(서술어).

① '와/과'가 쓰이는 경우

- 서술어의 필수적 부사어가 있는 경우 예 예지는 어머니와 닮았다.
- '와/과' 앞뒤가 다른 자격으로 이어진 경우 예 너는 누구와 갈 테냐?

참고 '와/과' 앞뒤가 같은 자격인 경우에는 겹문장 예 서울과 부산은 넓다.

2) **겹문장: 주어와 서술어의 관계가 두 번 이상 반복되는 문장**

① 대등하게 이어진 문장과 종속적으로 이어진 문장 - 앞 절과 뒤 절이 구조상/의미상 대칭성이 있음, 앞 절과 뒤 절의 순서 바꿈이 가능함
└ 앞 절과 뒤 절의 순서를 바꾸면 문장의 의미가 달라지거나 비문이 됨, 앞 절이 뒤 절 속으로 자리 옮김을 할 수 있음

기능		연결 어미	예시
대등하게 이어진 문장	나열	-고, -(으)며	오늘은 비가 오고 내일은 바람이 분다.
	대조	-(으)나, -지만	낮말은 새가 듣지만 밤말은 쥐가 듣는다.
종속적으로 이어진 문장	조건	-(으)면, -거든	사공이 많으면 배가 산으로 간다.
	이유, 원인	-(아)서, -(으)므로, -(으)니까	비가 와서 소풍이 취소되었다.
	의도	-(으)려고	(내가) 한라산을 등반하려고 아침 일찍 일어났다.

② 안은문장과 안긴문장

- 안긴문장의 형성 방법

기능	형성 방법	예시
명사절	-ㅁ, -음, -기	나는 그가 합격했음을 깨달았다.
관형절	-던, -ㄴ, -은, -는, -ㄹ, -을, -다는	그것은 내가 읽던 책이다.
부사절	-없이, -같이, -달리, -게, -도록	비가 소리도 없이 내린다.
인용절	-라고, -고	나는 "네가 옳다"라고 말했다.
서술절	주어 + 주어 + 서술어	토끼는 앞발이 짧다.

- 안긴문장의 쓰임

기능	역할	예시
명사절로 안긴문장	주어, 목적어, 보어, 부사어 역할	• 그녀가 마을 사람들을 속였음이 밝혀졌다. (주어) • 지금은 우리가 학교에 가기에 아직 이르다. (부사어)
관형절로 안긴문장	관형어 역할	• 그 사과는 내가 먹을 과일이다.
부사절로 안긴문장	부사어 역할	• 너는 차가 지나가도록 길을 넓혀라.
인용절로 안긴문장	부사어 역할	• 나는 네가 옳다고 믿는다.
서술절로 안긴문장	서술어 역할	• 그는 키가 크다.

01 지문에서 파악한 문법 정보로 문제 해결하기

대표 문제 & 핵심 이론 한글맞춤법

01 다음 글에서 추론한 내용으로 적절하지 않은 것은?

> 한글맞춤법 40항에 의하면 어간의 끝음절 '하'의 'ㅏ'가 줄고 'ㅎ'이 다음 음절의 첫소리와 어울려 거센소리로 될 적에는 거센소리로 적는다. 다시 말해 '하' 앞말의 받침이 유성음인 'ㄴ, ㄹ, ㅁ, ㅇ'으로 끝나거나, 받침이 없이 모음으로 끝날 경우에는 '하'의 'ㅏ'가 떨어져 나가고 'ㅎ'이 뒷말과 결합하게 된다는 것이다. 예로 '다정하다'의 경우 '하'의 앞말이 유성음 'ㅇ'으로 끝나기 때문에 '다정+ㅎ+다'가 되며 'ㅎ'과 '다'가 만나 거센소리 '타'로 바뀌면서 '다정타'가 된다. 반면 '넉넉하지'처럼 앞말의 받침이 유성음이 아닌 다른 자음이 왔을 경우에는 '하'가 통째로 사라져 '넉넉지'가 된다.
>
> 또한 한글맞춤법 39항에 의하면 어미 '-지' 뒤에 '않-'이 어울려 '-잖-'이 될 적과 '-하지' 뒤에 '않-'이 어울려 '-찮-'이 될 적에는 준 대로 적는다고 하였다. 예를 들어, '적지 않다'의 경우 '적잖다'로 줄여 사용할 수 있고, '간편하지 않다'의 경우 '간편찮다'로 줄여 사용할 수 있다.

① '생각하건대'는 '생각건대'의 준말로 쓸 수 있다.
② '연구하다'는 '연구타'의 준말 사용이 가능하다.
③ '많지 않다'는 '많잖다'로 줄여 사용할 수 있다.
④ '넉넉하지 않다'는 '넉넉찮다'로 줄여 사용할 수 있다.

02 다음 글에서 추론한 내용으로 적절하지 않은 것은?

> 어간의 끝음절 '하'의 'ㅏ'가 줄고 'ㅎ'이 다음 음절의 첫소리와 어울려 거센소리가 될 적에는 거센소리로 적는다. '간편하게'는 준말로 사용할 때 'ㅎ'이 거센소리가 되어 '간편케'가 되고 '연구하도록'은 준말이 될 때 'ㅎ'이 거센소리가 되므로 '연구토록'으로 적는다. 이때 어간의 끝음절 '하'가 아주 줄 때에는 준 대로 적는 것이 원칙이다. 이는 본말에 '하'가 포함되더라도 준말로 변환할 때 '하'가 사라진다면 없어진 형태로 적는 것을 의미한다. '거북하지'는 준말로 적을 때 '하'가 아주 줄기 때문에 '거북지'라고 적는다.
>
> '하'가 줄어드는 기준은 '하'의 앞에 위치하는 받침의 소리이다. 받침의 소리가 [ㄱ ㄷ ㅂ]일 경우에는 '하'가 완전히 줄고 그 외의 경우에는 'ㅎ'이 남게 된다. '무심하지'는 '하' 앞에 위치하는 받침의 소리가 [ㄱ ㄷ ㅂ]가 아니므로 '하'가 줄어들 때 'ㅎ'이 남아 거센소리가 된다. 그러나 준말에서 'ㅎ'이 어간 끝소리로 형태가 굳어져 있는 것들은 전통에 따라 받침으로 적는다. 대표적으로 '그러하다'의 준말은 '그렇다'로 사용된다.

① '간편하게'는 '하' 앞에 위치하는 받침이 'ㄴ'이기 때문에 '간편게'로 표기한다.
② '청하건대'의 준말은 '청컨대'이다.
③ '시원하다'의 준말은 '시원타'이다.
④ '어떠하다'의 준말은 'ㅎ'이 어간의 끝소리로 형태가 굳어져 있어 '어떻다'가 된다.

01 정답 설명 ④ '넉넉하지 않다'는 먼저 '하'의 준말을 적용하여 '넉넉지 않다'가 되고, 이후에 '-지 않다' 준말을 적용하여 '넉넉잖다'가 된다.

02 정답 설명 ① '하'는 앞에 위치하는 받침이 'ㄴ, ㄹ, ㅁ, ㅇ' 혹은 '모음'일 경우에는 '하'의 'ㅏ'가 줄고 'ㅎ'이 다음 음절의 첫소리와 어울려 거센소리가 되기 때문에 '간편게'가 아니라 '간편케'로 표기해야 한다.

1. 준말

1) 한글맞춤법 제40항

• 어간의 끝음절 '하'의 'ㅏ'가 줄고 'ㅎ'이 다음 음절의 첫소리와 어울려 거센소리로 될 적에는 거센소리로 적음

본말	준말	본말	준말
간편하게	1)	다정하다	2)
연구하도록	3)	흔하다	4)

• [붙임1] 'ㅎ'이 어간의 끝소리로 굳어진 것은 받침으로 적음

예 그렇다, 아무렇다, 않다, 어떻다, 이렇다, 저렇다

• [붙임2] 어간의 끝음절 '하'가 아주 줄 적에는 준 대로 적음

본말	준말	본말	준말
넉넉하게	5)	거북하지	6)
생각하건대	7)	익숙하지 않다	8)

• [붙임3] 다음과 같은 부사는 소리대로 적음

예 결단코, 결코, 기필코, 무심코, 아무튼, 요컨대, 정녕코, 필연코, 하마터면, 하여튼, 한사코

2) 한글맞춤법 제39항

• 어미 '-지' 뒤에 '않-'이 어울려 '-잖-'이 될 적과 '-하지' 뒤에 '않-'이 어울려 '-찮-'이 될 적에는 준 대로 적음

본말	준말	본말	준말
변변하지 않다	9)	평범하지 않다	10)
익숙하지 않다	11)	넉넉하지 않다	12)
적지 않은	13)	-	

정답

1) 간편케 2) 다정타 3) 연구토록 4) 흔타 5) 넉넉게 6) 거북지 7) 생각건대 8) 익숙지 않다 9) 변변찮다 10) 평범찮다 11) 익숙잖다 12) 넉넉잖다 13) 적잖은

II 화법과 작문

01 화법

기초 개념 잡기

1. 협력의 원리

구분	개념	격률을 위반한 예시
양의 격률	• 대화의 목적에 필요한 만큼만 정보를 제공한다. • 필요 이상의 정보는 제공하지 않는다.	A: 너 몇 살이니? B: 동생은 20살이고, 저는 23살입니다.
질의 격률	• 진실한 정보만을 제공한다. • 거짓이라고 생각되거나 증거가 불충분한 것은 말하지 않는다.	A: 체중이 어떻게 되니? B: 깃털보다 가볍습니다.
관련성의 격률	대화의 맥락과 관련된 정보를 제공한다.	A: (약속 시간에 늦은 친구에게) 왜 이렇게 늦었어? B: 춥다. 빨리 들어가자.
태도의 격률	모호하거나 중의적인 표현을 피하고 간결하고 조리있게 말한다.	A: 뭐 먹을까? B: 아무거나.

2. 공손성의 원리

구분	개념	격률을 실천한 예시
요령의 격률	간접적·우화적 화법을 사용하여 상대에게 부담을 주는 표현은 최소화하고, 혜택을 주는 표현은 최대화한다.	문을 좀 닫아 주시겠습니까?
관용의 격률	화자 자신에게 혜택을 주는 표현은 최소화하고, 부담을 주는 표현은 최대화한다.	저, 제가 잘 이해하지 못해서 그러는데 다시 한번 설명해 주시겠습니까?
칭찬(찬동)의 격률	다른 사람에 대한 비방은 최소화하고, 칭찬은 극대화한다.	너는 어쩌면 그렇게 그림을 잘 그리니? 정말 대단해.
겸양의 격률	화자 자신에 대한 칭찬은 최소화하고, 비방은 최대화한다.	A: 이렇게 늦은 시간까지 공부를 하다니 대단해. B: 낮에 집중해서 공부하지 않아 그렇지 뭐. 대단한 것은 아니야.
동의의 격률	자기 의견과 타인 의견 사이의 차이점은 최소화하고, 일치점은 극대화한다.	그래. 그 점에서는 네 말이 맞아. 그런데 듣는 사람 입장에서는 조금 기분 나쁠 수도 있지 않았을까?

3. 토론과 토의

1) 토론과 토의의 정의

구분	내용
토론	대립하는 문제에 대해 찬성 측 토론자와 반대 측 토론자가 각각 논거를 들어 자신의 입장을 주장하는 방법
토의	여러 사람이 모여서 공동의 문제에 관한 해결 방안을 협의하는 집단적 · 협동적 화법의 한 형태

2) 토의의 종류

구분	내용
심포지엄	• 권위자(전문가)의 강연식 발표 후 청중과 질의응답을 진행한다. • 학술적이거나 전문적인 영역의 주제에 적합하다. 예 해양 자원의 개발과 전망패널
패널토의 (= 배심 토의)	• 각각의 입장을 대표하는 3~6명의 전문가가 청중 앞에서 문제에 대한 의견을 서로 주고받은 후 청중과 질의응답을 진행한다. • 정치 문제나 시사 문제(공동의 문제)에 적합하다. 예 교통 체증 해결 방안
포럼 (= 공개 토의)	전문가가 간략하게 주제 혹은 주제와 관련된 내용을 발표하고, 청중과의 질의응답을 통해 의견을 종합한다. 예 구반포 1단지 재개발
원탁 토의	10명 내외의 사람들이 둥근 탁자에 앉아 자유롭게 의견을 발표하는 방식이다.
세미나	연구자가 학술 논문을 발표한 후 청중과의 질의응답을 통해 의견을 나눈다.
회의	• 공동의 문제를 해결하기 위해 두 사람 이상이 모여서 협의하여 의제를 채택하고 그에 관한 의사를 결정하는 토의 방식이다. • 결론은 다수결의 방식에 따라 채택한다.

3) 토론 및 토의에서 사회자의 역할

구분	내용
토론	• 토론의 배경과 논제를 소개한다. • 토론 시 보충 질문과 요약을 통해 토론의 진행을 돕는다. • 토론자의 발언이 논제에서 벗어나지 않도록 조정하고, 논제에서 벗어나는 경우 논점을 정리하여 다시 알려준다. • 한쪽의 의견에 치우치지 않고 공평성과 공정성을 유지해야 한다.
토의	• 참여자들에게 토의할 문제를 주지시키고, 토의할 사항을 차례대로 제시한다. • 참여자들에게 공평한 발언 기회를 준다. • 토의의 방향이 빗나가지 않도록 조정한다. • 토의 내용을 요약하고 종합하면서 문제에 대한 결론을 얻을 수 있도록 유도해 나간다.

01 화법

기초 개념 익히기

[01~04] 다음 내용이 위반한 협력의 원리를 찾아 쓰시오.

㉠ 양의 격률	㉡ 질의 격률
㉢ 관련성의 격률	㉣ 태도의 격률

01 우사인 볼트는 100미터 달리기에서 9초 58의 세계 신기록을 보유하고 있어. 빛보다 빨리 달리는 것이지. (　　)

02 A: 어제 우리나라 축구 경기 봤어?
B: 영화 봤어. (　　)

03 A: 이번 주말에 어디 갈까?
B: 아무 데나 가지 뭐. (　　)

04 A: 동생이 있니?
B: 네. 누나는 없지만, 5살 터울의 여동생은 있어요. (　　)

[05~09] 다음 내용에 해당하는 공손성의 원리를 찾아 쓰시오.

㉠ 요령의 격률	㉡ 관용의 격률	㉢ 칭찬의 격률
㉣ 겸양의 격률	㉤ 동의의 격률	

05 혹시 시간이 있으십니까? 잠깐 이야기를 나누고 싶습니다. (　　)

06 음식이 참 맛있네요. 요리솜씨가 이렇게 좋으시니 정말 부럽습니다. (　　)

07 A: 이번 휴가 해외로 가는 게 어때?
B: 해외? 좋지. 공기도 맑고, 그런데 여름 휴가가 많이 길지 않아서 올해는 국내 여행을 하는 게 어떨까? (　　)

08 A: 오늘 세미나 발표가 매우 좋았네.
B: 아닙니다. 교수님의 조언 덕분에 오늘 무사히 마칠 수 있었습니다. (　　,　　)

09 제가 잘 안 들려서 그러는데, 다시 말씀해 주시겠어요? (　　)

정답 · 해설

정답
01 ㉡
02 ㉢
03 ㉣
04 ㉠

정답
05 ㉠
06 ㉢
07 ㉤
08 ㉢, ㉣
09 ㉡

대표 문제로 유형 체크

다음 대화에서 ㉡의 대답이 갖는 특징으로 적절하지 않은 것은? 2016. 국가직 9급 변형

대화(1) ㉠: 체중이 얼마나 되니?
㉡: 55kg인데 키에 비해 가벼운 편입니다. → 질문하지 않은 내용에 대한 답변 → 양의 격률을 위반함
대화(2) ㉠: 얼마 전 시민 운동회가 있었다며?
㉡: 응. 백 미터 달리기에서 비행기보다 빠른 사람을 봤어. → 과장된 답변 → 질의 격률을 위반함
대화(3) ㉠: 너 몇 살이니?
㉡: 형이 열일곱 살이고, 저는 열다섯 살이지요. → 질문하지 않은 내용에 대한 답변 → 양의 격률을 위반함
대화(4) ㉠: 점심은 뭐 먹을래?
㉡: 생각해 보고 마음 내키는 대로요. → 모호한 표현 → 태도의 격률을 위반함

화법 '협력의 원리'를 정확하게 이해하고 예문과 연결할 수 있어야 함

① 대화(1): 관련성의 격률을 위배하였다.
② 대화(2): 질의 격률을 위배하였다.
③ 대화(3): 양의 격률을 위배하였다.
④ 대화(4): 태도의 격률을 위배하였다.

정답 설명 ① 대화(1)에서 ㉡은 대화의 맥락과 관련된 말을 했으므로 관련성의 격률은 위배하지 않았으나, 체중을 물어보는 질문에 '키에 비해 가벼운 편'이라는 필요 이상의 정보를 제공하였으므로 양의 격률을 위배하였다.

화법

엄선 문제로 실력 향상

01 **다음에서 설명한 '겸양의 격률'을 사용한 대화문은?** 2017. 국가직 7급

> '공손성의 원리'는 대화 참여자들 사이에서 공손하고 예의 바르게 말을 주고받는 태도를 중시하는 이론이다. 이 원리는 '요령', '관용', '찬동', '겸양', '동의'의 격률로 구성되어 있는데, 이 중 우리 선조들은, 상대방의 칭찬을 그대로 받아들이기보다는 자신을 낮추어 말하는 것을 미덕으로 여긴 '겸양의 격률'을 중요하게 생각했다.

① 가: 집이 참 좋네요. 구석구석 어쩌면 이렇게 정돈이 잘 되어 있는지…. 사모님 살림 솜씨가 대단하신데요.
나: 그렇게 말씀해 주시니 고맙습니다.

② 가: 정윤아, 날씨도 좋은데 우리 놀이공원이나 갈래?
나: 놀이공원? 좋지. 그런데 나는 오늘 뮤지컬 표를 예매해 둬서 어려울 것 같아.

③ 가: 제가 귀가 안 좋아서 그러는데 죄송하지만 조금만 더 크게 말씀해 주시겠어요?
나: 제 목소리가 너무 작았군요. 죄송합니다.

④ 가: 유진아, 너는 노래도 잘하고 운동도 잘하고 못하는 게 없구나.
나: 아니에요. 특별히 잘하는 것도 없는데요. 아직 많이 부족합니다.

정답·해설

01

정답 설명

④ '가'의 칭찬에 대해 '나'는 아직 자신이 많이 부족하다고 말하며 자신을 낮추고 있으므로 겸양의 격률을 사용한 대화문이다.

02 다음에서 설명한 화법의 원리 중 '요령의 격률'을 사용한 대화문은?

> 화법의 원리 중에는 '공손성의 원리'가 있다. 공손성의 원리란, 상대방에게 정중하지 않은 표현은 최소화하고 정중한 표현은 최대화하는 원리이다. 이 원리에 해당하는 '요령, 관용, 칭찬, 겸양, 동의'의 격률 중 '요령의 격률'은 간접적이고 우회적인 표현을 사용하여 상대방에게 부담을 주는 표현을 최소화하는 원리이다.

① 가: (에어컨을 쳐다보며) 오늘 날씨가 정말 덥지 않나요?
  나: 많이 더우세요? 에어컨 좀 틀어 드릴게요.

② 가: 우리 이번에 중국으로 여행 가는 거 어때?
  나: 중국? 가깝고 좋지. 그런데 요즘 유럽으로 가는 비행기 표가 저렴하다던데 유럽으로 여행 가는 건 어떨까?

③ 가: 음식 솜씨가 정말 좋으세요. 식당 차리셔도 되겠는데요?
  나: 음식이 입에 잘 맞다고 하시니 다행이에요.

④ 가: 내가 이해력이 부족한가 봐. 아까 그 문제 다시 설명해 주면 안 될까?
  나: 응. 어떻게 푸는 건지 다시 설명해 줄게.

정답 · 해설

02

정답 설명

① '가'는 날씨가 더우니 에어컨을 틀어 달라는 뜻을 간접적·우회적으로 말하고 있다. 따라서 '요령의 격률'을 사용한 대화문은 ①이다.

오답 분석

② '나'는 먼저 중국으로 여행 가는 것에 대해 동의를 표현한 후에 유럽으로 여행을 가자는 의견을 제시하고 있으므로 동의의 격률을 사용하였다.

③ '가'는 '나'의 음식 솜씨를 칭찬하고 있으므로 칭찬(찬동)의 격률을 사용하였다.

④ '가'는 문제를 풀지 못하는 것을 자신의 탓으로 돌리며 '나'의 부담을 최소화하고 있으므로 관용의 격률을 사용하였다.

03 다음 중 밑줄 친 부분과 위배된 격률의 연결이 옳지 않은 것은?

① A: 내가 어릴 적 사진이야. 어때, 예쁘지?
B: 어머, 정말 예쁘다. 언제 적 사진이야?
A: <u>일곱 살. 우리 동네 호수도 사진 명소로 유명하지.</u>
→ 양의 격률을 위배하였다.

② A: 이게 이번에 네가 새로 만든 프로그램이야?
B: 응, 맞아. T와 Y 중 어떤 것이 나은 것 같아?
A: <u>다 좋아. 난 둘 다 괜찮은 것 같은데?</u>
→ 태도의 격률을 위배하였다.

③ A: 내일까지 할 일이 너무 많아.
B: 일단 계획부터 세우는 게 어때?
A: <u>내일도 숙제가 많을 거 같아.</u>
→ 관련성의 격률을 위배하였다.

④ A: 오늘 C가 보내준 영화 확인해 봤니?
B: 응, 이번 아카데미에서 큰 상을 탈 수 있을 듯하더라.
A: <u>영화관 가격이 왜 이렇게 비싼거요?</u>
→ 질의 격률을 위배하였다.

정답·해설

03

정답 설명

④ C의 영화가 큰 상을 탈 수 있을 듯하다는 B의 말에 A는 영화관 가격이 왜 비싼지 모르겠다면서 대화 맥락과 관련 없는 대답을 하고 있다. 이는 협력의 원리 중 '관련성의 격률'을 위배한 것으로 '관련성의 격률'은 대화의 맥락과 관련된 정보를 제공해야 한다는 것이다. 참고로, '질의 격률'은 진실한 정보만을 제공하며, 거짓이라고 생각하거나 증거가 불충분한 것은 말하지 않아야 한다는 것이다.

오답 분석

① A는 B의 언제 사진이냐는 질문에 사진을 찍은 나이에 더해서, 묻지 않았던 필요 이상의 사진 명소의 정보까지 제공하고 있다. 이는 협력의 원리 중 대화의 목적에 필요한 만큼의 정보를 제공하고, 필요 이상의 정보는 제공하지 말아야 한다는 '양의 격률'을 위배하였다.

② A는 B의 T와 Y 중 어떤 것이 나은 것 같으냐는 질문에 모두 좋다면서, 둘 다 괜찮다는 모호한 답변을 하고 있다. 이는 모호한 표현으로, 협력의 원리 중 모호하거나 중의적인 표현을 피하고 간결하고 조리 있게 말해야 하는 '태도의 격률'을 위배했다.

③ A는 B의 계획을 세워보는 게 어떠냐는 제안에 대해 내일도 숙제가 많을 것 같다는 관련 없는 답변을 하고 있다. 이는 협력의 원리 중 대화의 맥락과 관련된 정보를 제공해야 한다는 '관련성의 격률'을 위배했다.

04 '안양천을 다시 살릴 수 있는 방법은 무엇일까?'라는 주제를 두고 토의를 하려고 한다. 이에 대한 설명으로 적절하지 않은 것은?

> 토의는 어떤 문제를 여러 사람이 협력해 해결하는 방법을 말한다. 토의의 절차는 토의의 주제를 정하고 의견을 마련하고, 의견을 모은 이후 결정하는 순으로 이루어진다. 토의 진행 방식에는 여러 가지가 있는데, 그중에서 ㉠ 패널 토의는 몇몇 전문가들이 일반 청중 앞에서 정보나 의견을 밝히고 의사 교환을 통해 문제해결 방안을 모색하는 방식이다. 일반적인 패널 토의 방식은 특별한 지식을 가진 패널 회원들이 일방적인 강연만을 행하지 않고 그들 사이에서 토의를 진행함으로써 그것을 지켜보는 청중은 함께 토의에 참여하는 자의 입장에서 질문을 통해 지식과 정보 및 여러 전문가들의 견해들을 알 수 있게 하는 방법이다.
>
> 한편 ㉡ 심포지엄은 어떤 논제에 대해 여러 가지 의견을 발표하는 경우에 사용하는 진행 방식이다. 두 명 이상의 사람이 하나의 주제에 대해서 각각 다른 입장에서 짧은 강연을 한 후 청중의 질문에 답변하는 방식으로 진행된다. 심포지엄은 많은 사람들이 문제에 대해 넓은 시야에서 바라볼 수 있게 하고, 이를 통해 최선의 결론을 이끌어 낼 때 적합한 토의이다.

① ㉠은 '안양천을 다시 살릴 수 있는 방안'에 대해 3~6명의 전문가들이 자신들의 의견을 서로 주고받는 것이 주된 진행 방식이다.

② ㉡은 전문가 각각이 어떤 문제에 대해 다른 시각에서 강연식 발표를 하고 최선의 결론을 도출하려는 진행 방식을 말한다.

③ ㉠과 ㉡ 모두 '안양천을 다시 살릴 수 있을까?'와 관련하여 전문가의 의견을 들은 이후, 질의응답 시간을 갖는다.

④ ㉠과 ㉡은 '안양천을 다시 살릴 수 있는 방법'과 관련하여 찬반 입장을 나누어 이야기한 후 절차에 따라 청중이 참여한다.

정답 · 해설

04

정답 설명

④ 찬반 입장을 나누어 이야기하는 것은 토론의 특징이므로 ④는 적절하지 않은 설명이다.

오답 분석

① '㉠ 패널토의'는 '전문가들이 일반 청중 앞에서 정보나 의견을 밝히고 의사 교환을 통해 문제해결 방안을 모색하는 방식이다'를 통해 볼 때 올바른 설명이다.

② '㉡ 심포지엄'은 '두 명 이상의 사람이 하나의 주제에 대해서 각각 다른 입장에서 짧은 강연을 하고 후 청중의 질문에 답변하는 방식으로 진행된다'를 통해 볼 때 올바른 설명이다.

③ 패널토의, 심포지엄 모두 질의응답 시간을 갖는다.

05 토론자들의 말하기 방식에 대한 설명으로 적절한 것은? 2019. 국가직 9급

사회자: 학교 폭력 문제가 나날이 심각해지고 있습니다. 이와 관련해 오늘은 '학교 폭력을 방관한 학생에게도 책임을 물어야 한다'를 주제로 토론을 해 보도록 하겠습니다. 먼저 찬성 측 말씀해 주시죠.

찬성 측: 친구가 학교 폭력에 의해 희생되고 있는데도 자신에게 피해가 올까 두려워 아무런 조치를 취하지 않는 학생들이 많다고 합니다. 이러한 행동으로 인해 학교 폭력은 점점 확산되고 있습니다. 학교 폭력을 행하는 것을 목격했음에도 어떤 조치도 취하지 않은 것은 폭력에 대해 묵시적으로 동의한 것과 같습니다. 폭력을 직접 행사하는 행위뿐 아니라, 불의에 저항하지 않는 정의롭지 못한 행위에 대해서도 합당한 책임을 물어야 할 것입니다.

사회자: 다음으로 반대 측 의견 말씀해 주시죠.

반대 측: 특정 학생에게 폭력을 직접 행사해서 피해를 준 사실이 명백할 때에만 책임을 물을 수 있을 것입니다. 또한 사건에 대한 개입과 방관은 개인의 자율적 의지에 달린 문제이므로 외부에서 규제할 성질의 문제가 아닙니다.

사회자: 그럼 이번에는 반대 측부터 찬성 측에 대해 반론해 주시지요.

반대 측: 과연 누구까지를 학교 폭력의 방관자라고 규정지을 수 있을까요? 집에 가는 길에 우연히 폭력을 목격했을 경우, 자신의 친구로부터 폭력에 관련된 소문을 접했을 경우 등 방관자라고 규정하기에는 애매한 경우가 많습니다. 어떠한 행위를 처벌하려면 확고한 기준이 필요한데, 방관자의 범위부터 규정하기가 불명확하다고 볼 수 있습니다.

찬성 측: 불의를 방관한 행위에 대해 사회가 책임을 묻지 않는다면 이후로도 사람들은 아무런 죄책감 없이 불의를 모른 체하고 방관할 것입니다. 결국 이는 사회 전체의 건전성과 도덕성을 떨어뜨릴 것이고, 정의에 근거한 시민의 고발정신까지 약화시킬 것입니다.

① 찬성 측은 친숙한 상황을 빗대어 자신의 견해를 펼치고 있다.
② 찬성 측은 자신의 경험을 제시하여 논지를 보충하고 있다.
③ 반대 측은 윤리적 방법으로 해결책을 제시하고 있다.
④ 반대 측은 논제에 의문을 제기하여 주장을 강화하고 있다.

정답·해설

05

정답 설명

④ 반대 측은 '과연 누구까지를 학교 폭력의 방관자라고 규정지을 수 있을까요?'라고 논제에 의문을 제기하며 학교 폭력을 방관한 학생에게 책임을 물을 수 없다는 주장을 강화하고 있다.

06 다음 글에서 토의 참여자의 말하기 방식에 대한 이해로 가장 적절한 것은?

2018. 지방직 7급

사회자: 우리나라의 교통 체증 문제는 매우 심각합니다. 이에 대한 해결 방안을 마련하고자 여러 분야의 권위자를 모셨습니다. 각자의 의견을 말씀해 주시겠습니까?

김 국장: 교통 체증 문제는 승용차 10부제 실시로 해결할 수 있지 않을까요?

윤 사장: 그것은 사업자 입장에서 아주 불만스러운 제도입니다. 재정이 좋은 사업자는 번호판이 다른 차를 하나 더 구입하면 되겠지만, 영세한 사업자들은 그렇게 하기 힘듭니다.

박 위원: 버스 전용 차로제가 어떨까요? 이 제도가 잘 활용되면 승용차 이용자도 출퇴근 시간에 대중교통 수단을 이용할 것입니다.

김 국장: 승용차 10부제가 실시되면 대중교통을 이용하는 사람이 늘 것으로 기대됩니다. 승용차 이용을 제한하지 않고서는 교통 체증 문제를 해결하기 어렵습니다.

윤 사장: 자본주의 국가에서 재산권의 침해가 과연 옳은지 생각해 봐야 합니다.

사회자: 서로 주장을 조금씩 양보하면 어떨까요? 예를 들어, 승용차 10부제에서 상업용은 제외하는 방안이 그것입니다.

윤 사장: 상업용 승용차가 따로 있는 것은 아니지요. 사업하는 사람이 타고 다니는 승용차는 어떤 의미에서 다 상업용이지요.

김 국장: 어려움을 같이 감수해야 합니다. 모두 손해를 보지 않겠다고 한다면 어떤 해결 방안도 찾기 어렵습니다.

박 위원: 두 분 말씀 모두 일리가 있다고 생각합니다. 대중교통 이용이 승용차 이용보다 훨씬 편리하다고 생각하면 굳이 승용차를 이용하지 않을 것입니다. 명절 귀성길에 시행했던 고속버스 전용 차로제의 효과가 그것을 증명합니다.

사회자: 버스 전용 차로제에 대해서는 이의가 없군요. 이번 토의는 좋은 방안을 생각해 보자는 데 그 의의를 두었습니다. 승용차 10부제와 같이 미진한 안건에 대해서는 다음번에 논의하도록 하겠습니다. 감사합니다.

① 사회자: 참여자의 의견을 수용하여 주제를 전환하고 있다.
② 김 국장: 상대방의 주장을 수긍하면서도 자신의 생각을 적극적으로 관철하고자 한다.
③ 윤 사장: 당면한 문제점을 부각하면서 타협의 가능성을 열어놓고 있다.
④ 박 위원: 참여자의 의견을 경청하며 구체적인 대안을 제시하고 있다.

정답 · 해설

06

정답 설명

④ '박 위원'은 토의 참여자의 의견을 경청하면서 '버스 전용 차로제'라는 구체적인 대안을 제시하고 있다.

02 표현하기

기초 개념 잡기

1. 표현기법

1) 비유(比喩, Metaphor)

구분	개념
직유	비슷한 성질이나 모양을 가진 두 사물을 '같이', '처럼', '듯이'와 같은 연결어로 결합하여 직접 비유하는 수사법 예 영희는 하늘에서 내려온 천사같다. ~처럼, ~같은, ~인 듯, ~인 양
은유	사물의 상태나 움직임을 보조관념을 통해 암시적으로 나타내는 수사법 예 내 마음 꽁꽁 언 얼음이다. 원관념 보조 관념
대유	사물의 일부나 관련 있는 다른 대상을 들어 빗대는 수사법 예 빵이 아니면 죽음을 달라. '음식, 먹을 것'을 대표
의인	사람이 아닌 것을 사람처럼 표현하는 수사법 예 강물이 흐느끼고 있다.
중의	하나의 말로 두 가지 이상의 의미를 나타내는 수사법 예 수양산 바라보며 백이와 숙제를 한탄(恨)하노라 ① 수양산 ② 수양대군 굶주려 죽을지라도 채미(採薇)도 하겠는가 아무리 풀일지라도 그 누구 땅에서 났느냐?

2) 강조(强調)

구분	개념
과장	사실보다 지나치게 부풀려서 표현하는 수사법 예 내 눈물로 저 강을 채울 수 있을 듯하구나. 이별의 슬픔을 과장되게 표현함
점층	의미를 점점 더 강하게 표현하는 수사법(↔ 점강법) 예 한 사람이 죽음을 두려워하지 않으면, 열 사람을 이기리라. 열은 백을 이기고, 백은 천을 이기고, 천은 만을 이기고, 만으로써 천하를 얻으리라.
연쇄	사물이나 현상이 사슬처럼 서로 이어져 표현하는 수사법 예 고인(古人)도 날 못 보고 나도 고인 못 뵈는구나 고인(古人)을 못 봬도 가던 길 앞에 있으니 가던 길 앞에 있으니 아니 가고 어떠하겠는가?

영탄	마음속에 깊이 느끼어 탄복하는 수사법 예 세상이 아름답구나!
비교	다른 대상과 견주어 표현하는 수사법 예 강낭콩보다 더 푸른 / 그 물결 위에 양귀비꽃보다도 더 붉은 / 그 마음 흘러라
대조	상반되는 두 어구를 내세워 주제를 강조하는 수사법 예 인생은 짧고, 예술은 길다.

3) 변화(變化)

구분	개념
도치	국어의 일반적인 문장의 어순(주어-목적어-서술어)을 바꾸어 표현하는 수사법 예 나는 아직 기다리고 있을테요, 찬란한 슬픔의 봄을 (있을테요: 서술어, 찬란한 슬픔의 봄을: 목적어구)
문답	스스로 묻고 답하는 수사법 예 아해야 무릉(武陵)이 어듸ᄆᆡ오 나ᄂᆞᆫ 옌가 ᄒᆞ노라. (무릉(武陵)이 어듸ᄆᆡ오: 자문, 옌가 ᄒᆞ노라: 자답)
설의	이미 알고 있는 사실을 의문형으로 표현하여 강조하는 수사법 예 나라고 해서 감정이 없겠느냐? 하지만 나까지 감정에 휘둘리면 우리 모두는 무너지고 만다.
대구	어구나 문장을 비슷한 구조로 배열하는 수사법 예 봄으란 언제 줍고 고기란 언제 낚고
돈호	사람이나 사물의 이름을 부르는 수사법 예 청산아, 내가 너를 부르나니 너는 대답 좀 해다오.
반어	의도와 상반되게 표현하는 수사법 예 (0점 받은 아이에게) 잘했다, 잘했어.
역설	모순된 상황을 표현하는 수사법 예 • 크게 버리는 사람만이 크게 얻을 수 있다. • 아무것도 갖지 않을 때 비로소 온 세상을 차지하게 된다. • 사뿐히 즈려밟고 • 외로운 황홀한 심사 • 괴로웠던 사나이, 행복한 예수 그리스도

02 표현하기

2. 감각적 심상

구분	개념
시각적 심상	대상의 색채, 모양, 동작, 상태 등 시각적 감각을 통해 일어나는 심상 예 빨간 사과가 탐스럽고
청각적 심상	음성, 소리 등 귀로 듣는 청각적 감각을 통해 일어나는 심상 예 멀리서 들려오는 종소리
후각적 심상	코로 냄새를 맡는 후각적 감각을 통해 일어나는 심상 예 향기로운 꽃내음
미각적 심상	혀로 맛을 보는 미각적 감각을 통해 일어나는 심상 예 쓰디쓴 약
촉각적 심상	피부로 느껴지는 차가움이나 뜨거움 등 촉각적 감각을 통해 일어나는 심상 예 차가운 옷깃
공감각적 심상	하나의 감각이 동시에 다른 영역의 감각을 불러일으킴으로써 일어나는 심상 예 푸른 종소리가 들려오고

3. 속담

	속담	뜻
□	고래 싸움에 새우 등 터진다	윗사람들의 싸움에 아랫사람들이 억울하게 피해를 봄을 이르는 말
□	고양이 목에 방울 달기	꼭 해야 하는 일이지만 정작 실현할 방도가 없는 일 = 연목구어
□	굴러온 돌이 박힌 돌 빼낸다	외부에서 들어온 자가 기존에 있던 자를 내쫓는 것을 이르는 말
□	굽은 나무가 선산을 지킨다	자손이 빈한해지면 선산의 나무까지 팔아 버리나 줄기가 굽어 쓸모없는 것은 그대로 남게 된다는 뜻으로, 쓸모없어 보이는 것이 도리어 제구실을 하게 됨을 비유적으로 이르는 말
□	급하면 바늘허리에 실 매어 쓸까	일에는 일정한 순서가 있고 때가 있는 것이므로, 아무리 급해도 순서를 밟아서 일해야 함을 비유적으로 이르는 말
□	까마귀 날자 배 떨어진다	아무 관계없이 한 일이 공교롭게도 때가 같아 어떤 관계가 있는 것처럼 의심을 받게 됨을 비유적으로 이르는 말
□	낙숫물이 댓돌을 뚫는다	작은 힘이라도 꾸준히 계속하면 큰일을 이룰 수 있음을 이르는 말
□	느릿느릿(드문드문) 걸어도 황소걸음	속도는 느리나 오히려 믿음직스럽고 알차다는 말
□	돌다리도 두들겨 보고 건너라	아무리 확실한 일이라도 조심하고 신중해야 함을 이르는 말
□	드는 돌에 낯 붉는다	힘들여 무거운 돌을 들고 나야 낯이 붉어진다는 뜻으로, 무슨 일이나 결과가 있으면 반드시 그 원인이 있음을 비유적으로 이르는 말
□	뚝배기보다 장맛이 좋다	겉모양은 보잘것없으나 내용은 훨씬 훌륭함을 이르는 말

☐	마당 벌어진 데 웬 솔뿌리 걱정	마당이 벌어졌는데 그릇이 터졌을 때 필요한 솔뿌리를 걱정한다는 뜻으로, 당치도 아니한 것으로 사건을 수습하려 하는 어리석음을 비웃는 말
☐	말 타면 경마 잡히고 싶다	사람의 욕심이란 한이 없다는 말
☐	망건 쓰고 세수한다	세수를 하고 머리를 빗고 그다음에 망건을 쓰는 법인데 망건을 먼저 쓰고 세수를 한다는 뜻으로, 일의 순서를 바꾸어 함을 놀림조로 이르는 말
☐	모기 보고 칼 빼기	시시한 일로 소란을 피움을 비유적으로 이르는 말
☐	믿는 도끼에 발등 찍힌다	믿었던 존재에게 뒤통수를 맞음을 이르는 말
☐	모로 가도 서울만 가면 된다	과정이야 어떻든 간에 목표한 바를 이루면 된다는 말
☐	백지장도 맞들면 낫다	아무리 쉬운 일도 함께 하면 더욱 좋음을 이르는 말
☐	빈 수레가 요란하다	빈 수레가 덜컹덜컹 소리가 요란하듯, 사람도 속에 든 것이 없이 잘 알지 못하는 사람이 아는 체하고 더 떠들어 댄다는 말
☐	빛 좋은 개살구	겉모습은 그럴듯하게 좋으나 실속은 없다는 말
☐	소 귀에 경 읽기	소한테 책을 읽어준들 소는 알아듣지 못하는 것처럼 아무리 가르쳐주어도 알아듣지 못함을 이르는 말
☐	쇠뿔도 단김에 빼라	든든히 박힌 소의 뿔을 뽑으려면 불로 달구어 놓은 김에 해치워야 한다는 뜻으로, 어떤 일이든지 하려고 생각했으면 한창 열이 올랐을 때 망설이지 말고 곧 행동으로 옮겨야 함을 비유적으로 이르는 말
☐	언 발에 오줌 누기	잠깐의 위기는 모면할 수 있으나 이후 더 큰 부작용을 야기하는 방책을 이르는 말
☐	열 길 물속은 알아도 한 길 사람 속은 모른다	사람의 속마음을 알기란 매우 어렵다는 말 ≒ 사람 속은 천길 물속
☐	열 번 찍어 안 넘어가는 나무 없다	아무리 뜻이 굳은 사람이라도 여러 번 권하거나 꾀고 달래면 결국은 마음이 변한다는 말
☐	입추의 여지가 없다	송곳 끝도 세울 수 없을 정도라는 뜻으로, 발 들여놓을 데가 없을 정도로 많은 사람들이 꽉 들어찬 경우를 비유적으로 이르는 말
☐	책력을 보아 가며 밥 먹는다	매일 밥을 먹을 수가 없어 책력을 보아 가며 좋은 날만을 택하여 밥을 먹는다는 뜻으로, 가난하여 끼니를 자주 거른다는 말
☐	패랭이에 숟가락 꽂고 산다	아주 가난하여 떠돌아다니며 얻어먹을 정도임을 비유적으로 이르는 말
☐	태산 명동에 서일필이라	태산이 쩡쩡 울리도록 야단법석을 떨었는데 결과는 생쥐 한 마리가 튀어나왔을 뿐이라는 뜻으로, 아주 야단스러운 소문에 비하여 결과는 별것 아닌 것을 비유적으로 이르는 말
☐	보리누름까지 세배한다	보리가 누렇게 익을 무렵 즉 사오월까지도 세배를 한다는 뜻으로, 형식적인 인사 차림이 너무 과함을 이르는 말

02 표현하기

4. 관용어

	관용어	뜻
□	개 발에 편자	가진 물건이나 입은 옷 등이 제격에 맞지 않다.
□	곁다리 들다	당사자가 아닌 사람이 참견하여 말하다.
□	말소리를 입에 넣다	다른 사람에게는 안 들리게 웅얼웅얼 낮은 목소리로 말하다.
□	바가지를 쓰다	요금이나 물건값을 실제 가격보다 비싸게 지불하여 억울한 손해를 보다.
□	바늘뼈에 두부살	매우 연약한 사람
□	변죽을 울리다(치다)	바로 집어 말하지 않고 둘러서 말을 하다.
□	사개가 맞다	말이나 사리의 앞뒤 관계가 빈틈없이 딱 들어맞다.
□	손이 재다	일 처리가 빠르다.
□	오금이 쑤시다	무슨 일을 하고 싶어 가만히 있지 못하다.
□	오지랖(이) 넓다	1. 쓸데없이 지나치게 아무 일에나 참견하는 면이 있다. 2. 염치없이 행동하는 면이 있다.
□	우물 안 개구리	넓은 세상을 알지 못하고 저만 잘난 줄 아는 사람을 비꼬는 말
□	입이 쓰다	못마땅하여 기분이 언짢다.
□	잔뼈가 굵다	오랜 기간 일정한 곳이나 직장에서 일을 하여 그 일에 익숙하다.
□	홍역(을) 치르다	몹시 애를 먹거나 어려움을 겪다.
□	흰 눈으로 보다	업신여기거나 못마땅하게 여기다.

민숙쌤의 독해 비법

표현하기 문제 풀이 전략

① 제시된 조건을 하나 선택하여 선택지(①~④)에 그 조건이 잘 반영되었는지를 확인한다. → 없는 경우 소거 함

② 조건 중에서 표현 기법(대조법, 설의법 등)을 먼저 살펴보는 것이 좋으나, 표현 기법 중에서 비유법은 마지막에 확인하는 것이 좋다.

㉠ 감각적 표현(시각, 청각, 후각, 촉각, 미각)을 확인한다.

㉡ 비유법을 제외한 표현 기법을 확인한다.(특히 대조법, 대구법, 역설법, 설의법 확인)

㉢ 그 외 포함되어야 할 조건과 관련된 내용을 확인한다.

㉣ 비유법(직유법, 은유법, 의인법)을 확인한다.

대표 문제로 유형 체크

'독도 홍보 문자 메시지 공모전'에 응모하기 위해 문구를 만들어 보았다. <보기>의 조건을 가장 잘 반영한 것은?

보기

○ 대상을 의인화하여 표현할 것
○ 대조와 대구의 표현을 사용할 것
○ 독도에 대한 관심과 애정을 드러낼 것

① <보기> 조건 중에서 가장 잘 알고 있는 선지를 선택하여 확인
② 두 번째 다른 조건을 선택해서 해당 사항 없는 것 삭제
③ 대체적으로 수사법을 확인하고 내용을 확인하는 경우가 좋음

① 무심하면 쌀쌀한 섬 가까이 하면 다정한 섬 → 대조법, 대구법
언제나 우리를 기다리는 소중한 섬 독도 → 관심과 애정, 의인법

② 멀리하면 남의 땅 가까이하면 우리 땅 → 대구법, 대조법
대대손손 가져가야 할 우리의 땅 독도 → 관심과 애정

③ 관심 주고 지켜보면 기쁨 있고 사랑 있는
찬 동해 바다에 꿋꿋이 서 있는 우리 섬 독도

④ 우리가 외면하고 있는 국토의 막냇동생
가슴에서 사라지면 멀어지는 우리의 섬

정답 설명 ① '무심하면 쌀쌀한 섬 가까이 하면 다정한 섬'을 통해 대구법이 사용되었고, '쌀쌀한, 다정한'을 통해 대조적인 표현도 나타났다. '우리를 기다리는 소중한 섬'을 통해 의인화도 사용되었으며, 독도에 대한 애정을 가지자는 내용도 포함되었다.

오답 분석 ② 대상을 의인화하여 표현하지 않았다.
③ 대상을 의인화하여 표현하지 않았으며 대조가 사용되지 않았다.
④ 대조와 대구가 사용되지 않았다.

02 표현하기

엄선 문제로 실력 향상

01 '해양 오염'을 주제로 연설을 한다고 할 때, 다음에 제시된 조건을 모두 충족한 것은?

2023. 국가직 9급

> ○ 해양 오염을 줄일 수 있는 생활 속 실천 방법을 포함할 것
> ○ 설의적 표현과 비유적 표현을 활용할 것

① 바다는 쓰레기 없는 푸른 날을 꿈꾸고 있습니다. 미세 플라스틱은 바다를 서서히 죽이는 보이지 않는 독입니다. 우리의 관심만이 다시 바다를 살릴 수 있을 것입니다.

② 우리가 버린 쓰레기는 바다로 흘러갔다가 해양 생물의 몸에 축적이 되어 해산물을 섭취하면 결국 다시 우리에게 돌아오게 됩니다. 분리수거를 철저히 하고 일회용품을 줄이는 것이 바다도 살리고 우리 자신도 살리는 길입니다.

③ 여름만 되면 피서객들이 마구 버린 쓰레기로 바다가 몸살을 앓는다고 합니다. 자기 집이라면 이렇게 함부로 쓰레기를 버렸을까요? 피서객들의 양심이 모래밭 위를 뒹굴고 있습니다. 자기 쓰레기는 자기가 집으로 되가져가도록 합시다.

④ 산업 폐기물이 바다로 흘러가 고래가 죽어 가는 장면을 다큐멘터리에서 본 적이 있습니다. 이대로 가다간 인간도 고통받게 되지 않을까요? 정부에서 산업 폐기물 관리 지침을 만들고 감독을 강화하지 않는다면 바다는 쓰레기 무덤이 되고 말 것입니다.

정답 · 해설

01

정답 설명

③ • 생활 속 실천 방법: 자기 쓰레기는 자기가 집으로 되가져가도록 합시다.
• 설의적 표현: 자기 집이라면 이렇게 함부로 쓰레기를 버렸을까요?
• 비유적 표현: 바다가 몸살을 앓는다고 합니다. ('바다'를 의인화함)

오답 분석

① '미세 플라스틱을 바다를 서서히 죽이는 보이지 않는 독'이라고 비유적으로 표현한 부분은 있으나, 해양 오염을 줄이는 생활 속 실천 방법이나 설의적 표현은 확인할 수 없으므로 ①은 제시된 조건을 충족하지 않는다.

② 해양 오염을 줄이기 위한 생활 속 실천 방법으로 분리수거를 철저히 하고 일회용품을 줄이는 것을 제시하였으므로 첫 번째 조건을 충족한다. 그러나 설의적 표현과 비유적 표현을 활용한 내용은 없으므로 두 번째 조건을 충족하지 않는다.

④ '이대로 가다간 인간도 고통받게 되지 않을까요?'에 설의적 표현이 드러나며 바다를 '쓰레기 무덤'이라고 비유적으로 표현하고 있으므로 두 번째 조건을 충족하고 있다. 다만 해양 오염을 줄이기 위한 정부의 역할을 언급할 뿐 생활 속 실천 방법이 제시된 것은 아니므로 첫 번째 조건은 충족하지 않는다.

02 <보기>의 조건에 따라 공익 광고 문안을 만든다고 할 때, 가장 적절한 것은?

> 보기
>
> ○ 무엇을 말할 것인가?
>   - 인터넷 중독이 건강에 미치는 폐해
>
> ○ 어떻게 쓸 것인가?
>   - 표제: 감각적 시어를 활용한 대구적 표현
>   - 본문: 구체적 상황으로 경각심 고취

① 차디찬 상상 속 친구, 따스한 현실의 친구
만질 수 없는 친구가 당신의 친구가 될 수 있습니까?

② 인터넷 세상 속에 갇힌 당신, 세상 밖으로!
당신이 게임 세상에 있는 동안
당신의 활력도 방안에 갇혔습니다.

③ 아직까지도 게임 중? 시간은 흘러간다!
핏빛 화면에 떠밀려가는 당신의 검보랏빛 미래는 보이지 않는 겁니까?

④ 하얗게 지새운 날, 노랗게 보이는 하늘
당신이 수많은 적들을 해치우는 동안
당신의 생기도 적에게 당했습니다.

정답·해설

02

정답 설명

④ '하얗게 지새운 날, 노랗게 보이는 하늘'을 통해 대구법이 사용되었고, 인터넷 중독이 건강에 미치는 폐해를 '적에게 당했다'는 구체적인 상황으로 드러내고 있다.

오답 분석

①③ 인터넷 중독이 건강에 미치는 폐해에 대해 설명하지 않았다.

② 감각적 시어를 활용하지 않았다.

03 '오늘의 속담' 게시판에 자신이 아는 속담을 소개하는 글을 쓰려고 한다. <보기>의 조건이 모두 충족된 것은?

> 보기
> ○ 속담을 통해 얻은 삶의 가치를 드러낼 것
> ○ 속담의 올바른 의미를 살려 표현할 것

① 나루 건너 배 타기
→ 흔히들 성공하려면 꾸준해야 한다고 하지만, 그만할 때를 아는 것도 성공의 조건이지.

② 낙숫물이 댓돌을 뚫는다
→ 아무리 하찮아 보이는 노력이더라도 꾸준히 하다 보면 큰일을 이룰 수 있다는 거야. 결국 사소한 것이 가장 중요하다는 뜻이지.

③ 급하면 바늘허리에 실 매어 쓸까
→ 오히려 가지고 있는 것이 독이 될 때가 있어. 이럴 때는 버리는 것이 얻을 수 있는 방법이 되지.

④ 말 타면 경마 잡히고 싶다
→ 쉽게 쌓은 탑은 작은 물결과 바람에도 무너지지만, 정성을 다해 올린 탑은 오랜 세월이 지나도 무너지지 않는다. 이와 같이 정성을 다한 일은 쉽게 실패하지 않는 법이지.

04 삶의 지침으로 삼을 만한 문구를 쓰려고 한다. <보기>의 조건을 가장 잘 반영한 것은?

> 보기
> ○ 올바른 생활 습관에 관한 내용을 담을 것
> ○ 아래의 두 가지 표현 방법을 함께 사용할 것
> - 연쇄법: 예 사과는 맛있다, 맛있는 건 바나나, 바나나는 길다.
> - 점층법: 예 환경보호! 나를, 이웃을, 인류를 위한 것이다.

① 걷는 사람 위에 뛰는 사람 있고, 뛰는 사람 위에 나는 사람 있다.

② 좋은 습관의 씨앗은 열 송이의 꽃을 피우고 백 개의 열매를 맺는다.

③ 어제의 행동이 오늘의 나를 결정하고, 오늘의 행동이 내일의 나를 형성한다.

④ 하루의 행동이 일상의 습관을 낳고, 일상의 습관이 평생의 운명을 좌우한다.

정답·해설

03

정답 설명

② '낙숫물이 댓돌을 뚫는다'는 부드러운 물방울이 오랜 시간 떨어지면 크고 단단한 바위도 뚫는다는 뜻으로 아무리 하찮아 보이는 노력이더라도 꾸준히 하다 보면 큰일을 이룰 수 있다'는 의미이므로 올바른 속담 풀이이다.

오답 분석

① '나루 건너 배 타기'는 무슨 일에나 순서가 있어 건너뛰어서는 할 수 없음을 비유적으로 이르는 말이다.

③ '급하면 바늘허리에 실 매어 쓸까'는 일에는 일정한 순서가 있고 때가 있는 것이므로, 아무리 급해도 순서를 밟아서 일해야 함을 비유적으로 이르는 말이다.

④ '말 타면 경마 잡히고 싶다'는 사람의 욕심이란 한이 없음을 이르는 말이다.

04

정답 설명

④ '올바른 생활 습관'을 삶의 지침으로 삼아야 한다는 내용 조건과 연쇄법, 점층법이라는 표현 조건을 다 만족시켜야 하므로 '하루의 행동이 일상의 습관을 낳고, 일상의 습관이 평생의 운명을 좌우한다.'가 <보기>의 조건에 가장 부합한다.

오답 분석

① '걷는 사람 위에 뛰는 사람 있고, 뛰는 사람 위에 나는 사람 있다'에서 연쇄법과 점층법이 사용되었으나, 올바른 습관과 관련된 내용은 없다.

② '씨앗이 꽃을 피우고, 열매를 맺는다'는 내용을 통해 점층법은 있으나 연쇄법은 없다. '좋은 습관' 표현을 통해 올바른 생활 습관을 삶의 지침으로 삼아야 한다는 내용 조건에는 부합한다.

③ 올바른 생활 습관을 지녀야 한다는 내용 조건은 있으나 점층법도 연쇄법도 사용되지 않았다.

05 공익 광고 문안을 작성하려고 한다. <조건>을 모두 충족하는 것은?

> 조건
> ㅇ 의문문 형식을 사용할 것
> ㅇ 비유의 방법을 활용할 것
> ㅇ 자연과 인간의 관계에 대해 언급할 것

① 도시 생활하수, 이제는 자원이다.
- 폐수 내의 오염물질을 분해해서 얻은 메탄가스는 소중한 자원입니다.

② 올여름 휴가, 어디로 가고 싶습니까?
- 함부로 버린 쓰레기는 비가 올 때 강으로 흘러들어 강기슭을 오염시킵니다.

③ 미래에도 화가들은 아름다운 강을 그릴 수 있을 것인가?
- 현재의 오염 속도가 지속된다면, 미래의 화가들이 악취 나는 검은 강물을 화폭에 담고 싶어 할까요?

④ 인간은 언제쯤 물의 소중함을 알게 될까?
- 자연이라는 자애로운 어머니 앞에서 과거의 인간은 순종하는 자식이었으나, 현재의 인간은 배은망덕한 자식입니다.

06 지역 신문에 실을 도서관 관련 기사의 표제 · 부제를 정할 때, <보기>의 조건을 모두 충족한 것은?

> 보기
> ㅇ 비유를 활용한다.
> ㅇ 대구법을 사용한다.
> ㅇ 도서관 이용의 불편함에 대한 내용을 담는다.

① 주말마다 도서관은 몸살 중!
- 이용자 수 많고, 좌석 수 부족하고

② 책을 조금 더 오래 보고 싶어요.
- 개방 시간과 대출 기간의 연장 필요

③ 외관은 알록달록, 내부는 얼룩덜룩
- 도서관 내부 시설의 개선 시급해

④ 얇은 동화책부터, 두꺼운 사전까지
- 모두들 당신을 기다리고 있습니다.

정답 · 해설

05

정답 설명

④ 자연을 어머니에, 인간을 자식에 비유하여 자연과 인간의 관계를 드러내었고 의문의 형식 또한 사용하였다.

오답 분석

① 의문의 형식, 자연과 인간의 관계가 나타나지 않았다.

② '올여름 휴가, 어디로 가고 싶습니까?'라는 의문의 형식을 사용했으나 비유법이 사용되지 않았고 인간과 자연의 관계도 표현하지 않았다.

③ '미래에도 화가들은 아름다운 강을 그릴 수 있을 것인가?'라는 의문의 형식을 사용했으나, 비유법이 사용되지 않았고 자연과 인간의 관계도 표현되지 않았다.

06

정답 설명

① 조건에 맞게 글을 쓰는 문제에서는 일단 조건이 무엇인지 정확히 파악해야 한다. 이 문제에서는 '비유', '대구법', '불편함에 대한 내용'이라는 세 가지 조건을 만족시켜야 한다. '이용자 수 많고, 좌석 수 부족하고'에서는 대구법이 활용되었고 도서관 이용에 대한 불편 사항이 들어 있다. 또 '도서관은 몸살 중'이라는 표현으로 도서관을 사람에 비유하여 드러내고 있다.

오답 분석

② 개방 시간과 대출 기간을 연장해 달라는 의미를 포함하고 있으므로 '불편 사항'이 언급되어 있지만 대구법과 비유가 드러나지 않았다.

③ 불편 사항이 드러나 있고 대구법도 드러나지만 비유는 드러나지 않았다.

④ 기다리고 있다는 표현을 통해 '동화책, 사전' 등을 사람에 비유하고 있다. 그러나 '불편 사항'은 드러나지 않았다.

03 개요 작성 및 수정

민숙쌤의 독해 비법

개요 수정 문제 풀이 전략

① 수정된 개요는 수정 전보다 구체적인 내용을 담고 있어야 한다.

② 상위 항목은 하위 항목의 내용을 모두 포함할 수 있어야 한다.

③ 본론에서 제시되는 문제의 원인과 해결 방안은 순서대로 각 항목이 대응되어야 한다.

④ 항목의 위치를 바꾸는 경우에는 해당 항목이 수정된 위치의 상위 항목과 연결되는지 확인해야 한다.

⑤ 결론은 해결 방안의 내용을 포함해야 한다.

대표 문제로 유형 체크

01 <보기>의 개요의 흐름을 고려할 때, ㉠에 들어갈 내용으로 가장 적절한 것은?

> 보기
>
> Ⅰ. 서론: 재활용이 어려운 포장재 쓰레기가 늘고 있다.
>
> Ⅱ. 본론
>
> 1. 포장재 쓰레기가 늘고 있는 원인
>
> (1) 기업들이 과도한 포장 경쟁을 벌이고 있다. → 원인 ①
>
> (2) 소비자들이 호화로운 포장을 선호하는 경향이 있다.
>
> 2. 포장재 쓰레기의 양을 줄이기 위한 방안
>
> (1) 기업은 과도한 포장 경쟁을 자제해야 한다. → 해결책 ①
>
> (2) ___㉠___
>
> Ⅲ. 결론: 상품의 생산과 소비 과정에서 환경을 먼저 생각하는 자세를 지녀야 한다.
>
> 원인과 해결방안은 변화에 맞춰 대응해야 함. 즉, 원인이 제시되면 그에 대한 해결책이 반드시 있어야 함
>
> 호화로운 포장이 문제점으로 제시되었기 때문에 이에 대한 해결책이 나와야 함

① 정부의 지속적인 감시와 계몽 활동이 필요하다.

② 실속을 중시하는 합리적인 소비 생활을 해야 한다.

③ 상품 판매를 위한 지나친 경쟁이 자제되어야 한다.

④ 재정 상태를 고려하여 분수에 맞는 소비를 해야 한다.

정답 설명 ② 제시된 개요의 '본론 1'에서는 '포장재 쓰레기가 늘고 있는 원인'을, '본론 2'에서는 '포장재 쓰레기의 양을 줄이기 위한 방안'을 각각 기업과 소비자의 차원으로 나누어 다루고 있다. 그러므로 ㉠에는 '본론 1-(2)'에서 제시한 원인과 연계 지어, 소비자의 차원에서 포장재 쓰레기의 양을 줄이기 위한 방안을 제시하는 내용이 들어가야 한다. 따라서 호화로운 포장보다는 실속을 중시하는 합리적인 소비 생활을 해야 한다는 ②의 내용이 들어가는 것이 가장 적절하다.

02 <보기>와 같이 '안전사고를 예방하자'라는 주제의 글을 쓰기 위해 개요를 작성하였다. 개요의 수정 · 보완 및 자료 제시 방안으로 적절하지 않은 것은?

보기

Ⅰ. 서론 → ① 통계 자료나 설문 조사 등을 통해 현실 상황을 구체적으로 제시할 수 있음 ② 상위 항목은 하위 항목의 내용을 모두 포괄하는 문장이어야 함

- 최근의 안전사고 발생 현황 ……… ㉠

Ⅱ. 본론 → 문제점이나 문제가 일어난 원인/이유를 제시하고 이에 대한 해결책을 모색함

1. 안전 의식이 부족한 원인 ……… ㉡
   가. 안전 교육의 부재 → 원인①
   나. 정부 차원의 안전 관리 체계 미비
   다. 정책 담당자들의 안전 의식 부재
2. 안전사고를 예방할 수 있는 방안
   가. 안전 교육 실시 ……… ㉢ → 해결책①
   나. 정부 차원의 안전 관리 체계 정비
   다. 정책 담당자들의 안전 의식 강화
   라. 자연재해 방지를 위한 시설 정비 ……… ㉣ → ②의 원인이 없음

Ⅲ. 결론: 안전 의식을 고취하고, 안전사고 대책을 마련하자.

① ㉠: 안전사고 발생 통계 자료를 제시한다.

② ㉡: 하위 항목을 포괄하지 못하므로 '안전사고가 자주 발생하는 원인'으로 수정한다.

③ ㉢: 방안이 구체적이지 않으므로 '안전 관련 법안 정비'를 하위 항목에 추가한다. → 'Ⅱ-1-가'에서 제시한 안전 교육의 부재에 대한 해결책이 아님

④ ㉣: 논지와는 관련이 없는 내용이므로 삭제한다.

정답 설명 ③ 어떤 내용을 글 속에 추가할 때는 그 내용이 글의 통일성을 해쳐서는 안 된다. 그런데 ㉢을 수정하기 위해 제시한 '안전 관련 법안 정비'라는 내용은 '안전 교육 실시'와는 관련이 없다. '안전 교육 실시'와 관련 있는 내용이라면 '강사 양성을 통한 교육 내실화, 교육 시간 확보' 등이라 할 수 있다.

오답 분석 ① '현황'을 알리는 데 좋은 방법은 '통계'와 같은 객관적 자료를 제시하는 것이다.
② '안전 의식'과 '안전사고'는 다른 것이며, '가~다'의 내용과 관련 있는 것은 '안전사고'이다.
④ '자연재해'는 재앙으로 말미암아 받는 피해, 즉 지진, 태풍, 홍수 등을 말하고, '안전사고'는 공장이나 공사장 등에서 안전 교육의 미비, 또는 부주의 따위로 일어나는 사고를 말한다.

03 개요 작성 및 수정

03 <개요>의 빈칸에 들어갈 내용으로 적절하지 않은 것은? 2025. 국가직 9급

> **개요**
>
> 제목: 청소년 아르바이트의 실태와 노동 문제 개선 방안
>
> Ⅰ. 청소년 아르바이트의 실태
> 1. 열악한 노동 환경 및 복지 혜택 부족
> 2. 임금 체불 및 최저 임금제 위반
> 3. 사업장 내의 빈번한 폭언 및 폭행 발생
>
> Ⅱ. 청소년 아르바이트의 노동 문제 발생 원인
> 1. 청소년의 노동 환경에 대한 실효성 있는 제도 부족 → 원인 ①
> 2. 노동 관계법에 관한 청소년 고용 업주의 인식 부족 → 원인 ②
> 3. 청소년 노동자의 인권을 존중하지 않는 사회의 통념 → 원인 ③
>
> Ⅲ. 청소년 아르바이트의 노동 문제 개선 방안
>
> [　　　　　　　　　　　　　　　]
>
> (Ⅱ 원인 – Ⅲ 방안: 대응 구조)

① 청소년의 노동 환경 개선을 위한 제도 정비 → 원인 ①과 대응되는 개선 방안

② 청소년 고용 업주에 대한 노동 관계법 교육과 지도 확대 → 원인 ②와 대응되는 개선 방안

③ 청소년 노동자의 인권 보호를 위한 사회적 교육 기관 설립 → 원인 ③과 대응되는 개선 방안

④ 청소년 고용 업체 규모 축소를 위한 정부의 지속적인 감독과 단속

정답 설명 ④ 'Ⅱ. 청소년 아르바이트의 노동 문제 발생 원인'과 'Ⅲ.청소년 아르바이트의 노동 문제 개선 방안'은 서로 대응되는 구조를 지녀야 한다. 그런데 ④는 Ⅱ에서 제시한 발생 원인과 관련된 내용이 아니기 때문에 'Ⅲ.개선 방안'으로 넣는 것은 올바르지 않다.

오답 분석
① 'Ⅱ-1.청소년의 노동 환경에 대한 실효성 있는 제도 부족'에 대응되는 개선 방안으로 적절하다.
② 'Ⅱ-2.노동 관계법에 관한 청소년 고용 업주의 인식 부족'과 대응되는 해결책으로 적절하다.
③ 'Ⅱ-3.청소년 노동자의 인권을 존중하지 않는 사회의 통념'과 대응되는 해결책으로 적절하다.

엄선 문제로 실력 향상

01 **<보기>와 같이 '김치의 세계화 방안'에 대한 개요를 작성하였다. 개요의 수정 및 자료 제시 방안으로 적절하지 않은 것은?**

> 보기
> Ⅰ. 서론
> 1. 세계 각국의 김치에 대한 관심 증가 ········· ㉠
> 2. 김치를 세계적인 음식으로 만들기 위한 전략의 필요성
>
> Ⅱ. 본론
> 1. 김치 세계화의 의의
> 가. 세계 속에서 한국 문화의 위상 제고
> 나. 경제적인 파급 효과
> 다. 생산 자동화 시스템 개발의 필요성 ········· ㉡
> 2. 김치 세계화의 걸림돌
> 가. 유통 기한이 짧음
> 나. 자극적인 맛으로 인한 외국인들의 기피
> 다. 정부 차원에서의 지원 부족
> 3. 김치 세계화를 위한 방안
> 가. 김치 박물관의 건립 ········· ㉢
> 나. 김치의 맛을 각 나라 사람의 입맛에 맞게 현지화
> 다. ______㉣______
>
> Ⅲ. 결론
> 김치의 세계화에 대한 전망과 당부

① ㉠: 세계 각국에서 김치 소비자가 매년 증가하고 있음을 보여주는 통계를 근거로 제시한다.
② ㉡: 'Ⅱ-1'의 하위 항목으로 적합하지 않으므로 삭제한다.
③ ㉢: 'Ⅱ-2-가'를 고려하여 '국내 소비자들의 김치 선호도 조사'로 수정한다.
④ ㉣: 'Ⅱ-2-다'를 고려하여 '정부 차원에서의 지원 방안 수립'이라는 내용을 추가한다.

정답 · 해설

01
정답 설명
③ '본론 3'의 '김치 세계화를 위한 방안'은 '본론 2'의 '김치 세계화의 걸림돌'을 해결하기 위한 것이다. 그러므로 이 둘은 인과 관계로 연결되어야 한다. 따라서 ㉢은 상위 항목인 '김치 세계화를 위한 방안'에 해당하는 내용이 나와야 하되, 'Ⅱ(본론)-2-가'의 '유통 기한이 짧음'에 대한 해결 방안이 나와야 한다. 그런데 '김치 박물관의 건립'은 이러한 내용을 충족하는 방안이 아니다. 한편, 이것을 수정한 방안인 '국내 소비자들의 김치 선호도 조사'도 '유통 기한이 짧음'에 대한 해결책이 되지 못하므로 적절한 수정으로 보기 어렵다. ㉢은 '유통 기한을 늘릴 수 있는 포장 기술의 개발'로 바꾸는 것이 적절하다.

03 개요 작성 및 수정

02 <보기>와 같이 개요를 작성하였다. 수정 방안으로 적절하지 않은 것은?

> 보기
>
> 주제: 교통사고 줄이기 운동의 필요성과 실천 방안
> Ⅰ. 서론: 교통사고 줄이기 운동의 필요성
> Ⅱ. 본론: 교통사고 줄이기 운동의 실천 방안
> 1. 교통사고 예방을 위한 활동 ··· ㉠
> 가. 교통안전 학습 교재 발간
> 나. 교통안전 교육 전개
> 2. 교통안전 대책의 수립
> 가. 교통안전시설 체계 구축
> 나. 교통안전 법규 정비 ··· ㉡
> 3. 자율적인 시민 참여 운동 전개
> 가. 교통안전을 위한 시민센터 운영
> 나. 차량 번호판 정비 운동 전개 ··· ㉢
> 다. 교통안전 봉사단체 간의 협력 체계 구축
> Ⅲ. 결론: 교통사고 결과의 구체적 사례 제시 ··· ㉣

① ㉠은 '교통사고 예방을 위한 교육 활동'으로 구체화한다.
② ㉡은 상위 항목에 어울리지 않으므로 'Ⅱ-3'의 하위 항목으로 옮긴다.
③ ㉢은 글의 주제에서 벗어나므로 하위 항목에서 삭제한다.
④ ㉣은 글 전체의 흐름에 맞게 '교통사고 줄이기 운동의 실천 촉구'로 바꾼다.

정답 · 해설

02

정답 설명

② ㉡은 Ⅱ-2의 상위 항목과 어울리는 내용으로 옮길 필요가 없다. 따라서 정답은 ②이다.

03 다음은 '우리나라 해양 오염의 문제점과 해결 방안'이라는 주제로 글을 쓰기 위한 개요이다. 수정·보완하기 위한 방안으로 적절하지 않은 것은?

> 보기
>
> Ⅰ. 서론: 우리나라 해양 오염의 실태와 현황 ··········· ㉠
> Ⅱ. 본론
>   1. 해양 오염의 문제점
>   가. 생태계가 무너짐
>   나. 해양 오염 보상액 차이로 갈등의 요인 발생
>   다. 해양 생물들의 주거지 파괴와 멸종 ··········· ㉡
>   2. 해양 오염 해결을 위한 방안
>   가. 해역별 수질관리 및 해양환경측정망 사용
>   나. (   ) ··········· ㉢
>   다. 해양 오염으로 인한 사고의 방제 기능 강화
> Ⅲ. 결론: (   ) ··········· ㉣

① ㉠은 현재 우리나라 해양 오염 관련 기사 자료와 통계치 등을 통해 구체화할 수 있다.
② ㉡은 'Ⅱ-1-가'의 하위 항목으로 변경할 수 있다.
③ ㉢에 'Ⅱ-1-나'의 해결 방안으로 '해양 오염 발생 시 처벌 강화'를 추가할 수 있다.
④ ㉣에 '해양 환경 보전의 필요성 인식 제고 및 방지 대책의 추진'과 같은 내용을 넣을 수 있다.

정답·해설

03

정답 설명

③ 'Ⅱ-1-나'는 해양 오염이 발생했을 경우 피해를 입은 당사자들에게 보상액을 줄 때, 차이가 발생하여 갈등이 유발되고 있음을 지적하고 있는데, ㉢은 해양 오염을 발생시키는 가해자에 대한 처벌 강화에 대해 말하고 있기 때문에 해결 방안으로 적절하지 않다.

오답 분석

① 현재 우리나라 해양 오염의 실태와 현황을 보여 주기에 우리나라 해양 오염 관련 기사 자료와 통계치의 이용은 적절하다.
② ㉡은 생태계의 일환인 해양 생물들의 주거지 파괴와 멸종이라는 파괴 현상을 보여 주며, 이는 생태계가 무너진다는 문제점의 하위 항목으로 적절하다.
④ 해양 오염 문제의 결론으로 해양 환경 보전의 필요성 인식 제고 및 방지 대책의 추진은 적절하다.

04 <보기>의 개요를 수정·보완하는 방안으로 적절하지 않은 것은?

> 보기
> 주제문: 문화의 시대
> Ⅰ. 서론: 아시아에서 주목받는 우리의 문화 예술
> Ⅱ. 본론
> 1. 전통 예술과 대중 예술의 활발한 해외 활동
> 가. 한국인의 역동적이고 창의적인 기질
> 나. 전통 예술과 대중 예술의 해외 공연
> 2. 문화가 국가 경제에 미치는 영향
> 가. 국가 위상의 제고
> 나. 고부가가치 상품 개발로 무역수지 증대
> 다. 문화 산업의 활성화로 고용 창출
> 3. ________㉠________
> 가. 세계인이 공감할 수 있는 문화 창조
> 나. 우리의 전통문화 속에서 독창적 요소 발굴
> 다. 외국과의 문화 교류로 우리 문화의 경쟁력 고양
> Ⅲ. 결론: 우리 문화의 경쟁력을 높이도록 노력 촉구

① 주제문을 구체적으로 제시해, '문화 시대에 대비하여 우리의 문화 경쟁력을 기르자.'로 고친다.
② 'Ⅱ-1-가'는 논리적 흐름에 비추어 적절하지 않으므로 삭제한다.
③ ㉠에는 하위 항목을 포괄할 수 있는 '우리 문화의 경쟁력을 높이기 위한 방안'을 넣는다.
④ 'Ⅱ-3-가'는 'Ⅱ-2'로 옮겨 내용의 일관성을 유지한다.

정답·해설

04

정답 설명

④ Ⅱ-3-가는 개요의 흐름상 우리 문화 경쟁력을 높이는 방안에 해당하므로 Ⅱ-2로 옮기는 것은 잘못이다.

오답 분석

① 주제가 구체적이지 못하므로 주제문을 구체화하는 것이 옳다.
② Ⅱ-1-가의 내용은 논리적 흐름에 비추어 볼 때 적절하지 않으므로 삭제한다.
③ 하위 항목을 포괄하는 제목으로 적절하다.

05 <보기>는 '관광 산업의 경쟁력 강화'라는 주제로 글을 쓰기 위한 개요이다. 이를 수정·보완할 방안으로 적절하지 않은 것은?

> 보기
>
> Ⅰ. 서론
> 1. 우리나라 관광 산업의 현황 ·························· ㉠
> 2. 관광 산업 경쟁력 강화의 필요성
>
> Ⅱ. 본론
> 1. 우리나라 관광 산업의 위기 ·························· ㉡
> 가. 천편일률적인 관광 상품과 관광지
> 나. 정부의 역할 미흡 및 관광 정책의 문제
> 다. 관광 홍보의 부족
> 2. 관광 산업의 경쟁력 강화 방안
> 가. ______㉢______
> 나. 정부의 역할 강화 및 관광 정책의 개발
> 다. 관광 산업의 경제적 효과 ·························· ㉣
>
> Ⅲ. 결론
> - 관광 산업의 활성화를 통한 국가 경제의 발전

① ㉠: 관광 산업이 다른 나라에 비해 뒤떨어진 현황을 통계 자료로 제시한다.
② ㉡: 하위 항목을 포괄하지 못하므로 '우리나라 관광 산업의 문제점'으로 수정한다.
③ ㉢: 'Ⅱ-1-가'를 고려하여 '특색 있는 상품 개발과 관광지 조성'이란 항목을 만든다.
④ ㉣: 'Ⅱ-1-다'를 고려하여 '정부의 관광 산업의 재정 확보'로 수정한다.

정답·해설

05

정답 설명

④ 내용을 수정할 때 글의 통일성을 해쳐서는 안 된다. 그런데 ㉣을 수정하기 위해 제시한 '관광 산업의 재정 확보'는 '관광 홍보의 부족'이라는 항목의 대책이라고 할 수 없다.

03 개요 작성 및 수정

06 다음의 공모전에 응모하기 위해 <보기>와 같이 개요를 작성하였다. 개요의 수정 방안으로 적절하지 않은 것은?

> C클린 운동의 필요성과 실천 방안을 알리는 원고 공모
>
> C클린 운동이란 콘텐츠를 사용할 때 매너를 지키자는 캠페인으로 여기서의 콘텐츠는 음반, 영화, UCC 등 인터넷상에서 제공되는 모든 콘텐츠를 말한다.

> **보기**
>
> 제목: C클린 운동의 확산을 위하여
>
> Ⅰ. C클린 운동의 개념 ······ ㉠
>
> Ⅱ. C클린 운동의 실천 방안
>
> 1. 기술 개발 차원
>   가. 획기적인 기술 개발 ······ ㉡
>   나. 알고리즘을 이용한 표절 검사 기술 개발
> 2. 콘텐츠 생성·이용 차원
>   가. 영상 제작 시 타인의 초상권 침해 유의하기
>   나. 타인의 콘텐츠 사용 시 출처 표기하기
>   다. 콘텐츠 매너 사용에 대한 포상 제도 마련 ······ ㉢
> 3. 정책적 차원
>   가. 저작권 사용에 대한 법령 마련
>   나. 콘텐츠 사용 시 출처 표기에 대한 기술 개발 촉구 ······ ㉣
>
> Ⅲ. C클린 운동 확산을 위한 사회 공동의 노력 촉구

① ㉠은 공모의 취지를 고려해, 'C클린 운동의 개념과 필요성'으로 고친다.
② ㉡은 구체적이지 않으므로, '사생활 침해 영상을 자동으로 신고하는 기술 개발'로 바꾼다.
③ ㉢은 상위 항목에 어울리지 않으므로, 'Ⅱ-3'의 하위 항목으로 옮긴다.
④ ㉣은 글의 주제에서 벗어나므로, '콘텐츠 생성자의 높은 윤리의식 촉구'로 바꾼다.

정답·해설

06

정답 설명

④ ㉣은 'Ⅱ-1 기술 개발 차원'에 해당하는 내용이며, 이를 고친 '콘텐츠 생성자의 높은 윤리의식 촉구' 또한 'Ⅱ-3. 정책적 차원'이 아니라 'Ⅱ-2. 콘텐츠 생성·이용 차원'에 해당되는 내용이기 때문에 적절하지 않다.

04 고쳐쓰기

기초 개념 잡기

1. 피동 표현과 사동 표현

1) 능동과 피동

구분	개념	예시
능동	주어가 동작을 제 힘으로 하는 것	고양이가 쥐를 물었다.
피동	주어가 다른 주체에 의해서 동작을 당하게 되는 것	쥐가 고양이에게 물렸다.

2) 주동과 사동

구분	개념	예시
주동	주어가 동작을 직접 하는 것	아이가 밥을 먹는다.
사동	주어가 다른 대상에게 동작을 하도록 시키는 것	어머니가 아이에게 밥을 먹인다.

3) 피동문의 형성

구분	내용	예시
피동 표현	-게 되다, -어지다	• 세상에서 가장 예쁜 시계를 만들게 되었다. • 신발의 끈이 풀어지다.
피동 접미사	-이-, -히-, -리-, -기-	• 철수는 올해 임금이 깎이다. • 이장님이 차에 치였다. • 철수는 손이 문에 끼였다.
	-되다	이 물건은 세탁하는 데 사용된다.
피동 어휘	당하다	철수는 소매치기를 당했다.

4) 사동문의 형성

구분	내용	예시
사동 표현	- 게 하다, -게 시키다	• 삼촌이 조카에게 옷을 입게 하다. • 선생님은 학생에게 글을 쓰게 시켰다.
사동 접미사	-이-, -히-, -리-, -기-, -우-, -구-, -추-	• 누나가 실내 온도를 낮추었다. • 영희가 아버지를 깨우었다. • 영수가 아이에게 책을 읽히다.
	-시키다	• 선생님은 철수에게 예습의 중요성을 주지시켰다. • 어머니가 나를 주의시켰다.
사동 어휘	시키다	사장님은 직원에게 일을 시켰다.

2. 피동 표현과 사동 표현을 올바르게 사용한다.

1) 피동문은 이중 피동으로는 쓰이지 않는다.

구분	이중 피동을 사용한 예시
'이,히,리,기'와 '-어지다'를 함께 사용하는 경우	• 창문이 열려지다. → 열리다, 열어지다 (○) • 잊혀진 사람이다. → 잊힌, 잊어진 (○) • 그의 넥타이가 풀려졌다. → 풀리었다, 풀어지었다 (○) • 쥐가 고양이에게 잡혀지다. → 잡히다, 잡아지다 (○) 참고 이중 피동으로 보이지만 이중피동이 아닌 단어들 : 여겨지다, 밝혀지다, 버려지다, 흐려지다, 가려지다, 밀쳐지다, 알려지다
'-되다'와 '-어지다'를 결합하여 사용하는 경우 : 명사 + 되어지다	내일은 많은 비가 내릴 것으로 예상되어집니다. → 예상됩니다 (○)
'-어지다'와 '-게 되다'를 결합하여 사용하는 경우 : 어간 + -어지게 되다	생각이 넓어지게 되다. → 넓어지다, 넓게 되다 (○)

2) 피동형으로 표현할 수 없는 단어들에 유의한다.

예 • 마음이 설레이다. → 설레다 (○)
• 날씨가 개이다. → 개다 (○)
• 길을 헤매이다. → 헤매다 (○)
• 추억을 되뇌이다. → 되뇌다 (○)
• 불효자는 목메여 웁니다. → 목메어 (○)

3) 잘못된 사동 표현을 사용하지 않도록 한다.

예 • 내가 친구 한 명 소개시켜 줄게. → 소개해 (○)
• 내가 주차시키고 갈 테니 먼저 올라가 있어. → 주차하고 (○)

참고 이중 사동을 사용하는 예외적인 경우
- 세우다: 서- + -이- + -우- + -다 예 영희는 무릎을 세우고 앉았다.
- 태우다: 타- + -이- + -우- + -다 예 어머니는 아이를 자전거에 태운다.
- 재우다: 자- + -이- + -우- + -다 예 아이의 잠을 재우다.
- 채우다: 차- + -이- + -우- + -다 예 빈 잔에 물을 채우다.

3. 문장의 앞뒤를 고려하여 접속어를 올바르게 선택한다.

역접 관계	그러나, 하지만, 그렇지만
순접 관계	그리고, 또한
인과 관계	따라서, 그러므로, 왜냐하면
전환 관계	그런데, 한편
대등, 병렬 관계	또한, 혹은
요약 관계	요컨대, 결국
예시 관계	예를 들어, 이를테면, 가령

04 고쳐쓰기

4. 글 전체 내용의 통일성을 고려한다.

예시

오늘 제가 소개하려는 맛집 '솔바람'은 마치 수목원에 있는 것 같은 느낌을 갖게 하는 음식점입니다. 이곳은 잘 가꿔진 정원도 아름답고 뒤뜰 너머 울창한 솔숲과 맑은 개울이 있어 운치가 있습니다.

주인 내외가 운영하는 농장에서 재배한 것을 사용하기 때문에 항상 신선합니다. 밑반찬으로 내놓는 연근조림이나 나물무침, 갓김치도 맛깔스럽습니다. 그리고 주인 내외의 아들은 지금 음식점의 일을 잘 배워서 훗날 이 음식점을 물려받을 예정이라고 합니다. 천연 양념으로 만든 요리는 미각을 돋우어 줍니다. 이처럼 질 좋은 국산 한우로 만든 갈비찜은 이 집의 자랑거리입니다. 제철에 나는 신선한 재료로 만든 음식을 선보이므로 계절마다 메뉴가 조금씩 바뀝니다. 건강식을 좋아하시는 분들께 적극 추천합니다.

→ 음식의 신선함과 맛을 평가하는 부분에 주인 내외의 아들 이야기가 갑자기 포함된 부분으로 내용의 통일성을 위해 삭제해야 한다.

5. 어휘의 올바른 쓰임에 유의한다.

1) 틀리기 쉬운 어휘

틀린 표현	올바른 표현	뜻
끼여들기	끼어들기	차가 옆 차선에 무리하게 비집고 들어서는 일.
덩쿨	덩굴, 넝쿨	길게 뻗어 나가면서 다른 물건을 감기도 하고 땅바닥에 퍼지기도 하는 식물의 줄기.
덮힌	덮인	「1」 물건 따위가 보이지 않도록 넓은 천 따위가 얹혀 씌워지다. '덮다'의 피동사. 「2」 그릇 같은 것의 아가리가 뚜껑 따위로 막히다. '덮다'의 피동사. 「3」 일정한 범위나 공간이 빈틈없이 휩싸이다. '덮다'의 피동사. 「4」 어떤 사실이나 내용 따위가 따져져 드러나지 않고 숨겨지다. '덮다'의 피동사.
부주금	부조금	부조로 내는 돈. ≒ 부좃돈
수양	숫양	양의 수컷.
얼룩배기	얼룩빼기	겉이 얼룩얼룩한 동물이나 물건.
윗어른	웃어른	나이나 지위, 신분, 항렬 따위가 자기보다 높아 직접 또는 간접으로 모시는 어른.
발자욱	발자국	「1」 발로 밟은 자리에 남은 모양. ≒자국. 「2」 ((수량을 나타내는 말 뒤에 쓰여)) 발을 한 번 떼어 놓는 걸음을 세는 단위.
바래다	바라다	「1」 원하는 대로 어떤 일이 이루어지거나 그렇게 되었으면 하고 생각하다. 「2」 원하는 사물을 가졌으면 하고 생각하다.
아지랭이	아지랑이	햇빛이 강하게 내리쬘 때 공기가 아른아른 움직이는 현상.
서슴치	서슴지	결단을 내리지 못하고 머뭇거리며 망설이다.('서슴다'의 활용형)
닥달하다	닦달하다	다른 사람을 윽박질러서 혼내다.
삼가하다	삼가다	「1」 몸가짐이나 말 또는 행동을 조심하다. 「2」 피하고 싶은 마음으로 양(量)이나 횟수가 지나치지 않도록 하다.
웬지	왠지	'왜인지'의 준말. 왜 그런지 모르게. 또는 뚜렷한 이유도 없이.

허구헌	허구한	날, 세월 등이 매우 오래된.
해꼬지	해코지	다른 사람을 해치고자 하는 행동.
몇일	며칠	그달의 몇째 되는 날. 또는 몇 날.
돐	돌	어린아이가 태어난 날로부터 한 해가 되는 날.
뻐꾹이	뻐꾸기	두견과의 새.
요컨데	요컨대	중요한 것을 말하자면.
휴계실	휴게실	잠시 머물러서 쉴 수 있는 방.
안절부절하다	안절부절못하다	마음이 불안하여 어찌할 바를 모르다.
치루고	치르고	주어야 할 돈을 넘겨주다. / 무슨 일을 겪어 내다. / 아침, 점심 따위를 먹다.
단촐하다	단출하다	식구 또는 구성원이 많지 않아 홀가분하다. / 일이나 차림새가 간편하다.
무우	무	십자화과의 한해살이풀 또는 두해살이풀.
삭월세	사글세	월세. 또는 월세방.
설레이다	설레다	마음이 가라앉지 않고 들떠서 두근거리다.
육계장	육개장	쇠고기를 넣고 얼큰하게 양념을 하여 끓인 국.
곰곰히	곰곰이	여러 가지로 깊이 생각하는 모양.
곱배기	곱빼기	음식에서, 두 그릇의 몫을 한 그릇에 담은 분량. 참고 [빼기]로 발음되는 것은 모두 '-빼기'로 적는다: 이마빼기, 코빼기, 곱빼기, 고들빼기 등

2) 혼동하기 쉬운 어휘

□ 껍데기 / 껍질	• 껍데기: 1) 달걀이나 조개 등의 겉을 싸고 있는 딱딱한 물질. 2) 알맹이를 빼내고 겉에 남은 물질. (베개 껍데기) • 껍질: 물체의 거죽을 싸고 있는 단단하지 않은 물질.
□ 가름하다 / 가늠하다 / 갈음하다	• 가름하다: 쪼개거나 나누어 따로따로 되게 하다. 또는 등수나 승부 등을 정하다. • 가늠하다: 목표나 기준에 맞는지 안 맞는지 헤아려 보다. • 갈음하다: 다른 것으로 대신하다.
□ 늘이다 / 늘리다	• 늘이다: 본디보다 길게 하다. 또는 아래로 길게 처지게 하다. • 늘리다: 1) 원래보다 커지거나 많아지게 하다. 2) 실력, 세력, 살림 따위를 더 나아지게 하다. 3) 시간이나 기간을 길게 하다.

04 고쳐쓰기

□ 받치다 / 받히다 / 밭치다	• 받치다: 1) 먹은 음식이 잘 소화되지 않아 위로 치밀다. 2) 눕거나 앉은 바닥이 딴딴해서 배기다. 3) 화 따위의 심리적 작용이 강하게 일어나다. 4) 물건의 밑에 다른 물체를 대다. 5) 겉옷 안에 다른 옷을 입거나, 옷의 색깔, 모양이 조화를 이루도록 입다. • 받히다: 1) '받다'의 피동사. 부딪침을 당하다. 2) '받다'의 사동사. 여러 사람에게 팔거나 대어 주기 위해 한꺼번에 많은 양의 물품을 사게 하다. • 밭치다: 1) '밭다(건더기와 액체가 섞인 것을 체에 따라서 액체만을 따로 받아 내다)'를 강조하여 이르는 말 2) 구멍이 뚫린 물건 위에 국수나 야채 따위를 올려 물기를 빼다.
□ 다르다 / 틀리다	• 다르다: 비교가 되는 두 대상이 서로 같지 않다. • 틀리다: 셈이나 사실 따위가 그르게 되거나 어긋나다.
□ 두껍다 / 두텁다	• 두껍다: 보통의 정도보다 두께가 크다.(주로 구체적 대상이 있는 물리적 맥락에서) • 두텁다: 믿음, 신의, 관계 등이 굳고 깊다.(주로 감정과 같은 추상적 맥락에서)
□ 반드시 / 반듯이	• 반드시: 틀림없이 꼭. • 반듯이: 1) 비뚤어지거나 굽지 않고 바르게. 2) 생김새가 아담하고 말끔하게.
□ 개발(開發) / 계발(啓發)	• 개발: 1) 토지나 천연자원을 쓸모있게 만듦. 2) 신제품 개발 • 계발: 슬기, 재능 등을 깨우쳐 열어 줌.
□ 일절(一切) / 일체(一切)	• 일체: 1) 온갖 사물, 모든 것 2) 통틀어. 모두(긍정적인 의미) • 일절: 아주. 절대로. 전혀. (무언가를 부인하거나 금지할 때 씀)
□ 지양 / 지향	• 지양: 더 높은 과정에 오르기 위하여 어떠한 것을 하지 않음. • 지향: 어떤 목표로 뜻이 쏠리어 정함.
□ 부치다 / 붙이다	• 부치다: 1) 힘 등이 모자라거나 미치지 못하다. 2) 편지나 물건 따위를 어떤 수단과 방법으로 상대에게로 보내다. 3) 어떤 일을 거론하거나 문제 삼지 않다. 4) 먹고 자는 일을 자기 집이 아닌 곳에서 하다. 5) 원고를 인쇄에 넘기다. 6) 땅을 이용하여 농사를 짓다. 7) 음식을 익혀 만들다. 8) 물건을 흔들어 바람을 일으키다. • 붙이다: '붙다'의 사동사. 붙게 하다.

기초 개념 익히기

[01~30] **다음 중 올바른 표현에 동그라미를 치시오.**

01 운전할 때 (끼여들기, 끼어들기)를 하는 사람들이 적지 않다.

02 (덩쿨, 덩굴, 넝쿨)을 올리다.

03 눈 (덮힌, 덮인) 겨울산은 다른 세계인 듯하다.

04 (부주금, 부조금)은 아끼지 말고 넉넉히 넣어라.

05 저기 보이는 (수양, 숫양)의 뿔이 아주 멋있다.

06 수빈이는 고양이 중에서 (얼룩빼기, 얼룩배기)를 제일 좋아한다.

07 (웃어른, 윗어른)의 말씀을 잘 들어라.

08 공룡 (발자국, 발자욱)의 발견으로 나라가 축제 분위기이다.

09 나는 할머니가 건강하게 오래오래 사시기를 (바랜다, 바란다).

10 (아지랭이, 아지랑이)가 피어오르다.

11 (서슴치, 서슴지) 말고 결정해라.

12 손님이 당장 식당 지배인을 불러오라고 (닦달했다, 닥달했다).

13 수사 중인 사건에 관한 이야기는 (삼가하기로, 삼가기로) 했다.

14 (웬지, 왠지) 기분이 좋지 않다.

15 그 여자는 (허구한, 허구헌) 날 팔자 한탄만 한다.

16 내게 (해코지, 해꼬지)하고 잘 사나 보자.

17 오늘이 (몇일, 며칠)이니?

18 조카의 (돌, 돐)이 내일모레다.

19 숲속에서 (뻐꾹이, 뻐꾸기) 우는 소리가 들렸다.

20 (요컨데, 요컨대) 내 이야기는 일에 집중하라는 것이다.

21 쉬는 시간이 되자 사람들이 (휴게실, 휴계실)로 몰려들었다.

22 합격자 발표를 앞두고 (안절부절하다, 안절부절못하다).

23 점원에게 옷값을 (치르고, 치루고) 가게를 나왔다.

24 살림이 아주 (단촐하다, 단출하다).

25 밭에 (무우, 무)를 심었다.

26 (삭월세, 사글세)를 내다.

27 그를 보니 내 마음이 (설레이기, 설레기) 시작했다.

28 그 아이는 맵고 뜨거운 (육계장, 육개장)을 잘 먹는다.

29 그의 제안을 (곰곰히, 곰곰이) 생각해 보았다.

30 자장면을 (곱배기, 곱빼기)로 먹었다.

정답 01 끼어들기 02 덩굴, 넝쿨 03 덮인 04 부조금 05 숫양 06 얼룩빼기 07 웃어른 08 발자국 09 바란다 10 아지랑이
11 서슴지 12 닦달했다 13 삼가기로 14 왠지 15 허구한 16 해코지 17 며칠 18 돌 19 뻐꾸기 20 요컨대
21 휴게실 22 안절부절못하다 23 치르고 24 단출하다 25 무 26 사글세 27 설레기 28 육개장 29 곰곰이 30 곱빼기

04 고쳐쓰기

[01~30] 다음 중 문맥상 쓰임이 적절한 표현에 동그라미를 치시오.

01 굴 (껍데기, 껍질)

02 사과 (껍데기, 껍질)

03 선수들의 투지가 승패를 (가름, 가늠, 갈음)했다.

04 저 탑의 높이를 (가름, 가늠, 갈음)해 보아라.

05 건배로 치사를 (가름, 가늠, 갈음)합니다.

06 키가 커서 바짓단을 (늘려야, 늘여야) 한다.

07 병사를 (늘려, 늘여) 세력을 키운다.

08 바지에 (받혀, 밭쳐, 받쳐) 입을 옷옷이 없다.

09 차에 (받혀, 받쳐, 밭쳐) 크게 다쳤다.

10 체에 (받혀, 받쳐, 밭쳐) 국물만 걸러냈다.

11 우산을 (받히고, 받치고, 밭치고) 걸어갔다.

12 동생과 형은 성격이 너무 (다르다, 틀리다).

13 정답을 맞혀 보니 두 개 (달랐다, 틀렸다).

14 (두꺼운, 두터운) 종이로 만든 상자

15 그와 나는 신의가 (두꺼운, 두터운) 관계다.

16 몸을 교정하도록 (반드시, 반듯이) 누워라.

17 너는 (반드시, 반듯이) 합격할 것이다.

18 갯벌을 (개발, 계발)하여 신도시를 세웠다.

19 블럭쌓기 놀이는 아이의 지능(개발, 계발)에 좋다.

20 클립, 펜 등 사무용품 (일체, 일절)을/를 취급합니다.

21 이곳에서의 음주는 (일체, 일절) 금지합니다.

22 뒤에서 욕을 하는 행동은 (지양, 지향)해야 한다.

23 우리는 (지양, 지향)하는 바가 달라 결국 멀어졌다.

24 그 일은 나에게 힘에 (부친다, 붙인다).

25 회의 내용을 극비에 (부치다, 붙이다).

26 (부쳐, 붙여)먹을 내 땅 한 평도 없다.

27 이모 집에서 숙식을 (부치다, 붙이다).

28 누나가 부엌에서 전을 (부친다, 붙인다).

29 접수된 원고를 인쇄에 (부치다, 붙이다).

30 메모지를 벽에 덕지덕지 (부치다, 붙이다).

정답 01 껍데기 02 껍질 03 가름 04 가늠 05 갈음 06 늘여야 07 늘려 08 받쳐 09 받혀 10 밭쳐 11 받치고 12 다르다 13 틀렸다 14 두꺼운 15 두터운 16 반듯이 17 반드시 18 개발 19 계발 20 일체 21 일절 22 지양 23 지향 24 부친다 25 부치다 26 부쳐 27 부치다 28 부친다 29 부치다 30 붙이다

Q. 다음 고쳐 쓰기 주의사항을 적용하여 빈칸에 올바른 문장으로 수정해보시오.

1. 문장 성분 간의 호응에 유의한다.

주어와 서술어의 호응

01 우리가 기억해야 하는 것은 성공한 사람은 한 번 실패하더라도 절망하지 않는다.

02 현재 우리 회사의 가장 큰 문제점은 인력이 부족하다.

03 지금 문제는 인력이 매우 부족하다.

04 확실한 사실은 그가 지금까지 성실하게 살아왔다.

05 내가 그 문제를 틀린 이유는 계산을 잘못했었다.

06 설문 조사의 대상은 지난 축제 때 해당 지역을 직접 찾아주신 분들을 대상으로 합니다.

07 장관들의 의견은 비정규적 문제에 관심을 갖자는 데 뜻을 모았다.

정답 · 해설

주어와 서술어의 호응

01 우리가 기억해야 하는 것은 성공한 사람은 한 번 실패하더라도 절망하지 않는다는 것이다.

02 현재 우리 회사의 가장 큰 문제점은 인력이 부족하다는 것이다.

03 지금 문제는 인력이 매우 부족하다는 것이다.

04 확실한 사실은 그가 지금까지 성실하게 살아왔다는 것이다.

05 내가 그 문제를 틀린 이유는 계산을 잘못했기 때문이다.

06 설문 조사의 대상은 지난 축제 때 해당 지역을 직접 찾아주신 분들입니다.

07 장관들은 비정규적 문제에 관심을 갖자는 데 뜻을 모았다.

04 고쳐쓰기

08 그 소방관의 장점은 불이 진행되는 방향을 잘 알고, 더 이상 불이 진행되지 않도록 하는 것이 장점이다.

09 저는 이번 대회에서 우승을 하여 매우 기쁜 것 같습니다.

10 이 영화는 매우 재미있는 것 같습니다.

부사어와 서술어의 호응

01 부지런히 장사를 한 그가 많은 재산을 모은 것은 결코 우연한 일이었다.

02 이런 부작용에 대해서는 절대로 미리 알려 주어야 합니다.

03 친구의 동생은 그다지 똑똑하다.

04 그는 좀처럼 화를 낸다.

05 이런 일은 비단 어제오늘의 일이다.

정답 · 해설

08 그 소방관의 장점은 불이 진행되는 방향을 잘 알고, 더 이상 불이 진행되지 않도록 하는 것이다.

09 저는 이번 대회에서 우승을 하여 매우 기쁩니다.

10 이 영화는 매우 재미있습니다.

부사어와 서술어의 호응

01 부지런히 장사를 한 그가 많은 재산을 모은 것은 결코 우연한 일이 아니었다.

02 이런 부작용에 대해서는 반드시 미리 알려 주어야 합니다.

03 친구의 동생은 그다지 똑똑하지 않다.

04 그는 좀처럼 화를 내지 않는다.

05 이런 일은 비단 어제오늘의 일이 아니다.

06 설마 그녀가 부정행위를 저질렀다.

07 동물도 이러하거늘, 하물며 만물의 영장인 사람이 어찌 그 근본을 잊을 수 없다.

08 혼자서 아이를 키운다는 게 여간 어려운 일이다.

병렬 구조의 호응 (주어+서술어 호응, 목적어+서술어 호응)

01 어제는 비와 바람이 많이 불었다.

02 정치가는 사회 현실과 사회적 책임을 다해야 한다.

03 자기의 장점과 단점을 보완하는 사람이 성공할 수 있다.

04 감염병 방역 체계의 문제점과 대안을 마련한다.

정답 · 해설

06 설마 그녀가 부정행위를 저질렀을까?

07 동물도 이러하거늘, 하물며 만물의 영장인 사람이 어찌 그 근본을 잊을 수 있겠는가?

08 혼자서 아이를 키운다는 게 여간 어려운 일이 아니다.

병렬 구조의 호응

01 어제는 비가 내리고 바람이 많이 불었다.

02 정치가는 사회 현실을 알고, 사회적 책임을 다해야 한다.

03 자기의 장점을 알고, 단점을 보완하는 사람이 성공할 수 있다.

04 감염병 방역 체계의 문제점을 파악하여 대안을 마련한다.

04 고쳐쓰기

수식어와 피수식어의 호응

01 용감한 그의 아버지

02 예쁜 누나의 친구

2. 과도한 문장 성분 생략을 주의한다.

주어가 생략된 경우

01 본격적인 공사가 언제 시작되고, 언제 개통될지 모른다.

02 모든 사원들이 회사의 앞날을 걱정하고 있을 때, 오히려 공격적인 투자를 해야 한다고 주장했다.

목적어가 생략된 경우

01 나는 지난봄부터 하루도 거르지 않고 열심히 하고 있다.

02 나는 꽃이 좋아서 심었다.

정답 · 해설

수식어와 피수식어의 호응

01
- 그의 용감한 아버지
- 용감한 그의, 아버지
- 용감한, 그의 아버지

02
- 누나의 예쁜 친구
- 예쁜 누나의, 친구
- 예쁜, 누나의 친구

주어가 생략된 경우

01 본격적인 공사가 언제 시작되고, 도로가 언제 개통될지 모른다.

02 모든 사원들이 회사의 앞날을 걱정하고 있을 때, 오히려 사장은 공격적인 투자를 해야 한다고 주장했다.

목적어가 생략된 경우

01 나는 지난봄부터 하루도 거르지 않고 운동을 열심히 하고 있다.

02 나는 꽃이 좋아서 꽃을 심었다.

3. 유사한 단어를 중복 사용하지 않는다.

의미의 중복

01 연휴 기간 동안 과자를 마음껏 먹었다.

02 요즘 같은 때에는 공기를 자주 환기해야 감기에 안 걸리는 거야.

03 이렇게 어려운 책을 속독으로 빠르게 읽는 것은 하늘의 별 따기이다.

04 겨울철 소외된 이웃들에게 따뜻한 온정을 베풀어야 한다.

05 학생들의 불만이 겉으로 표출되었다.

정답 · 해설

의미의 중복

01 연휴 동안 과자를 마음껏 먹었다.

02 요즘 같은 때에는 자주 환기해야 감기에 안 걸리는 거야.

03 이렇게 어려운 책을 빠르게 읽는 것은 하늘의 별 따기이다.

04 겨울철 소외된 이웃들에게 온정을 베풀어야 한다.

05 • 학생들의 불만이 표출되었다.
• 학생들의 불만이 겉으로 나타났다.

04 고쳐쓰기

4. 올바른 조사와 어미를 사용한다.

조사 사용의 적절성

01 이 책은 전문 서적치고 글의 내용이 어렵다.

02 그녀와 헤어진 후, 나는 날마다 술이 취해 지냈다.

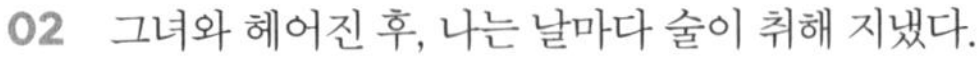

03 시민 단체는 환경오염 문제에 대해 정부에게 강력히 항의했다.

04 대통령은 진지한 연설로서 국민을 설득했다.

05 약은 약사에게 상의하십시오.

06 친구가 "난 학교에 안 가겠다."고 말했다.

정답 · 해설

조사 사용의 적절성

01 이 책은 전문 서적치고 글의 내용이 쉽다.

02 그녀와 헤어진 후, 나는 날마다 술에 취해 지냈다.

03 시민 단체는 환경오염 문제에 대해 정부에 강력히 항의했다.

04 대통령은 진지한 연설로써 국민을 설득했다.

05 약은 약사와 상의하십시오.

06 친구가 "난 학교에 안 가겠다."라고 말했다.

어미 사용의 적절성

01 여기에 있던지 가던지 마음대로 해라.

02 문제에 알맞는 답을 고르시오.

03 아버님, 올해도 건강하세요.

04 자주 연락드릴께요.

5. 명사화, 관형화 구성을 남용하지 않는다.

명사화, 관형화 구성의 남용

01 보건 당국은 전염병 확산 방지 대책 마련에 힘써야 한다.

02 당황한 겁먹은 그를 진정시키는 것은 쉬운 일이 아니었다.

정답 · 해설

어미 사용의 적절성

01 여기에 있든지 가든지 마음대로 해라.

02 문제에 알맞은 답을 고르시오.

03 아버님, 올해도 건강하게 지내세요.

04 자주 연락드릴게요.

명사화, 관형화 구성의 남용

01 보건 당국은 전염병이 확산되는 것을 방지하기 위한 대책을 마련하는 데에 힘써야 한다.

02 당황하고 겁먹은 그를 진정시키는 것은 쉬운 일이 아니었다.

04 고쳐쓰기

6. 번역 투 표현을 사용하지 않는다.

영어 번역 투 표현

01 현실을 고려에 넣는다면 그렇게 무리한 계획을 세워서는 안 된다.

02 이 사업은 초기에 집중적인 투자를 필요로 한다.

03 동생으로부터 편지가 도착했다.

04 그 괴물은 큰 눈을 갖고 있다.

05 나는 할머니에 의해 예의 바른 아이로 키워졌다.

06 불조심하는 것은 아무리 강조해도 지나치지 않는다.

07 우리 학원은 노량진역 근처에 위치하고 있습니다.

08 우리 모두 내일 오전 10시에 회의를 갖도록 하자.

정답·해설

영어 번역 투 표현

01 현실을 고려한다면 그렇게 무리한 계획을 세워서는 안 된다.

02 이 사업은 초기에 집중적인 투자가 필요하다.

03 동생에게서 편지가 도착했다.

04 그 괴물은 눈이 크다.

05 할머니는 나를 예의 바른 아이로 키우셨다.

06
- 언제나 불조심을 해야 한다.
- 불조심하는 것은 강조할 만하다.

07 우리 학원은 노량진역 근처에 있습니다.

08
- 우리 모두 내일 오전 10시에 회의하자.
- 우리 모두 내일 오전 10시에 회의를 하자.

09 주민들은 건물 붕괴와 함께 실종되었다.

일본어 번역 투 표현

01 그 사람은 선각자에 다름 아니다.

02 회의에 있어서 진지하게 임하는 것은 매우 중요하다.

03 그의 작품은 이러한 주목에 값한다.

정답·해설

09 주민들은 건물이 붕괴되면서 실종되었다.

일본어 번역 투 표현

01 • 그 사람은 선각자나 다름없다.
• 그 사람은 선각자라 할 만하다.

02 회의에 진지하게 임하는 것은 매우 중요하다.

03 그의 작품은 주목할 만하다.

04 고쳐쓰기

민숙쌤의 독해 비법

고쳐 쓰기 문제 풀이 전략

① 글을 읽으면서 밑줄 친 부분이 차례대로 올바른지의 여부를 파악한다.

② 아래와 같이 잘 나오는 유형의 단어나 문장을 떠올려 적용하면서 푼다.

㉠ 틀리기 쉬운 어휘, 혼동하기 쉬운 어휘
㉡ 주어와 서술어의 호응, 부사어와 서술어의 호응
㉢ 중의적 의미를 지닌 문장
㉣ 의미가 겹치는 단어
㉤ 이중 피동
㉥ 우리말 표현이 아닌 것(번역 투)
㉦ 접속어 사용

대표 문제로 유형 체크

01 다음은 소비자 보호 기관 홈페이지에 올리기 위한 글의 초고이다. 고쳐 쓰려는 내용으로 적절하지 않은 것은?

> • 물품명: 텔레비전
> • 모델명: PHJ-002
>
> • 하자 및 불만 사항
> 구입한 지 3개월도 안 돼서 텔레비전 램프가 나가 수리를 받았으나, 이번에도 램프가 나갔습니다. 서비스 센터에 제대로 수리가 되지 않았다고 ㉠ 항의했지만, 그제야 본사에 연락을 넣어 램프를 받아오겠다고 하더군요. 하지만 아무리 기사님을 기다려도 오지 않으셔서 다시 연락해 보니, 부품이 아직 도착하지 않았다는 말만 되풀이해요. ㉡ 텔레비전 고장 자체도 문제이지만, 이런 성의 없는 서비스 태도야말로 더 큰 문제라고 생각합니다. 소비자로서 이와 같은 처사에 ㉢ 어케 열받지 않겠습니까?
>
> • 요구 사항
> ㉣ 어제는 제 친구도 같은 문제로 불편을 겪고 있다는 얘기를 들었습니다. 앞으로는 해당 업체가 제품을 구매한 후의 서비스에 조금 더 신경을 써 줬으면 하는 바람입니다.
>
> [메모: 원인 / 역접 관계를 지닌 접속어 → 원인과 결과를 나타내는 표현이 필요함 / 결과 / 지시어는 첫 문장으로 제시될 수 없음 / 요구 사항과 관련된 내용이 아님]

① ㉠은 앞뒤 문맥에 맞춰서 '항의했더니'로 고쳐야겠어.
② ㉡은 전체를 개괄하는 진술인데 왜 중간에 있지? 글 맨 앞으로 옮기자.
③ ㉢은 표준어가 아닌 비속어이니, '어찌 화가 나지'로 바꿔 써야 해.
④ ㉣은 '요구 사항'이 아니잖아? 삭제해야겠어.

정답 설명 ② ㉡을 맨 앞으로 옮기면 문맥상 '이런 성의 없는 서비스 태도'를 파악하기 어려우므로 현재의 위치가 더 적절하다.

02 <공공언어 바로 쓰기 원칙>에 따라 <공문서>의 ㉠ ~ ㉣을 수정한 것으로 적절하지 않은 것은?

2025. 국가직 9급

공공언어 바로 쓰기 원칙

- 생소한 외래어나 외국어는 우리말로 다듬을 것.
- 주어와 서술어의 관계를 명확하게 표현할 것.
- 문맥에 맞는 정확한 어휘를 사용할 것.
- 지나친 명사 나열을 피하고 적절한 조사와 어미를 활용하여 문장을 구성할 것.

공문서

□□개발연구원

수신 수신처 참조

제목 종합 성과 조사 협조 요청

---

1. 귀 기관의 무궁한 발전을 기원합니다.
2. 본원은 디지털 교육 ㉠ 마스터플랜 수립을 위해 종합 성과 조사를 실시합니다. 본 조사의 대상은 지난 3년간 □□개발연구원의 주요 사업을 수행한 ㉡ 기업을 대상으로 합니다.
3. 별도의 전문 평가 기관에 조사를 ㉢ 위탁하며, 이 조사 결과를 바탕으로 ㉣ 학교 현장 교수 학습 환경 개선 정책 개발 및 디지털 교육 문화를 정착시키는 데에 기여하고자 합니다. 귀 기관의 협조를 부탁드립니다.

주어 '대상은'과 호응하는 구조는 '~이다, ~입니다'임

지나친 명사의 나열

'의뢰하다'의 의미를 지닌 '위탁하다'를 쓰는 것이 올바름

① ㉠: 기본 계획

② ㉡: 기업입니다

③ ㉢: 수주하며

④ ㉣: 학교 현장의 교수 학습 환경을 개선하는 정책을 개발하고

정답 설명 ③ '수주하다'는 '주문을 받다'의 의미로 '평가 기관에 조사를 맡긴다'는 의미를 지닌 문장에서 사용하는 것은 적절하지 않다. ㉢ '위탁하며'는 '남에게 사물이나 사람의 책임을 맡기다'의 의미이므로 적절하다.

오답 분석 ① ㉠ '마스터플랜'이라는 외국어를 '기본 계획'이라는 우리말로 고친 것은 원칙에 맞게 수정한 것이다.

② '본 조사의 대상은'과 ㉡ '기업을 대상으로 합니다'는 서로 호응하지 않는 구조이다. 주어 '본 조사의 대상은'과 호응하는 서술어 '기업입니다'는 적절한 호응 구조이기 때문에 원칙에 맞게 수정된 표현이다.

④ ㉣ '학교 현장 교수 학습 환경 개선 정책 개발'은 지나친 명사가 나열된 구조이다. 이를 조사나 어미를 적절하게 사용하여 '학교 현장의 교수 학습 환경을 개선하는 정책을 개발하고'로 수정하는 것은 원칙에 맞게 수정한 표현이다.

04 고쳐쓰기

엄선 문제로 실력 향상

01 다음 글을 고쳐 쓰기 위한 구상으로 적절하지 않은 것은?

프로그램명	공공건물 벽화 그리기
개인 단체	△△고등학교 미술반, 지역 문화 탐방반

제안 이유
우리 ○○면에는 칠이 벗겨진 벽을 그대로 ㉠ 배치한 건물이 많습니다. 특히 면사무소나 보건소는 지저분한 벽 때문에 건물뿐 아니라 주변 공간까지 황폐해 보입니다. 저희는 이런 공공건물에 생동감을 불어넣고자 벽화 그리기를 제안합니다. 그래서 ㉡ 주민들이 자주 찾고 싶어 하는 공간이라는 생각이 들지 않습니다.

제안 내용
벽화에는 마을에 대한 주민들의 자부심을 담아야 합니다. ㉢ 그런데 저희는 주민들을 대상으로 설문 조사를 하여 주제와 소재를 결정하려고 합니다. 축제 기간에는 각자 역할을 나누어 ㉣ 밑그림을 그리고 채색을 할 것입니다. 벽화를 완성한 후에는 이를 축하하는 행사도 마련하려 합니다.

① 문맥으로 보아 ㉠을 '방치한'으로 바꿔야겠군.
② 문장 간의 의미 관계를 고려하여 ㉡과 바로 앞 문장을 맞바꾸어야겠군.
③ ㉢을 '이를 위해'로 바꾸면 앞 문장과의 연결이 자연스러워지겠군.
④ 중복된 내용을 생략하려면 ㉣을 '밑그림과 채색을 할 것'으로 바꿔야겠군.

정답·해설

01

정답 설명

④ ㉣을 '밑그림과 채색을 할 것'으로 고쳐 쓰면 목적어 '밑그림'과 서술어 '할 것'이 호응하지 않는다. ㉣ '밑그림을 그리고 채색을 할 것'은 올바른 표현이다.

02 학생의 편지글을 고쳐 쓴 내용으로 적절한 것은?

> 선생님, 그동안 ㉠ 안녕하셨어요?
>
> 연둣빛 잎사귀들이 초록으로 더욱 짙어가는 6월입니다. 작년 이맘때 선생님과 함께 생활했던 기억이 떠오릅니다. 도시락도 먹고, 체육 대회 준비도 하던 소중한 추억들……. 언제나 미운 오리 새끼 취급을 받던 제가 선생님의 따스한 사랑을 ㉡ 받았지만 성실한 학생이 될 수 있었습니다. 정말 감사합니다.
>
> 요즘 저는 도서관에서 열심히 공부하고, 동아리 활동도 하며 활기차게 지내고 있습니다. 가끔 대학 생활이 힘들 때면, 아무리 어려운 상황이 오더라도 ㉢ 결코 희망을 가져야한다고 하신 선생님의 말씀이 생각납니다. 그래서 더 열심히 살아야겠다고 다짐을 합니다. 선생님! 정말 고맙습니다.
>
> 그럼 ㉣ 건강하세요.

① ㉠: 높임법에 맞지 않으므로 '안녕하셨지요?'로 고친다.

② ㉡: 앞뒤 문맥이 자연스럽게 연결되도록 '받았는데'로 바꾼다.

③ ㉢: 부사어와 서술어의 호응을 고려하여 '절대로 희망을 가져야 한다'로 바꿔 쓴다.

④ ㉣: 기본형인 '건강하다'는 명령형이나 청유형으로 활용할 수 없으므로 '건강하게 지내세요'로 바꾼다.

정답·해설

02

정답 설명

④ 형용사는 명령형이나 청유형과 어울리지 않기 때문에 ㉣을 수정한 내용으로 적절하다.

오답 분석

① ㉠은 높임법이 맞는 내용이기 때문에 고칠 필요가 없다.

② ㉡은 문맥을 고려하여 '받아서'로 고쳐야 한다.

③ ㉢은 '반드시 희망을 가져야 한다'로 고쳐야 한다.

04 고쳐쓰기

03 ㉠~㉣의 고쳐 쓰기 방안으로 적절하지 않은 것은? 2020. 국가직 9급

> 보기
> ㉠ 공사하는 기간 동안 안전사고가 일어나지 않도록 유의해주십시오.
> ㉡ 오늘 오후에 팀 전체가 모여 회의를 갖겠습니다.
> ㉢ 비상문이 열려져 있어 신속하게 대피할 수 있었다.
> ㉣ 지난밤 검찰은 그를 뇌물 수수 혐의로 구속했다.

① ㉠: '기간'과 '동안'은 의미가 중복되므로 '공사하는 기간 동안'은 '공사하는 동안'으로 고쳐 쓴다.

② ㉡: '회의를 갖겠습니다'는 번역 투이므로 '회의하겠습니다'로 고쳐 쓴다.

③ ㉢: '열려져'는 '-리-'와 '-어지다'가 결합한 이중 피동 표현이므로 '열려'로 고쳐 쓴다.

④ ㉣: 동작의 대상에게 행위의 효력이 미친다는 의미를 제시해야 하므로 '구속했다'는 '구속시켰다'로 고쳐 쓴다.

정답 · 해설

03

정답 설명

④ '구속하다'는 '행동이나 의사의 자유를 제한하거나 속박하다'라는 뜻으로, 단어 자체에 동작의 대상에게 행위의 효력이 미친다는 의미가 있으므로 '구속시키다'로 바꿀 필요가 없다.

04 ㉠~㉣을 고쳐 쓰기 위한 의견으로 알맞지 않은 것은?

> 자기소개서
>
> 저는 중학교 때까지 제 생각이 옳다고 확신하면서도 그것을 분명하게 표현하지 못해 피해를 입는 경우를 적잖게 겪었습니다. 그러다가 고등학교에 입학하여 학급회장으로 선출되면서 그런 성격을 고치기로 마음먹었습니다. 마침 담임 선생님께서는 학급회장에게 무엇보다도 필요한 덕목은 자신감이라고 ㉠ 질책해주셨습니다. 다른 학생을 이끌어야 할 ㉡ 임원으로써 가져야 할 자신감은 ㉢ 아무리 강조해도 지나치지 않다는 말씀이셨습니다.
>
> 그렇지만 저 자신을 변화시키는 것이 결코 쉬운 일은 아니었습니다. 처음에는 제 행동이 친구들을 무시하는 행동으로 받아들여진 적도 많았습니다. 하지만 이대로 그만두어서는 안 된다고 생각하며 더욱 노력했습니다. 지금은 친구들과의 관계도 이전보다 좋아지고 공부에도 재미를 ㉣ 부쳐 가고 있습니다.

① ㉠은 상황에 맞지 않으므로 '지시해'로 고쳐야겠어.
② ㉡은 '자격'을 나타내야 하므로 '임원으로서'로 고쳐야겠어.
③ ㉢은 우리말답지 않은 표현이므로 '매우 중요하다'로 고쳐야겠어.
④ ㉣은 적절한 어휘가 아니므로 '붙여'로 바꿔야겠어.

정답 · 해설

04

정답 설명

① ㉠의 '질책(叱責)'은 '꾸짖어 나무람'이며, 고쳐 쓰기의 방안으로 제시된 '지시(指示)' 역시 '가리켜 보임'의 뜻이므로 적절하지 않다. '조언'이나 '격려'로 고쳐 쓰는 것이 적절하다.

오답 분석

② ㉡의 '~으로써'는 도구나 수단을 나타내는 조사인데, 문맥을 고려할 때 자격이나 신분을 나타내는 '~으로서'가 들어가는 것이 옳다.

③ ㉢은 영어식의 표현으로 흔히 볼 수 있는 문장 형태인데 우리말의 표현으로는 부적절하다.

④ ㉣은 문맥을 고려할 때 '붙이다'에 해당하므로 '붙여'로 고치는 것이 옳다.

05 <보기>를 고쳐 쓰기 위해 여러 사람이 의논하고 있다. 적절하지 않은 의견은?

> 보기
>
> 산업 폐기물 처리장이 들어서게 될 지역 주민들도 그 시설의 필요성은 인정하고 있다. 그러나 그런 시설이 자기 고장에 들어서는 것을 받아들이려는 사람은 거의 없다. ㉠ 필요성은 인정하지만, 내 고장에는 안 된다는 것이다. 이러한 태도는 공공의 이익을 외면하는 ㉡ 지역 이기주의에 다름 아니다. 잊지 말아야 할 사실은, 폐기물 처리장 건설을 뒤로 미룬다면 그로 인한 피해는 결국 ㉢ 우리 모두에게 돌아온다. 나와 내 이웃이 ㉣ 함께 공존할 수 있는 사회를 만들기 위해서는 지역 이기주의를 타파해야 한다.

① ㉠은 이 글의 주제와 상관없는 내용이야. 문단의 통일성을 위해 삭제하는 것이 나을 것 같아.

② ㉡은 우리말답지 않은 표현이야. '지역 이기주의이다'로 고치는 것이 바람직하지 않을까?

③ ㉢은 전체 문장의 주어와 호응하지 않으므로 '우리 모두에게 돌아온다는 것이다'로 바꾸어야 해.

④ ㉣은 '공존(共存)'이라는 말 속에 '함께'라는 의미가 포함되어 있으므로, '함께 살'로 고치는 것이 좋아.

정답·해설

05

정답 설명

① <보기>는 '산업 폐기물 처리장'이 들어서게 될 지역 주민들의 태도를 통해, 지역 이기주의를 비판하고 있는 글이다. 그런데, ㉠의 '필요성은 인정하지만, 내 고장에는 안 된다는 것이다.'라는 내용은 주민들의 태도, 즉 지역 이기주의를 설명한 것이므로 문단 전체의 주제와 밀접한 관련이 있다. 따라서 ㉠이 문단의 통일성을 해치고 있는 것은 아니다.

05 논지 전개 방식

기초 개념 잡기

1. 정태적 범주

구분	개념
정의(定義)	어떤 말이나 사물의 뜻을 밝혀 규정하는 방식 예 메이저(IOM)는 석유 시장을 분할 독점하고 있는 국제 석유 독점체를 말한다.
예시(例示)	어떤 개념이나 이론 등을 이해하기 쉽도록 구체적인 사례를 드는 방식 예 어떤 물건의 값은 희소성에 따라 결정된다. 예를 들어 '다이아몬드'는 생명체의 생존과는 아무런 관계가 없지만 매우 희귀하므로 비싼 값이 매겨진다.
비교(比較)	대상 간의 비슷한 점을 밝혀내어 설명하는 방식 예 사스는 초기에는 감기, 몸살과 비슷한 증상이 있다.
대조(對照)	대상 간의 차이점을 밝혀내어 설명하는 방식 예 고등학생이나 중학생이나 입시에 얽매여 사는 것이 안타깝다. 그러나 고등학생은 발등에 불 떨어져 다른 곳에 눈 돌릴 사이가 없다면 중학생은 다소 여유가 있는 편이다.
분류(分類)	기준에 따라 종류별, 기능별 등으로 나누는 것 예 • 자동차는 배기량에 따라 소형차, 중형차, 대형차로 나뉜다. • 척추동물은 포유류, 조류, 양서류, 어류로 나눌 수 있다. • 서민 먹거리 음식에는 튀김류, 꼬치류, 면류, 밥류 등이 있다. • 소형차, 중형차, 대형차는 자동차를 배기량에 따라 나눈 것이다.
분석(分析)	어떤 대상을 그 구성 요소나 성질로 나누는 것 예 자동차는 핸들, 타이어, 차체, 엔진 등으로 나눌 수 있다.
유추(類推)	이미 알려진 사실, 경험 등으로 아직 경험하지 않은 것이나 알려지지 않은 것을 추론하는 방식 (비유적 표현의 일종) 예 • 황소개구리가 무분별하게 들어와 우리나라 토종 개구리를 모두 잡아먹어 버린 것과 같이 무비판적인 외래어 수용은 우리말을 사라지게 할 수 있다. • 마라톤은 처음부터 전력 질주를 해서는 안 된다. 자신의 능력에 맞게 천천히 지속적으로 뛰어야 결승선에 도착할 수 있다. 인생과 마찬가지이다. 자신의 능력에 맞게 계획하고 자신만의 삶을 살아간다면 인생의 마지막에서 기쁨을 느낄 수 있을 것이다. • 독서는 등산과 같다고 할 수 있다. 책을 읽는 과정은 산을 오를 때와 같이 인내가 필요하고 때로는 많은 힘이 들기도 하지만 책을 다 읽고 나면 마치 산 정상에 오른 것과 같은 즐거움과 감동을 얻을 수 있기 때문이다.
묘사(描寫)	대상의 형태, 색채, 감촉, 향기, 소리 등을 그림 그리듯이 구체적으로 진술하는 방식 예 수레 위에는 물건이 가득했다. 설탕을 탄 시원한 보리차가 든 커다란 스테인리스 통이 있고, 그 옆에는 빵을 넣은 유리 상자가 있었다. 빵 상자 옆에는 삶은 계란을 담은 큰 그릇이 있고 ….
열거	비슷한 성질을 가진 대상을 늘어놓아 서술하는 방식 예 내가 좋아하는 과일에는 복숭아, 포도, 딸기 등이 있다.

2. 동태적 범주

구분	개념
서사(敍事)	일련의 행동이나 시간의 흐름에 따라 전개되는 사건에 초점을 두는 진술 방식 예 마침내 B가 나타났다. 마을 사람들 모두는 그를 향해 시선이 집중되었고, 나 역시 내 온몸의 세포가 그를 향해 달려가는 듯했다. 그는 초췌한 얼굴로 사람들은 쳐다보지도 않고 뚜벅뚜벅 걷기 시작했다. "다 끝났소. 더 이상은 무리일 듯싶소." 그의 한마디는 모두의 마음을 서늘케 하였다. 사람들은 온몸으로 고통을 표현했다. 나도 온몸의 세포가 땅바닥에 떨어지는 듯하였다. ┌시간의 흐름이 생략 40년이 지났다. 모두를 힘들게 했던 지난 사건은 그대로 묻혀서 기억하는 이들조차 없다. 각자 사람들의 마음속에 상처 입은 꽃들이 하나씩 있을 뿐이었다. 그렇게 사회에서는 그 모든 일들이 없는 일이 되고 있었다. 적어도 이 일이 벌어지기 전까지는 그랬다.
과정(過程)	어떤 목표나 결과를 가져오게 한 일련의 행동, 변화, 기능, 단계, 작용에 초점을 두고 진술하는 방식 예 한국에서는 개울가 어디를 가나 평평한 돌 위에 쪼그리고 앉아 빨래하는 여자들을 볼 수 있다. 이들은 더러운 옷을 물에 담갔다가 건져 내 쥐어짠 다음, 평평한 돌 위에 올려놓고 납작한 방망이로 두드린다. 이에 앞서 나뭇재로 만든 잿물에 빨래를 흠뻑 적시기도 한다. 빨래가 끝나면 홍두깨에 빨래를 감아 놓고 곤봉 모양의 방망이로 얼마 동안 짧고 빠르게 다듬이질을 하고, 이어서 햇볕이 쨍쨍 비칠 때 널어서 말린 다음 쌀로 만든 풀을 살짝 먹인다.
인과(因果)	어떤 결과를 가져온 원인과, 원인에 의해 초래된 결과적 현상에 초점을 두는 진술 방식 예 유럽에서는 과도한 재정 적자가 장기간 누적되어 왔다. 이는 이자 부담의 증대, 이자율 상승, 인플레이션, 정부의 위기 대응 능력에 대한 불신 등의 결과를 낳았고, 결국 유럽의 경제 위기로 이어졌다. └원인 결과

05 논지 전개 방식

3. 논증의 종류

구분	개념
연역 추론	• 일반적인 내용을 전제로 하여 개별적이고 구체적인 사실을 이끌어내는 추론 방식 예 그는 건강에 해로운 것들을 잘 먹지 않으려 한다. ┐일반적 사실 인스턴트식품은 몸에 좋지 않다. ┘ 그러므로 그는 라면을 잘 먹지 않을 것이다. – 결론 • 대전제-소전제-결론의 '삼단논법' 형식을 취한 추론 방식 예 모든 사람은 죽는다.(대전제) 철수는 사람이다.(소전제) 그러므로 철수는 죽는다.(결론)
귀납 추론	개별적이고 특수한 사실이나 현상들을 점검하고, 사례들의 공통점을 바탕으로 일반적인 결론을 이끌어 내는 추론 방식 예 지구는 둥글다, 목성은 둥글다, 토성은 둥글다…. 따라서 모든 행성은 둥글다.
유비 추론 (유추)	두 현상이 특정 성질이나 관계 면에서 비슷한 점을 들어 다른 요소들에 있어서도 유사하거나 동형일 것이라 추리하는 방법 예 지구는 대기와 물과 공기로 이루어져 있다. → 생명체가 존재한다. 화성은 대기와 물과 공기로 이루어져 있다. → 생명체가 존재했을 것이다.
변증 추론	• 기존 요소와 새로운 요소가 대립할 때, 그 갈등을 해결하는 과정에서 더 나은 상태를 이끌어내는 방법 • 기존의 고정된 요소를 정(正), 대립되는 요소를 반(反), 새로이 발전된 상태를 합(合)이라 한다. 예 7차 교육 과정은 교육 과정이 폭넓다는 장점이 있으나 인성 교육을 소홀히 하는 경향이 있었다. 따라서 교육 과정과 관계되는 필수 과목은 남기고, 인성 교육을 보완할 수 있는 과목을 추가하여 선택할 수 있게 함으로써 교과 지식의 함양과 더불어 인성도 키울 수 있도록 새로운 교육 과정으로 개편하였다.

대표 문제로 유형 체크

다음에서 제시한 글의 전개 방식의 예로 가장 적절한 것은? 2020. 국가직 9급

> '인과'는 원인과 결과를 서술하는 전개 방식이다. 어떤 현상이나 결과가 나타나게 된 원인이나 힘을 제시하고 그로 말미암아 초래된 결과를 나타내는 서술 방식이다.

① 온실 효과로 지구의 기온이 상승할 때 가장 심각한 영향은 해수면의 상승이다. 이러한 현상은 바다와 육지의 비율을 변화시켜 엄청난 기후 변화를 유발하며, 게다가 섬나라나 저지대는 온통 물에 잠기게 된다.

원인 / 결과 ① / 결과 ②

② 이 사회의 경제는 모두가 제로섬 요소로 구성되어 있다. 제로섬(zero-sum)이란 어떤 수를 합해서 제로가 된다는 뜻이다. 어떤 운동 경기를 한다고 할 때 이기는 사람이 있으면 반드시 지는 사람이 있게 마련이다.

정의 / 예시

③ 다음날도 찬호는 학교 담을 따라 돌았다. 그리고 고무신을 벗어 한 손에 한 짝씩 쥐고는 고양이 걸음으로 보초의 뒤를 빠져 교문 안으로 뛰어들었다.

서사

④ 벼랑 아래는 빽빽한 소나무 숲에 가려 보이지 않았다. 새털구름이 흩어진 하늘 아래 저 멀리 논과 밭, 강을 선물 세트처럼 끼고 들어앉은 소읍의 전경은 적막해 보였다.

묘사

정답 설명 ① 온실 효과로 기온이 상승하면(원인) 해수면이 상승하여 기후가 변하거나 섬나라와 저지대가 물에 잠기게 됨(결과)을 '인과'의 방법으로 설명하고 있다.

오답 분석 ② '정의, 예시'의 방법을 사용하였다.
③ '서사'의 방법을 사용하였다.
④ '묘사'의 방법을 사용하였다.

05 논지 전개 방식

엄선 문제로 실력 향상

01 다음 글의 주된 설명 방식이 적용된 것으로 가장 적절한 것은? 2018. 국가직 9급 변형

> 요즘 사람들은 글을 쓰는 것을 매우 어렵다고 생각한다. 글은 일부 문학가들이나 학자들만이 쓰는 전문적인 행위로 생각하는 경향들이 있다. 하지만 글을 쓰는 것은 그리 어렵지 않다. 글을 쓰는 것은 집을 짓는 것과 마찬가지이다. 집을 지을 때, 건축가는 먼저 전체 집의 구조를 생각하고, 다음으로 기초 공사를 한다. 땅을 고르고 평탄하게 한 후, 거기에 기둥을 세우고 벽을 세운다. 벽을 세운 이후에는 필요한 공간들을 세부적으로 완성하고 세부적으로 필요한 작업을 함으로써 집짓기를 완성한다. 글을 쓰는 행위도 이와 마찬가지이다.

① 르네상스 시대의 화가들은 원근법을 사용하여 세상을 향한 창과 같은 사실적인 그림을 그렸다. 현대 회화를 출발시켰다고 평가되는 인상주의자들이 의식적으로 추구한 것도 이러한 사실성이었다.

② 소설을 구성하는 요소는 물론 많지만 그중에서도 인물, 배경, 사건을 들 수 있다. 인물은 사건의 주체, 배경은 인물이 행동을 벌이는 시간과 공간, 분위기 등이고, 사건은 인물이 배경 속에서 벌이는 행동의 세계이다.

③ 목적을 지닌 인생은 의미 있다. 목적 없이 살아가는 사람은 험난한 인생의 노정을 완주하지 못한다. 목적을 갖고 뛰어야 마라톤에서 완주가 가능한 것처럼 우리의 인생에서도 목표를 가지고 꾸준히 노력하는 사람이 성공한다.

④ 신라의 육두품 출신 가운데 학문적으로 출중한 자들이 많았다. 가령, 강수, 설총, 녹진, 최치원 같은 사람들은 육두품 출신이었다. 이들은 신분적 한계 때문에 정계보다는 예술과 학문 분야에 일찌감치 몰두하게 되었다.

정답·해설

01

정답 설명

③ '글을 쓰는 행위'를 '집을 짓는 것'을 통해 설명하고 있기 때문에 글의 주된 설명 방식으로 유추가 사용되었다고 볼 수 있다. 이때 ③에서도 '목적을 지닌 인생'을 '마라톤의 속성'을 통해 설명하고 있기 때문에 유추가 사용되었음을 알 수 있다.

오답 분석

① '르네상스 시대의 화가들'이 '사실적인 그림'을 그린 것과 '인상주의자'들이 '사실성'을 추구한 것을 '비교'를 통해 설명하고 있다.

② '인물, 배경, 사건'이라는 '소설을 구성하는 요소'를 제시한 '분석'의 방법이 사용되었음을 알 수 있다.

④ '강수, 설총, 녹진, 최치원'이라는 '예시'를 통해 '신라의 육두품 출신 가운데 학문적으로 출중한 자'들을 설명하고 있다.

02 다음 글에 사용된 주된 설명 방식과 가장 비슷한 것은?

> 역 피라미드식 기사의 기본 원리는 가장 중요하다고 판단되는 사실을 맨 처음에 제시하고, 이어서 차례로 덜 중요한 사실들을 나열하는 것이다. 일반적으로 제목, 리드, 본문의 세 부분으로 구성된다.

① 화분에 물을 주지 않으면 화초가 말라 죽듯이 친구에게 관심을 기울이지 않으면 관계가 멀어질 수 있다.

② 항생제는 '프로폴리스' 같이 자연적으로 존재하는 항생제와 '설파제' 같이 화학적으로 합성된 항생제로 나뉜다.

③ 동물의 집단생활은 본능에 의한 것이므로, 창조적인 인간의 생활과 차이점을 지닌다. 동물들의 집단을 군집이라고 하고, 인간의 집단을 사회라고 부른다.

④ 토론을 진행하려면 갖추어야 할 요소들이 있는데, 토론 참가자, 논제, 토론 규칙, 사회자, 청중 등이 있다.

03 다음 중 <보기>와 같은 서술 방식이 쓰인 문장은?

2015. 서울시 9급 변형

> **보기**
> 오래간만에 찾아간 고향은 완전히 다른 세상이었다. 새로 포장된 길에는 멋진 모양을 자랑하는 자동차들이 즐비해 있었고, 세련된 건물들은 하늘 높이 솟아있었다. 그리고 길거리에는 자유롭고 간편한 옷차림의 젊은 사람들이 환하게 웃으며 걸어 다니고 있었다.

① 리셋 증후군이란 가상에서 리셋 버튼만 누르면 재시작하듯이 현실의 인간 관계도 쉽게 끊어 버리고 새롭게 다시 시작할 수 있다고 생각하는 증세를 말한다.

② 잎은 어긋나게 붙고 위로 올라갈수록 작아지면서 윗줄기를 감싼다.

③ 사람을 접대하는 것은 글을 잘 짓는 것과 같다.

④ 성장이 둔화되어 일자리가 늘지 않았기 때문이다.

정답·해설

02

정답 설명

④ 분석은 어떤 대상을 그 구성 요소나 성질로 나누는 것을 말한다. '제목, 리드, 본문의 세 부분으로 구성된다'는 내용을 통해 분석의 논지 전개 방식이 사용되었음을 알 수 있다. ④에서도 '토론 참가자, 논제, 토론 규칙, 사회자, 청중'이라는 토론의 구성 요소를 말하고 있기 때문에 '분석'의 방법이 사용되었음을 알 수 있다.

오답 분석

① '화분에 물을 주지 않으면 화초가 말라 죽듯이'와 '친구에게 관심을 기울이지 않으면 관계가 멀어질 수 있다'는 내용을 통해 유추의 방법을 사용하고 있음을 알 수 있다.

② 항생제를 '자연적으로 존재하는 항생제'와 '화학적으로 합성된 항생제'로 나누고 있기 때문에 분류의 방식을 사용하고 있다.

③ '동물의 집단생활은 본능에 의한 것이므로, 창조적인 인간의 생활과 차이점을 지닌다'는 내용을 통해 대조의 방법이 사용되었음을 알 수 있다.

03

정답 설명

② <보기>는 주변의 모습을 그림 그리듯이 구체적으로 서술하는 '묘사'의 방식을 사용하여 서술하고 있으며, 이와 같은 서술 방식이 쓰인 것은 ②이다.

오답 분석

① '정의'의 방식을 사용하였다.

③ '유추'의 방식을 사용하였다.

④ '인과'의 방식을 사용하였다.

05 논지 전개 방식

04 다음 글의 설명 방식과 가장 가까운 것은? 2014. 국가직 9급 변형

> 여름 방학을 맞이하는 학생들이 잊지 말아야 할 유의 사항이 있다. 상한 음식이나 비위생적인 음식 먹지 않기, 물놀이를 할 때 먼저 준비 운동을 하고 깊은 곳에 들어가지 않기, 외출할 때에는 부모님께 행선지와 동행인 말씀드리기, 외출한 후에는 손발을 씻고 몸을 청결하게 하기 등이다.

① 이등변 삼각형이란 두 변의 길이가 같은 삼각형이다.
② 세액 공제에 대한 인기와 비용 증가로 인해 정부의 재정 적자가 확대될 것이다.
③ 나는 산·강·바다·호수·들판 등 우리 국토의 모든 것을 사랑한다.
④ 잣나무는 소나무처럼 상록수이며 추운 지방에서 자라는 침엽수이다.

05 밑줄 친 부분의 주된 설명 방식은? 2019. 지방직 7급

> 보살은 자기 자신이 불경의 체험 내용인 보리를 구하려고 노력하는 동시에 일체의 타인에게도 그의 진리를 체득시키고자 정진하는 인간이다. 그러므로 보살은 나한과 같은 자리(自利)를 위하여 보리를 구하는 자가 아니고 어디까지든지 이타(利他)를 위하여 활동하는 것이다. <u>나한이 개인적 자각인 데 대하여 보살은 사회적 자각에 입각한 것이니, 나한은 언제든지 개인 본위이고 개인 중심주의인 데 대하여 보살은 사회 본위이고 사회 중심주의인 것이다.</u>

① 유추 ② 묘사 ③ 예시 ④ 대조

정답·해설

04

정답 설명

③ 제시문은 '열거'의 방식으로 여름 방학 유의 사항에 대해 말하고 있으며 이와 같은 설명 방식을 사용한 것은 ③이다.

오답 분석

① '정의'의 방식을 사용하였다.
② '인과'의 방식을 사용하였다.
④ '비교'의 방식을 사용하였다.

05

정답 설명

④ '보살'과 '나한'의 특성을 차이점을 중심으로 설명하고 있으므로 밑줄 친 부분의 주된 설명 방식은 '대조'이다.

06 지정된 진술 방식을 활용하여 주어진 문장을 뒷받침하는 내용을 쓰는 과제를 수행하였다. 적절하지 않은 것은?

① 나는 밀가루 음식을 매우 좋아한다.

- (예시) 멸치 국물 맛이 구수한 칼국수, 애호박을 썰어 넣고 끓인 수제비의 맛을 잊을 수 없다. 풋고추를 다져 넣은 밀가루 부침개의 맛은 정말 일품이다.

② 우리 아버지는 정말 멋진 분이시다.

- (묘사) 아담한 키에 오똑 솟은 콧날, 살짝 처져 한없이 선해 보이는 눈매에 도톰한 입술, 한 마디로 호남이시다. 언제나 흐트러짐 없이 단정한 옷차림도 아버지의 매력이다.

③ 구전되어 오던 옛이야기들을 설화라 한다.

- (분류) 초인적 인물이 등장하는 신화, 지역이나 사물에 얽힌 신비한 이야기인 전설, 항간에 떠도는 재미있는 이야기인 민담은 모두 구전되어 왔는데 이를 묶어 설화라고 한다.

④ 그 친구는 부지런한 학생으로 소문나 있다.

- (과정) 그는 아침 일찍 등교하여 자리에서 거의 떠나지 않고 공부를 한다. 학급 청소나 그 밖의 궂은일을 앞장서서 하는 데서 그의 부지런한 성품을 엿볼 수 있다.

07 다음 글과 논증 방식이 가장 가까운 것은?

2017. 국가직 7급 2차

> 기존의 틀을 벗어나려면 새로운 가치가 필요하다. 운동선수가 뜀틀을 넘으려면 도약대가 있어야 하듯. 낡은 사고, 인습, 그리고 변화에 저항하는 틀을 뛰어넘기 위해서는 믿고 따를 분명한 디딤판이 필요하다. 또한, 기존의 틀을 벗어나려면 운동선수가 뜀틀을 향해 달려가는 것처럼 변화하고자 하는 의지도 필요하다. 도전하려는 의지가 수반될 때 뜀틀 너머의 새로운 사회를 만날 수 있다.

① 미국 헌법은 미국 시민의 투표권을 보장한다. 미국 여성은 미국 시민이다. 그러므로 미국 헌법은 미국 여성의 투표권을 보장한다.

② 나는 유해한 모든 일을 피하려고 한다. 전자파가 유해하다는 것은 널리 알려진 사실이다. 전자레인지는 전자파를 방출하는 대표적인 기기이다. 따라서 나는 전자레인지 사용을 자제하려고 한다.

③ 전선을 통한 전기의 흐름은 도관을 통한 물의 흐름과 유사하다. 지름이 큰 도관은 지름이 작은 도관에 비해 많은 양의 물을 전달할 수 있다. 따라서 큰 지름의 전선은 작은 지름의 전선보다 많은 양의 전기를 전달할 수 있을 것이다.

④ 주말이면 동네에서 크고 작은 문화 행사를 한다. 박물관에는 다양한 문화재들이 항상 전시되어 있으며, 대학로의 소극장이나 예술의 전당 같은 문화 공간에서는 다양한 공연이 열리고 있다. 문화는 우리 생활 구석구석에 스며들어 있다.

정답·해설

06

정답 설명

④ '과정'은 시간의 흐름이나 사건의 인과 관계, 일이 진행되는 절차에 따라 진술하는 방식이다. ④의 '아침 일찍 등교', '자리에서 떠나지 않고 공부', '궂은 일을 앞장서서 하는 것'은 주어진 문장의 '부지런한 학생'의 예시에 해당된다.

07

정답 설명

③ '기존의 틀에서 벗어나려면 새로운 가치가 필요하다'는 주장을 펼치기 위해 '뜀틀을 넘을 경우에 도약대가 필요하다'는 일상적인 경험적 사례를 가져와서 설명하고 있다. 이처럼 주변에서 흔히 볼 수 있는 일상적인 사례를 가져와서, 다른 개념을 설명하는 것을 유추라고 하는데 이런 설명의 방식이 나타난 것은 ③이다. '전선을 통한 전기의 흐름'을 일상적으로 볼 수 있는 '도관을 통한 물의 흐름'의 사례를 통해 표현하고 있기 때문이다.

오답 분석

①② 삼단 논법을 이용한 연역 추론이다. 전제 1 'A는 B이다'와 전제2 'C는 A다'를 통해 'C는 B이다'라는 결론을 내는 추론 방식이다.

④ 박물관과 소극장, 예술의 전당 등의 개별적 사례를 통해 '문화가 우리 생활 구석구석에 스며들어 있다'는 결론을 이끌어내고 있으므로 '귀납 추론'이 사용되었다.

독해

문장 필수 요소 찾기

Q 문장의 핵심 성분인 주어, 목적어, 서술어를 찾아서 끊어 읽어봅시다.

01 최근 설탕의 과다 섭취로 인해 당뇨병 유발, 아동 비만 등의 문제점이 부각되면서 각 국가들은 설탕의 대체재로 액상과당에 관심을 갖기 시작했다.

02 가상 세계를 통한 상상은 현실 세계를 통한 추측보다 미래를 이해하는 데 훨씬 더 큰 도움이 된다.

03 최근 미디어의 효과 이론에서 자주 거론되는 선별 효과 이론은 매스미디어의 효과가 획일적이지도 강력하지도 않다는 사실을 실험적으로 입증하고 있다.

04 데카르트가 좌표 개념을 도입하여 직선, 원, 타원 등 여러 가지 도형을 대수학의 방정식으로 표현할 수 있게 되면서 기하학과 대수학이 연결되어 해석 기하학이 근대적인 수학 발전의 토대로서 탄생하였다.

05 윤선도의 부모는 이이첨의 세도로 보아 화가 미칠 것이 자명했기 때문에 윤선도가 상소를 올리는 것을 만류하였다.

정답·해설

01 최근 설탕의 과다 섭취로 인해 당뇨병 유발, 아동 비만 등의 문제점이 부각되면서 / 각 국가들은(주어) 설탕의 대체재로 액상과당에 관심을(목적어) 갖기 시작했다(서술어).

02 가상 세계를 통한 상상은(주어) / 현실 세계를 통한 추측보다 / 미래를 이해하는 데 훨씬 더 큰 도움이 된다(서술어).

03 최근 미디어의 효과 이론에서 자주 거론되는 선별 효과 이론은(주어) / [매스미디어의 효과가 획일적이지도 강력하지도 않다는] 사실을(목적어) 실험적으로 입증하고 있다(서술어).

04 데카르트가 좌표 개념을 도입하여 직선, 원, 타원 등 여러 가지 도형을 대수학의 방정식으로 표현할 수 있게 되면서 / 기하학과 대수학이 연결되어 / 해석 기하학이(주어) / 근대적인 수학 발전의 토대로서 탄생하였다(서술어).

05 윤선도의 부모는(주어) / 이이첨의 세도로 보아 화가 미칠 것이 자명했기 때문에 / 윤선도가 상소를 올리는 것을(목적어) 만류하였다(서술어).

06 다도해를 생활 터전으로 삼고 살아온 육지부 주민이나 도서지방 주민들은 일찍이 독특한 생활공동체를 형성하였다.

07 교부 철학은 인간 이성보다는 신의 계시에 더 높은 가치를 부여하였으므로 철학적 탐구의 자유와 비판적 사고를 제한한다.

08 고대와 달리, 오늘날에는 주사위 굴리기의 결과를 신의 의지가 아니라 확률에 따른 것으로 본다.

09 고대 그리스 이래 기하학은 자명한 명제인 공리에서 출발하여 증명을 통해 새로운 정리들을 발견해 가는 연역적 방법을 사용해 왔다.

10 그 변화가 지극히 은밀하고 완만하기 때문에, 수백 년을 살았다고 하는 팽조도 장구한 시간의 짧은 순간만을 본 것이어서 감추어진 변화를 알 수 없었다.

정답·해설

06 다도해를 생활 터전으로 삼고 살아온 육지부 주민이나 도서지방 주민들은(주어) / 일찍이 독특한 생활공동체를(목적어) 형성하였다(서술어).

07 교부 철학은(주어) / 인간 이성보다는 신의 계시에 더 높은 가치를 부여하였으므로 / 철학적 탐구의 자유와 비판적 사고를(목적어) 제한한다(서술어).

08 고대와 달리, 오늘날에는(주어) / 주사위 굴리기의 결과를(목적어) 신의 의지가 아니라 확률에 따른 것으로 본다(서술어).

09 고대 그리스 이래 기하학은(주어) / 자명한 명제인 공리에서 출발하여 증명을 통해 새로운 정리들을 발견해 가는 연역적 방법을(목적어) 사용해 왔다(서술어).

10 그 변화가 지극히 은밀하고 완만하기 때문에, / [수백 년을 살았다고 하는] 팽조도(주어) / 장구한 시간의 짧은 순간만을 본 것이어서 / 감추어진 변화를(목적어) 알 수 없었다(서술어).

접속어 파악하기

접속어 주요 표현

구분	접속어의 종류	예문
순접 : 'A and B' 유형	• 그리고 • 또한 • ~거나 • ~와/과 • ~고 • 뿐만 아니라 • 동시에	• 단백질 보조제는 운동 성과를 향상시킬 뿐만 아니라 일상적인 건강 유지에도 도움을 준다. • 인구학은 인구의 나이, 성별, 인종, 국적, 교육 수준 등과 같은 특성을 통계적으로 분석하여 인구의 건강 상태와 질병 패턴을 이해하는 데에도 중요한 역할을 한다.
역접 : 'A but B'유형	• 그러나 • 하지만 • 그런데 • 대신 • 비해 • ~와 달리 • ~지만 • ~보다 • ~아니라 • ~으나	• 리만 가설은 수학 커뮤니티에서 많은 관심을 받았으며 여러 분야에서 수많은 연구가 이루어져 왔으나 이 가설은 현재까지 가설의 증명이나 반증은 이루어지지 않았다. • 영문자와 달리 한글은 여러 가지 자모를 조합하여 글자를 만들기 때문에 다양한 인코딩(encoding)을 생각할 수 있으며 그만큼 그동안 많은 논의가 있었다. • 행성의 공전에 대한 프톨레마이오스의 설명은 쿠페르니쿠스의 설명보다 수학적으로 복잡하였다.
주장, 주제 : 'A 따라서 B' 유형	• 따라서 • 그러므로 • 결과적으로 • 이와 같이 • 이처럼	• 취업을 통한 경제 활동 인구 증가는 경제를 활성화한다. 따라서 정부에서 대규모 일자리를 창출한다면 국가 경제 발전에 도움이 될 것이다. • 어휘의 절대량을 늘리는 일 못지않게 중요한 것이 기존 어휘를 적극적으로 이용하는 일이다. 이와 같이 방언이나 옛말 등을 찾아 적극적으로 이용하는 방법이 있다. 어촌 지역에서 주로 쓰이던 '하늬바람'이 시어 등에 자주 사용되면서 널리 쓰이게 되었고, '가람, 뫼' 등 옛말 어휘가 오늘날 인명, 상표명 등에 쓰이기도 한다. 이처럼 이미 우리말에 존재하던 어휘들이 새롭게 쓰이면서 정서적인 의미를 추가로 가지게 되어 우리말의 표현력을 높이는 데에 기여하기도 한다.
예시 : 'A 예를 들어 B'유형	• 예를 들어 • 가령 • 예컨대 • 이를테면 • 구체적 사례로는~	• 선별 효과 이론에 따르면 개인은 미디어 메시지에 선택적으로 노출되고, 그것을 선택적으로 인지하며 선택적으로 기억한다. 예를 들어 '가' 후보를 싫어하는 사람은 '가' 후보의 메시지에 노출되는 것을 꺼려할 뿐만 아니라 메시지에 노출된다고 하더라도 부정적인 면만을 기억하는 경향이 있다.
비유 : 'A처럼 B' 유형	• ~처럼 • ~듯이 • ~같이 • ~인 양	• 물고기가 물을 떠날 수 없듯이 과거를 떠난 오늘의 나는 없는 것이다.
가정, 조건 : 'A ~(으)면 B' 유형	• ~(으)면 • ~더라도	• 내 이익을 위해 다른 사람의 권리를 소홀히 한다면, 그 사람은 공동체의 구성원으로 인정받지 못할 것이다.

원인 - 결과 : 'A 때문에 B' 유형	• 그러니까 • ~므로 • ~어서 • ~니까 • ~면서 • A 때문에 B하다 • A를 통해 B하다 • B하는 이유(까닭)는 A이다 • B인 것은 A 때문이다 • B를 위해 A하다	• 만화는 장면을 잘라서 제시하기 때문에 독자가 장면을 연결하고 상상하며 이해해야 한다. • 1997년 외환 금융 위기 이후, 자본 시장 개방으로 대규모 외국 자본이 유입되면서 주주의 이익을 극대화하는 경영에 부합하는 가치관과 제도들이 확산되었다. • 인상주의 화가 모네는 대상을 사실적으로 재현하는 회화적 전통에서 벗어나기 위해 빛에 따라 달라지는 사물의 색채와 그에 따른 순간적 인상을 표현하고자 하였다. • 하나의 개념에 두 개 이상의 단어가 필요한 것은 아니다. 따라서 동의어는 서로 경쟁을 통해 하나가 없어지거나 각기 다른 의미 영역을 확보하는 등의 다양한 양상을 보인다.
주장 - 예상 반론 - 재반박 : 'A이다. 물론 B이다. 그러나 C이다.' 유형	A이다. 물론 B이다. 그러나 C이다.	• 비타민 C를 규칙적으로 섭취하는 것은 건강을 지키는 데 큰 효과를 보인다. 물론 모든 사람들이 비타민 C를 섭취한다고 해서 늘 건강한 것은 아니다. 그러나 비타민 C를 규칙적으로 먹는 많은 사람들이 다른 사람들에 비해 건강한 삶을 유지한다는 것은 많은 연구 결과를 통해 입증되었다. • 질병에 대처할 때도 사회적 요인을 고려해야 한다. 물론 어떤 사람들에게는 질병으로 인한 고통과 치료에 대한 부담이 가장 심각한 문제일 수 있다. 그러나 또 다른 사람들에게는 질병에 대한 사회적 편견과 낙인이 오히려 더 심각한 문제일 수 있다. • 플라톤의 철학에 의하면, 예술은 감정에 영향을 주어서 성격을 약하게 만들고 인간의 도덕적 · 사회적 경계를 무너뜨린다는 것이다. 물론 플라톤은 예술이라고 해서 모두 실재를 왜곡하는 것이 아니며 예술이라고 해서 모두 성격을 약하게 만드는 것이 아니기 때문에, 그의 주장들이 예술 전체를 비난한 것은 아니다. 하지만 예술은 이데아적 형상에 접근하지 못하는 것으로 플라톤은 생각하였다.
요약, 정리 : 'A 다시 말하면 B'유형	• 다시 말해 • 달리 말하면 • 즉	• 국가들 사이에 벌어지는 패권 경쟁을 설명하기 위해 발전된 국제 정치 이론으로 패권 안정 이론을 들 수 있다. '패권 안정 이론'은 국가들 사이의 힘이 불균등하게 분포되어 있을 때, 국제 정치 체제가 안정되고 평화가 유지될 수 있다고 보는 입장이다. 즉, 다른 국가들에 비해 압도적 힘의 우위를 가진 패권 국가가 존재할 때 국제 정치 질서가 안정된다는 것이다. • 조선 시대는 입법, 사법, 행정의 권력 분립이 제도화되어 있지 않았기에 재판관과 행정관의 구별이 없었다. 즉, 독립된 사법 기관이 존재하지 않았으므로 재판은 중앙의 몇몇 기관과 지방 수령인 목사, 부사, 군수, 현령, 현감 등과 관찰사가 담당하였다.

[01~10] 다음 문장에서 주요 표현을 중심으로 강점을 두어 읽어야 할 부분을 찾아 봅시다.

01
> ㉠ 태양계와 유사한 외계 행성계가 존재한다면, ㉡ 그곳에 생명체가 존재할 가능성이 높을 것이다.

① ㉠ ② ㉡ ③ ㉠ + ㉡

02
> ㉠ 누군가가 사회적인 명예를 얻기 위해 자선 활동을 하는 것은 바람직한 결과를 낳았다 하더라도 ㉡ 이는 선의지, 즉 의무에 따라 행동하려는 순수한 의지에 의한 행동이 아니다.

① ㉠ ② ㉡ ③ ㉠ + ㉡

03
> ㉠ 금리 인상은 시중 물가를 기준 금리 수준으로 인하시키고, ㉡ 국채의 가격 하락을 유도할 수 있다.

① ㉠ ② ㉡ ③ ㉠ + ㉡

04
> ㉠ 먼로주의자들은 유럽 열강의 군주제는 아메리카 대륙에 위협이 된다고 보았기 때문에 ㉡ 유럽의 아메리카 대륙에 대한 개입을 반대하였다.

① ㉠ ② ㉡ ③ ㉠ + ㉡

05
> ㉠ 경험은 때때로 우리를 기만하기 때문에 ㉡ 데카르트는 경험적 지식에 정당성을 부여할 수 없다고 했다.

① ㉠ ② ㉡ ③ ㉠ + ㉡

정답·해설

01 ㉠: 조건 / ㉡: 결론
조건과 결론이 함께 제시된 문장으로 조건과 결론 모두 중요하다. 단, 글의 전체적인 흐름을 파악할 때는 결론이 더 중요한 경우가 많다.

02 ㉠: 내용 1 / ㉡: 내용 1을 정리
'즉' 이후의 문장은 내용 1을 다시 한번 정리하거나 좀 더 받아들이기 쉬운 형태로 전달하고자 하는 목적이 있다. 즉, 실제 독해에서는 뒷부분에 주의하여 파악해야 한다.

03 ㉠: 내용 1 / ㉡: 내용 2
'-고'로 연결된 형태의 문장이다. '금리 인상은 시중 물가를 기준 금리 수준으로 인하시킨다는 내용'과 '국채의 가격 하락을 유도할 수 있다'는 내용 두 가지를 모두 잡아낼 수 있어야 한다.

04 ㉠: 원인 / ㉡: 결과
원인과 결과로 구성되어 있는 문장으로 원인과 결과가 모두 중요하다. 단, 글의 흐름을 파악할 때에는 결과가 더 중요한 경우가 많다.

05 ㉠: 원인 / ㉡: 결과
원인과 결과로 구성되어 있는 문장으로 원인과 결과가 모두 중요하다. 단, 글의 흐름을 파악할 때에는 결과가 더 중요한 경우가 많다.

정답
01 ② 02 ② 03 ③ 04 ② 05 ②

06

㉠ 지능은 인간 개인이나 종족의 생존에 도움이 되는 기술뿐만 아니라 ㉡ 경제력, 무력 등을 소유하려 한다.

① ㉠　　② ㉡　　③ ㉠ + ㉡

07

㉠ 혈액 응고에 중요한 역할을 하는 비타민 K가 결핍되면 ㉡ 위장 출혈이 나타날 수 있고, ㉢ 골밀도 감소로 이어져 골절 위험이 3배 이상 증가한다.

① ㉠ + ㉢　　② ㉡ + ㉢　　③ ㉠ + ㉡ + ㉢

08

㉠ 노동자들의 사회적 역할은 매우 중요하지만, ㉡ 자본주의의 근간인 사유 재산을 기준으로 생각할 때에는 그들의 역할은 크지 않다.

① ㉠　　② ㉡　　③ ㉠ + ㉡

09

㉠ 책 읽기를 통한 현실 인식은 영상을 통한 현실 인식에 비해 ㉡ 반성적이고, 통찰적이다.

① ㉠　　② ㉡　　③ ㉠ + ㉡

10

㉠ 태양, 달, 행성들이 지구를 중심으로 공전한다는 프톨레마이오스의 천동설 이론은 한동안 주류 학설이었다. ㉡ 하지만 코페르니쿠스의 지동설 이론에 의해 이 학설은 혁파되었다.

① ㉠　　② ㉡　　③ ㉠ + ㉡

정답·해설

06 ㉠: 내용 1 / ㉡: 내용 2
'-뿐만 아니라'로 연결된 형태로 문장 모두가 중요하다.

07 ㉠: 조건 / ㉡: 결론 1 / ㉢: 결론 2
조건과 결론이 함께 제시된 문장으로 조건과 결론 모두 중요하다. 단, 글의 전체적인 흐름을 파악할 때는 결론이 더 중요한 경우가 많다.

08 ㉠: 내용 1 / ㉡: 내용 2
'-지만'으로 연결된 형태로 뒤에 제시되는 문장이 중요하다.

09 ㉠: 내용 1 / ㉡: 내용 2
'~에 비해' 가 나타난 구절은 비교를 통해 자신이 말하고자 하는 바를 더욱 강조하려는 목적에서 쓰인다. 독해에서는 '~에 비해' 부분을 생략하고 뒷부분에 주의하여 파악해야 한다.

10 ㉠: 내용 1 / ㉡: 내용 2
'하지만'이라는 역접 관계의 접속어로 연결되어 있는 형태로 '하지만' 뒤에 제시된 내용이 중요하다.

정답
06 ③　07 ②　08 ②　09 ②　10 ②

[01~15] 다음 문장에서 주요 표현을 중심으로 강점을 두어 읽어야 할 부분에 밑줄을 긋고, 문장에 사용된 접속어에 동그라미 표시해봅시다.

01 콜린 렌프류는 서유럽에서 새롭게 발굴된 신석기 시대의 여러 거석 무덤에 근거하여 이주설이나 전파설 대신 자생설을 주장하였다.

02 17세기 네덜란드의 경제가 급성장하고 부가 축적됨에 따라 새롭게 등장한 시민 계급은 이전의 귀족과 성직자들이 즐기던 역사화나 종교화와는 달리 자신들에게 친근한 주제와 형식의 그림을 선호하게 되었다.

03 태양 빛의 스펙트럼을 분석한 결과 태양에는 우라늄 등의 방사능 물질 대신 수소와 헬륨이 있다는 것을 알게 되었다.

04 우리 조선은 서양의 기술과 학문을 도입하여 국력을 강화해야 한다. 물론 이는 조선 사회의 정체성을 뒤흔들 수 있다. 그러나 서양 학문과 기술을 도입하여 조선을 부강하게 하면 정체성을 더 공고히 할 수 있다.

05 예술의 목적은 대중에게 즐거움을 주는 것이 아니라 새로운 경험을 제공하고 인간의 인식을 확장하는 것이다. 즉 예술은 대중을 새로운 방식으로 사고하도록 이끌어야 한다.

06 다음 세대에 자신의 모어(母語)를 전달하지 않고자 하는 행위를 '언어 자살'이라고 한다. 가령 멕시코 정부에서 공식적으로 토토낙어 사용을 금지하는 정책을 취하지 않고 지역 문화를 존중하는 태도를 보였는데도 이 지역 사람들은 모어 대신 스페인어를 사용했다.

07 비표적 항암제는 다른 항암제에 비해 빠른 효과를 나타낼 수 있지만, 빠르게 분열하는 위장관 및 모발의 정상 세포를 사멸시킬 수 있다.

정답·해설

01 콜린 렌프류는 / 서유럽에서 새롭게 발굴된 신석기 시대의 여러 거석 무덤에 근거하여 / 이주설이나 전파설 대신 / 자생설을 주장하였다.

02 17세기 네덜란드의 경제가 급성장하고 부가 축적됨에 따라 새롭게 등장한 시민 계급은 / 이전의 귀족과 성직자들이 즐기던 역사화나 종교화와는 달리 / 자신들에게 친근한 주제와 형식의 그림을 선호하게 되었다.

03 태양 빛의 스펙트럼을 분석한 결과 / 태양에는 우라늄 등의 방사능 물질 대신 / 수소와 헬륨이 있다는 것을 알게 되었다.

04 우리 조선은 서양의 기술과 학문을 도입하여 국력을 강화해야 한다. / 물론 이는 조선 사회의 정체성을 뒤흔들 수 있다. / 그러나 서양 학문과 기술을 도입하여 조선을 부강하게 하면 / 정체성을 더 공고히 할 수 있다.

05 예술의 목적은 / 대중에게 즐거움을 주는 것이 아니라 / 새로운 경험을 제공하고 인간의 인식을 확장하는 것이다. / 즉 예술은 / 대중을 새로운 방식으로 사고하도록 / 이끌어야 한다.

06 다음 세대에 / 자신의 모어(母語)를 전달하지 않고자 하는 행위를 / '언어 자살'이라고 한다. 가령 멕시코 정부에서 공식적으로 토토낙어 사용을 금지하는 정책을 취하지 않고 / 지역 문화를 존중하는 태도를 보였는데도 / 이 지역 사람들은 모어 대신 스페인어를 사용했다.

07 비표적 항암제는 / 다른 항암제에 비해 빠른 효과를 / 나타낼 수 있지만 / 빠르게 분열하는 위장관 및 모발의 정상 세포를 / 사멸시킬 수 있다.

08 뇌실과 뇌척수막 사이를 채우는 뇌척수액의 양은 생산량이 아니라 흡수량에 의해 조절된다.

09 제임스 매디슨은 권력분립만으로는 권력 남용을 방지하기에 충분하지 않다고 생각했으므로, 권력 남용을 방지하기 위해 헌법의 필요성을 주장했다.

10 미국 비밀경호국은 정부 요인에 대한 경호를 담당할 뿐만 아니라, 위조지폐의 제작 및 유통에 대한 단속 역시 담당하고 있다.

11 망치를 사용해 무엇인가를 부술 수 있듯이, 철학자는 기존의 가치와 관념을 비판하고 파괴해야 한다.

12 호르크하이머와 아도르노는 근대에 들어 이성이 계몽의 수단이라기보다는 지배의 수단으로 변해 인간을 통제하는 도구가 되었다고 본다.

13 선의취득이란 진정한 소유자가 아닌 자로부터 물건을 구입하였음에도 불구하고, 유상취득, 동산의 점유, 평온, 공연한 점유, 선의, 과실 없음의 요건을 모두 충족하면 구입자가 그 물건을 자신의 소유로 하게 되는 제도이다.

14 사회적 토대의 변화로 말미암아 기존의 법률이 사회를 규율하는 데 한계를 드러내기도 하고, 현행 법제가 예상하지 못한 현상이 빚어지는 등의 문제가 발생할 수 있다.

15 지각과 생각은 인간의 모든 정신 활동을 뜻한다. 따라서 우리의 모든 정신 활동은 진공 상태에서 일어나는 것이 아니라, 어떤 맥락이나 가정하에서 일어난다.

정답·해설

08 뇌실과 뇌척수막 사이를 채우는 뇌척수액의 양은 / 생산량이 아니라 / 흡수량에 의해 조절된다.

09 제임스 매디슨은 / 권력분립만으로는 권력 남용을 방지하기에 충분하지 않다고 생각했으므로 / 권력 남용을 방지하기 위해 헌법의 필요성을 주장했다.

10 미국 비밀경호국은 / 정부 요인에 대한 경호를 담당할 뿐만 아니라 / 위조지폐의 제작 및 유통에 대한 단속 역시 / 담당하고 있다.

11 망치를 사용해 무엇인가를 부술 수 있듯이 / 철학자는 기존의 가치와 관념을 비판하고 파괴해야 한다.

12 호르크하이머와 아도르노는 / 근대에 들어 이성이 계몽의 수단이라기보다는 / 지배의 수단으로 변해 인간을 통제하는 도구가 되었다고 본다.

13 선의취득이란 / 진정한 소유자가 아닌 자로부터 물건을 구입하였음에도 불구하고, / 유상취득, 동산의 점유, 평온, 공연한 점유, 선의, 과실 없음의 요건을 모두 충족하면 / 구입자가 그 물건을 자신의 소유로 하게 되는 제도이다.

14 사회적 토대의 변화로 말미암아 / 기존의 법률이 사회를 규율하는 데 한계를 드러내기도 하고 / 현행 법제가 예상하지 못한 현상이 빚어지는 등의 문제가 / 발생할 수 있다.

15 지각과 생각은 / 인간의 모든 정신 활동을 뜻한다. / 따라서 우리의 모든 정신 활동은 / 진공 상태에서 일어나는 것이 아니라 / 어떤 맥락이나 가정하에서 일어난다.

지시어 파악하기

[01~07] 밑줄 친 지시어의 의미를 찾아봅시다.

01

서양에서는 왜 동양에 비해 약 1,200년이나 지난 뒤에야 풍경화가 그려진 것일까? 이것은 결코 우연한 결과가 아니다. 동양과 같은 전원적(全元的) 일원론의 우주관이 결여되었던 서양에서는 풍경화가 애초부터 중요시될 수 없었다. 그들 문화권에서 자연성이란 신성(神聖)과 반대 개념으로 이해되었고, 인간과 자연도 대립 관계로 생각되었다. 또한 신과 인간도 합치될 수 없는 분리 개념으로 이해되었다. 이 때문에 서양 정신은 그 오랜 세월 동안 이원론적 대립과 분리의 한계를 넘어설 수가 없었다.

(1) '이것'이 의미하는 것은?

(2) '그들'이 의미하는 것은?

(3) '이'가 의미하는 것은?

정답·해설

01 (1) 서양에서 동양에 비해 약 1,200년이나 지난 뒤에야 풍경화가 그려진 것

(2) 서양

(3) 자연성은 신성과 반대 개념으로 이해되었고, 인간과 자연도 대립 관계로 생각된 것, 신과 인간은 합치될 수 없는 분리 개념으로 이해된 것

02

16~17세기 창작되었던 몽유록에는 참여자형이 많다. 참여자형에서는 몽유자와 꿈속 인물들이 동질적인 이념을 공유하고 현실의 고통스러운 문제에 대해 의견을 나누며 비판적 목소리를 낸다. 그러나 주로 17세기 이후에 창작된 방관자형에서는 몽유자가 꿈속 인물들과 함께 현실을 비판하는 것이 아니라 구경꾼의 위치에 서 있다. 이 시기의 몽유록이 통속적이고 허구적인 성격으로 변모하는 것은 몽유자의 역할 변화와 무관하지 않다.

(1) '이 시기'가 의미하는 것은?

03

개인주의는 여러 속성을 지니고 있지만, 자신의 존재 가치를 스스로 매긴다는 긍정적 측면이 있다. 한국에는 그런 의미에서의 개인주의가 뿌리내리지 못했다. 남에 대해 신경을 너무 곤두세운다. 그것은 두 가지 차원으로 나뉘는데 한편으로 타인에게 필요 이상의 관심을 보이면서 참견하고 타인의 영역을 침범한다. 다른 한편으로는 자기에 대한 타인의 평가와 반응에 너무 예민하다.

(1) '그런'이 의미하는 것은?

(2) '그것'이 의미하는 것은?

정답·해설

02 (1) 17세기 이후

03 (1) 개인주의의 긍정적 측면(자신의 존재 가치를 스스로 매긴다는 긍정적인 측면)

(2) 남에 대한 신경을 너무 곤두세우는 것

04

기후 변화와 경제의 관계에 대한 논쟁은 크게 두 가지 측면에서 이루어지고 있다. 첫 번째 측면은 기후 변화 대응에 따른 비용이 경제 성장을 저해할 수 있다는 주장이다. 두 번째 측면은 기후 변화 대응이 오히려 새로운 경제 성장의 기회를 제공할 수 있다는 주장이다. 기후 변화 대응에 따른 비용에는 기후 변화로 인해 발생하는 자연재해 피해를 복구하기 위한 비용이 포함된다. 기후 변화로 인해 발생하는 자연재해 피해는 이미 전 세계적으로 증가했으며, 2021년에는 전 세계적으로 자연재해에 의해 2,600억 달러 이상의 재산 피해가 발생했다. 이처럼 자연재해 피해를 복구하기 위한 비용은 막대하다. 기후 변화를 완화하기 위한 정책을 시행하기 위한 비용도 만만치 않다. 예를 들어, 재생 에너지 투자, 에너지 효율 향상을 위한 기술 개발 등은 상당한 비용이 소요되며, 이①는 국가의 재정 부담으로 이어질 수 있다. 한편, 기후 변화 대응은 새로운 일자리 창출의 기회를 제공할 수 있다. 예를 들어, 재생 에너지 발전소 건설 등은 새로운 일자리 창출을 이끌 수 있다. 이②는 특히 개도국에게 중요하다.

(1) '이①'가 의미하는 것은?

(2) '이②'가 의미하는 것은?

정답·해설

04 (1) 기후 변화를 완화하기 위한 정책을 시행하기 위한 비용이 큰 것

(2) 기후 변화 대응이 새로운 일자리 창출의 기회를 제공하는 것

05

회화의 전통적 역할은 눈에 보이는 3차원의 사물을 캔버스의 평면에 그대로 재현하고 기록하기 위함이었다. 그러나 기술의 발전으로 현실을 충실히 모방하는 ㉠ 사진이 도래하였고, 이로 인해 회화의 오랜 역할을 사진이 대체하게 되면서 회화는 현실의 모방과는 다른 역할을 찾게 되었다. 또한 현대미술의 발달로 인해 예술에는 다양하고 새로운 매체들이 사용되었다. 캔버스의 평평한 회화가 전부였던 이전의 미술과는 다른 새로운 형태의 파격적인 예술이 나타났고, 사람들은 전통적인 캔버스를 활용한 작품이 낡고 오래된 예술 방식이라는 인식을 가지게 되었다. 이러한 인식이 극에 달했던 때, 완성된 형태로서의 작품보다 아이디어나 과정이 예술이 되는 '개념 미술'이 등장하게 되었다.

㉡ 개념 미술의 선구자 마르셀 뒤샹(Marcel Duchamp 1887-1963)은 "회화는 단지 눈의 즐거움만을 위한 작업이며, 예술은 망막이 아닌 개념으로 보아야 한다."라고 이야기하였다. 그는 시장에서 구입한 변기에 사인을 한 뒤 〈샘(Fountain)〉(1917)이라 제목을 붙이며, 작가의 아이디어만으로 일반적 사물을 예술의 영역으로 들여놓았다. 이후 아이디어를 바탕으로 한 개념 미술, 미니멀리즘, 뉴미디어 작품과 대규모 설치 작업이 중심을 이루는 현대미술이 성행하게 되었다. 이러한 미술계의 흐름에도 불구하고 70년대 말, 80년대의 대규모 전시에서는 신표현주의라는 흐름 아래 전통적인 캔버스를 사용한 작품이 다시 등장하였다.

20세기에 등장한 ㉢ 큐비즘도 ㉣ 영화라는 새로운 매체의 등장으로 인해 생겨난 장르이다. 큐비즘 화가들은, 대상을 한 가지 시점이 아니라, 다양한 각도에서 바라본 여러 측면을 한 화면에서 동시에 보여 주는 방법으로 그림을 그렸다. 이것은 다양한 위치와 각도에서 촬영한 장면들을 편집하여 하나의 이야기를 만들어 내는 영화의 원리와 유사하다. 이런 점에서, 영화라는 새로운 매체의 등장이 큐비즘이라는 새로운 유파 형성에 영향을 미친 것으로 해석할 수 있다.

… (중략) …

물론 ㉤ 전통적 회화 양식에 변화가 일어난 이유를 ㉥ 새롭게 등장한 매체 때문만으로 단정할 수는 없지만, 매체가 회화의 내용이나 형식에 변화를 가져온 요인 중의 하나라는 사실도 부정할 수는 없다.

(1) ㉥에 해당하는 것은?

(2) ㉤과 의미가 유사한 것은?

정답·해설

05 (1) ㉠ 사진, ㉣ 영화

(2) ㉢ 큐비즘(새로운 형태의 회화 양식)

Ⅲ 독해

해커스공무원 신민숙 쉬운국어 **한 권으로 끝**

06

㉠ 탈춤은 누가 공연하는지에 따라 즉, 주체에 따라서 3가지로 나뉜다. 농촌마을에서 농민이 공연하는 농촌탈춤, 떠돌이놀이패가 공연하는 떠돌이탈춤, 그리고 두 ㉡ 탈춤과는 다른, 상업이 발달된 도시에서 거주하는 상인들이 주체가 되어 공연하는 도시탈춤이 있다.

농촌탈춤은 다른 탈춤들보다 역사가 오래되고, 발전도 더디다. 이는 농촌 마을에서 해마다 한 번씩 농악대가 주체가 되어 농사가 잘되라고 굿을 하면서 굿놀이의 일부로 공연한 ㉢ 탈춤이다. 농악대 굿은 예사 농사꾼이 맡아서 하고, 농촌마을 자체에서 오랫동안 이어온 행사라는 점에서 무당굿과 구별된다. 풍물을 치고 춤을 추며 노래를 부르면서 거행한다는 점에서, 유교의 격식을 받아들여 절을 하고 축문을 읽는 엄숙한 절차를 갖춘 동신제(洞神祭) 또는 서낭제와도 다르다. 무당 굿에서 무당굿놀이가, 농악대 굿에서는 ㉣ 탈춤이 생겨났다.

조선 왕조는 유교에 입각한 농촌 질서를 확립하고자, 음사(淫祀)라고 규정한 굿놀이는 그만두고 제사를 지내라고 압력을 넣었다. 향촌의 양반들이 그렇게 하는 데 앞장섰으나, 하층 농민은 오랜 전통을 지키고자 했다. 마을굿을 울분을 발산하고 신명풀이를 할 수 있는 기회로 삼아, ㉤ 탈춤이 자라날 수 있게 했다.

(1) ㉠이 의미하는 것은?

(2) ㉢과 지시하는 바가 같은 것은?

정답·해설

06 (1) 농촌탈춤, 떠돌이탈춤, 도시탈춤

(2) ㉣, ㉤(농촌탈춤)

07

이집트 벽화에서 신, 파라오, 귀족은 특이한 모습으로 표현된다. 신체의 주요 부위를 이상적으로 보여줄 수 있도록 눈은 정면, 얼굴은 측면, 가슴은 정면, 발은 측면을 향하게 조합하여 그린 것이다. 이는 단일한 시점에서 대상을 표현한 것이 아니라 여러 시점에서 바라본 모습을 하나의 형상에 집약한 것이다. 이렇게 그려진 ㉠ 그들의 모습은 이상적인 부분끼리의 조합을 통해 완전하고 완벽하며 장중한 형상을 보여 주고자 한 의도의 결과이다. 그런데 벽화에 표현된 대상들 중 신, 파라오, 귀족과 같은 고귀한 존재는 이렇게 그려지고, 평범한 일반인은 곧잘 이런 방식과 관계없이 꽤 사실적으로 그려졌다. ㉡ 그들을 서로 다른 방식으로 표현하였다는 점은 이집트 미술이 특정한 이데올로기를 통해 양식화되어 있음을 선명하게 보여 준다.

이 이데올로기에 따르면, 신과 파라오, 나아가 귀족은 '존재하는 자'이고, 죽을 운명을 가진 평범한 사람들은 그저 '행위하는 자'이다. 평범한 사람들이 일하는 모습을 그릴 때 사실적으로, 그러니까 얼굴이 측면이면 가슴도 측면으로 자연스럽게 그리는 것은, 그들이 썩어 없어질 찰나의 인생을 살고 있기 때문이다. 그러기에 ㉢ 그들은 이 세상에서 실제로 행위하는 모습 그대로 그려진다. 반면 고귀한 존재는 삼라만상의 변화와 관계없이 영원한 세계의 이상을 반영한다. 그러기에 ㉣ 그들은 이상적 규범에 따라 불변의 양식으로 그려진다.

이렇게 같은 인간을 표현해도 위계에 따라 표현 방식을 달리한 것은 이집트 종교의 영향 때문이다. 이집트 종교는 수직적이고 이원적인 정신성에 그 토대를 두고 있다. 이런 이원론적인 정신성은 양식화된 이상주의적 미술로 표현되는 경향이 있다. 이집트의 벽화가 바로 그 대표적인 사례이다.

(1) ㉡이 의미하는 것은?

(2) ㉠과 지시하는 바가 같은 것은?

정답·해설

07 (1) 신, 파라오, 귀족과 일반인

(2) ㉣(신, 파라오, 귀족)

문단 구조 파악하기

1. 주지(일반적) - 상세화(구체적)

앞에 글의 주제나 핵심 정보가 있고, 뒷 문단은 앞 문단을 상세하게 설명하는 구조이다. 이와 같은 글은 구체적 예시보다는 일반적·추상적 진술에 초점을 맞춰 읽는다.

① 일반적·추상적인 문장 뒤에 구체적 내용을 제시하는 경우

일반적이고 추상적인 문장은 뒤에 나오는 구체적인 내용을 압축적으로 제시하는 경우가 많다. 따라서 앞 문단의 일반적·추상적인 문장을 잘 이해한다면, 그 뒤에 나오는 구체적이고 복잡한 내용을 완벽히 파악하지 못해도 단락 전체를 이해할 수 있다.

예시

공룡 발자국의 길이로부터 공룡의 크기를 추정할 수 있다.(일반적·추상적 문장) '발자국의 길이(FL)'에 4를 곱해 '지면으로부터 골반까지의 높이(h)'를 구하여[h=4FL], 그 크기를 짐작할 수 있다.(구체적 내용) 4족 보행 공룡의 경우에는 일반적으로 뒷발자국의 길이를 기준으로 한다. 단, h와 FL의 비율은 공룡의 성장 단계나 종류에 따라 약간씩 다르게 적용된다.

② 일반적·추상적 문장 뒤에 구체적인 사례를 제시하는 경우

일반적·추상적인 문장 뒤에 제시되는 구체적인 사례는 앞의 문장을 잘 이해할 수 있도록 하는 역할을 한다. 이 역시 앞에 있는 일반적·추상적 문장을 중심으로 글을 읽어야 하는데, 뒤에 있는 사례는 앞 문장을 구체적으로 설명하는 역할만을 담당하기 때문이다. 즉 일반적·추상적 문장은 뒤 문장을 압축하여 한눈에 들어올 수 있게 하기 때문에 앞 문단에 집중하여 글을 읽도록 한다.

예시

손짓은 문화적 토양을 바탕으로 생성된다. 따라서 손짓은 각자의 행동 양식과 관습에 따른 문화를 반영하며 그것이 다른 지역에서는 그곳의 관습과 문화에 따라 전혀 다른 의미로 받아들여지기도 한다. 그렇기 때문에 서로 다른 문화권의 사람들이 각자의 문화에 근거하여 손짓을 하는 경우, 그것이 다른 의미로 해석됨으로써 오해와 같은 갈등이 생겨나기도 한다.(일반적·추상적 문장) 예를 들면 엄지를 치켜세우는 손짓은 흔히 '최고다' 혹은 '좋다', '잘했다'의 의미이지만 서아시아 지역에서는 상대방을 모욕하는 의미가 있으므로 각별히 주의하여야 한다.(구체적인 사례) 손짓을 문화적 맥락 속에서 이해하고 해석하려는 노력이 필요한 이유는 바로 이 때문이다.

2. 2가지 대상을 비교, 대조하는 구조

대상(관점)을 비교·대조하는 구조로 문제에서 가장 자주 등장하는 형태이다. 이러한 글은 두 대상의 공통점·차이점에 주목하여 글을 읽어야 한다.

예시 1

전 세계를 대표하는 항공기인 보잉과 에어버스의 중요한 차이점은 자동조종시스템의 활용 정도에 있다. 보잉의 경우, 조종사가 대개 항공기를 조종간으로 직접 통제한다. 조종간은 비행기의 날개와 물리적으로 연결되어 있어서 어떤 상황에서도 조종사가 조작한 대로 반응한다. 이와 다르게 에어버스는 조종간 대신 사이드스틱을 설치하여 컴퓨터가 조종사의 행동을 제한하거나 조종에 개입할 수 있게 설계되었다. 보잉에서는 조종사가 항공기를 통제할 수 있는 전권을 가지지만 에어버스에서는 컴퓨터가 조종사의 조작을 감시하고 제한한다.

(대상 ① 보잉, 대상 ② 에어버스)

보잉과 에어버스의 이러한 차이는 기계를 다루는 인간을 바라보는 관점이 서로 다른 데서 비롯된다. 보잉사를 창립한 윌리엄 보잉의 철학은 "비행기를 통제하는 최종 권한은 언제나 조종사에게 있다."이다. 시스템은 불안정하고 완벽하지 않기 때문에 컴퓨터가 조종사의 판단보다 우선시될 수 없다는 것이다. 반면 에어버스의 아버지라고 불리는 베테유는 "인간은 실수할 수 있는 존재"라고 전제한다. 베테유는 이런 자신의 신념을 토대로 에어버스를 설계함으로써 조종사의 모든 조작을 컴퓨터가 모니터링하고 제한하게 만든 것이다.

예시 2

우리나라에서 대대로 한국인들의 사랑을 받는 과일 중에 감이 있다. 감은 우리 몸의 산화를 막아주는 항산화 성분이 풍부하고 중성지방, 콜레스테롤을 몸 밖으로 배출시켜 염증과 심혈관계 질환 예방에 도움을 준다. 감은 대표적인 건강식품인 사과와 닮은 점이 많다. 특히 사과와 감은 눈 건강을 지켜주는 루테인 성분이 많아서 스마트폰 등의 전자기기 사용이 빈번한 현대인들에게는 꼭 필요한 과일이다. 눈 건강을 지켜주는 영양분인 루테인은 체내 합성이 되지 않기 때문에 신선한 채소와 과일로 매일 보충해 줘야 한다.

(대상 ① 감, 대상 ② 사과, 공통점: 눈 건강을 지켜주는 루테인 성분이 많아서 스마트폰 등의 전자기기 사용이 빈번한 현대인들에게는 꼭 필요한 과일이다)

예시 3

기업은 제품의 판매량을 늘리기 위해 마케팅 전략을 선택하여 사용하는데, 마케팅 전략 자체의 이론적 결함이 없어 보임에도 불구하고 어느 시점부터 판매량이 늘지 않는 경우가 있다. 이 문제에 대한 해답을 '제품 확장'과 '역포지셔닝 브랜드'라는 마케팅 전략을 중심으로 생각해 보자.

(2가지 대상을 제시함)

'제품 확장'은 기존 제품의 특성을 강화하거나 새로운 기능을 추가하여 판매량을 증가시키는 전략이다. 이렇게 출시된 제품은 기존의 제품과 차별화되기에 소비자의 만족도가 높아 판매량을 증가시킬 수 있다. 하지만 제품 확장 방법은 일시적이어서 어느 정도 판매량을 증가시킬 수 있지만 지속적이지 못하다.

(대상 ①)

반면에 '역포지셔닝 브랜드'는 소비자들이 기본적이라고 여겨 온 기능들을 과감히 삭제함과 동시에 매우 독창적인 기능을 추가하는 전략이다. 이 전략은 소비자들이 기대하지 못했던 기능을 추가했기에 만족도가 그만큼 높아 제품의 판매량도 상당히 증가시킬 수 있다. 하지만 역포지셔닝 브랜드를 사용하여 성공했다고 할지라도 다른 경쟁 기업이 따라 한다면, 결국 모든 기업이 동일한 기능을 가진 제품을 판매하는 상황이 되어 기대한 효과를 얻을 수 없다.

(대상 ②)

3. 분류하여 설명하는 구조

분류하여 설명하는 글은 대상이나 현상을 분류하여 각각의 특징을 설명하는 구조이다. 이 구조는 분류해 놓은 각각의 특징을 제대로 이해하였는지를 판단하는 문제로 제시되는 경우가 많다. 즉 분류한 내용을 혼용하여 선택지를 구성하기 때문에 글을 읽을 때 각각의 설명 대상을 O, □ 등으로 잘 표시해 놓는 것이 중요하다. 글을 읽을 때에는 내용을 이해하기보다 분류를 잘 표시해 놓고, 글을 모두 읽은 후에 선택지에서 필요로 하는 부분을 찾아서 '틀린 그림 찾기'를 하듯이 문제 풀이를 하는 것이 효과적이다.

예시 1

고소설의 유통 방식은 '구연에 의한 유통'과 '문헌에 의한 유통'으로 나눌 수 있다(큰분류 2가지). 구연에 의한 유통(큰분류 ①)은 구연자가 소설을 사람들에게 읽어 주는 방식으로, 글을 모르는 사람들과 글을 읽을 수 있지만 남이 읽어 주는 것을 선호하는 이들을 대상으로 이루어졌다. 구연자는 '전기수'로 불렸으며, 소설 구연을 통해 돈을 벌던 전문적 직업인이었다. 하지만 이 방식은 문헌에 의한 유통에 비해 시간과 공간의 제약이 많아서 유통 범위를 넓히는 데 뚜렷한 한계가 있었다.

문헌에 의한 유통(큰분류 ②)은 차람, 구매, 상업적 대여(작은 분류 3가지)로 나눌 수 있다. 차람(작은 분류 ①)은 소설을 소유하고 있는 사람에게 직접 빌려서 보는 것으로, 알고 지내던 개인들 사이에서 이루어졌다. 구매(작은 분류 ②)는 서적 중개인에게 돈을 지불하고 책을 사는 것인데, 책값이 상당히 비쌌기 때문에 소설을 구매할 수 있는 사람은 그리 많지 않았다. 상업적 대여(작은 분류 ③)는 세책가에 돈을 지불하고 일정 기간 동안 소설을 빌려 보는 것이다. 세책가에서는 소설을 구매하는 것보다 훨씬 적은 비용으로 빌려 볼 수 있었기 때문에 경제적으로 넉넉하지 않은 사람도 소설을 쉽게 접할 수 있었다. 이로 인해 조선 후기 사회에서 세책가가 성행하게 되었다.

예시 2

경찰 작용은 시민의 안전을 위협할 수 있는 거의 모든 영역에서 행사될 수 있기 때문에 기본권 침해의 가능성은 여전히 남게 된다. 그런 이유로 경찰 작용의 행사를 엄격하게 제한할 필요가 있다. 경찰 작용 행사를 제한하는 일반적인 원칙에는 적법 절차의 원칙, 비례의 원칙, 권리 남용 금지의 원칙 등이 있다(3가지 원칙으로 분류).

우선 적법 절차의 원칙(원칙 ①)이란 모든 경찰 작용의 행사는 법률을 근거로 하고 합법적 절차에 따라 발동되어야 하는 것을 의미한다. 이의 가장 대표적인 경우로 법이 정하는 요건을 충족하는 사람들에게만 면허를 주는 운전면허와 같은 각종 허가 제도를 들 수 있다.

다음으로 비례의 원칙(원칙 ②)이란 위험을 제거함으로써 얻을 수 있는 공익(公益)과 그로 인해 훼손되는 사익(私益)을 비교하여 전자가 클 경우에만 경찰 작용이 허용될 수 있음을 의미한다. 예를 들어, 음주 운전자의 경우에 면허를 취소할 때 얻는 공익이 면허를 취소하지 않을 때의 운전자 사익보다 크기 때문에 면허를 취소할 수 있다.

마지막으로 권리 남용 금지의 원칙(원칙 ③)은 경찰 작용이 법에서 정해진 위험 방지 작용의 테두리를 넘는 것을 허용하지 않는다는 것을 뜻한다. 만일 영업 허가 취소권을 가진 공무원이 친분 관계에 있는 영업자의 이익을 위하여 이와 경쟁하는 다른 영업자의 영업을 취소한다면 이는 권리 남용으로 볼 수 있다.

4. 원인과 결과의 구조

원인을 제시하고 그에 따른 결과를 보여주거나 결과를 먼저 제시하고 원인을 제시하는 구조이다. 이러한 구조는 선후구조를 파악하는 것이 핵심이다. 많은 경우 선후관계를 바꾸거나, 선후관계가 성립하지 않는 것들을 제시하는 경우가 많기 때문에, 지문을 읽을 때 원인과 결과를 화살표 등으로 구분하여 표시해 놓는 것이 좋다. 보통 '~를 통해 ~하다'의 형식이 많아서 앞이 원인이고 뒤가 결과인 경우가 많으나, '~를 위해 ~하다'와 같이 앞이 결과이고 뒤가 원인인 경우는 선후관계를 표시할 때 특히 주의해야 한다.

예시

일반적으로 사막은 연 강수량이 250mm 이하인 지역을 말하는데 대부분 저위도와 중위도에 분포한다. 그렇다면 사막은 어떻게 만들어지는 것일까?

저위도의 사막은 북회귀선이나 남회귀선이 지나는 곳에 위치하는데 이 지역은 지구의 대기 대순환에 의해 반영구적인 고기압대가 형성되어 덥고 건조한 기후가 만들어진다(저위도 사막의 형성 원인). 북회귀선에 위치한 사하라 사막, 아라비아 사막과 같은 열대 사막은 이러한 요인으로 형성되었다.

중위도 지역에 위치한 미국 서부의 그레이트솔트레이크 사막과 중국 서부의 타클라마칸 사막의 형성 과정은 이와 다르다. 그레이트솔트레이크 사막은 시에라네바다 산맥이 해양에서 유입되는 습윤한 공기의 수분 이동을 차단하여 형성되었다(중위도 사막의 형성 원인 ①). 이는 수분을 함유한 공기가 높은 산맥을 넘어 반대쪽에 도달할 때 수분을 잃게 되어 건조해지기 때문이다. 한편 타클라마칸 사막은 히말라야산맥에 의해 해양과 차단되어 있을 뿐만 아니라 대륙의 한가운데에 위치하고 있다는 조건 때문에 형성되었다(중위도 사막의 형성 원인 ②). 대륙 내부로의 이동 과정에서 생기는 공기 중의 수분 손실도 사막 형성의 한 원인인 것이다(중위도 사막의 형성 원인 ③). 이와 같이 사막은 대기 대순환, 지형적 특성, 지리적 위치 등의 요인에 의해 형성된다.

5. 묻고 답하는 구조

묻고 답하는 구조는 특정 현상의 문제점을 제시한 뒤 이에 대한 답을 제시하는 형식의 제시문 구조이다. 보통 문제점은 '의문형'으로 제시되어 눈에 잘 띄는 경우가 많다. 질문을 제시하는 이러한 형태의 구조는 그에 대한 '답'을 찾는 것이 가장 중요하다. 그 해결점이 보통 중심 내용이 되는 경우가 많기 때문이다. 그러므로 주제문이나 중심 내용 찾기와 같은 문제의 경우에는 이 구조를 잘 활용하면 답을 찾는 데 훨씬 수월하다.

예시

좋은 그림책이란 어떤 것인가?(질문 제기) 회화의 공간성과 영화의 시간성이 간결한 언어와 입체적으로 만나서 풍부한 이미지를 주는 그림책이다. 글 속에 생략되어 있는 묘사와 서술을 세심하게 이행하고 있는 그림을 엮은 책이다.(질문에 대한 답) 독자의 능동적인 참여를 기다리는 그림책 속에는 글과 그림의 조합 방식에 대한 면밀한 고려가 숨어 있다. 가령 끊어질 듯 끊어질 듯 이어지는 가느다란 선으로 표현하여 어딘지 소극적이고 더듬거릴 것 같아 보이는 그림, 유창한 드로잉으로 힘 있게 날아오를 것 같은 느낌을 주는 그림, 사인펜으로 북북 그어 놓은 선들 때문에 꼭 망친 것 같아서 인물의 절망감을 시각적으로 드러내는 그림, 하얀 바탕에 목탄을 문질러서 아련한 느낌을 주는 눈 쌓인 그림들은 들여다보면 볼수록 재미가 있다. 그림 자체가 보는 사람에게 전하는 감정이 풍부하기 때문이다.

6. 과정 / 시간별 순서 구조

과정과 시간별 순서 구조는 시간의 흐름이 나타난 것이 특징이다. 시간의 흐름에 따라 대상이 변하는 과정이나 양상을 설명하는 경우가 많기 때문에 시간에 따른 변화에 주목하면서 글을 읽어야 한다. 이러한 구조는 시간에 따른 특성을 혼용하는 선택지가 많기 때문에 글을 읽을 때, 시간이나 시대의 변화를 표시하면서 읽는 것이 좋다.

예시 1

우선 첫째 단계(순서①)는 이중나선 구조가 풀리는 단계로 이 단계를 위해서는 섭씨 95도 정도의 높은 온도를 이용한다. 둘째 단계(순서②)는 원본 가닥에 프라이머가 붙는 단계로 이 단계를 위해서는 시발체인 프라이머 가닥들을 첨가하고 온도를 섭씨 54도 정도로 낮춘다. 셋째 단계(순서③)는 DNA 중합 효소가 염기들을 원본 가닥에 붙여 나가는 단계인데, 이 단계를 위해서는 DNA 중합 효소와 DNA의 4가지 구성 요소(A, T, G, C)가 포함된 뉴클레오티드 용액을 첨가하고, DNA 중합 효소가 염기들을 원본 DNA 가닥에 붙여 나가기에 적합하도록 온도를 섭씨 74도 정도로 올린다.

예시 2

우리나라에 현전하는 풍수에 대한 가장 오래된 기록은 『삼국유사』(풍수에 관한 기록)의 자장율사에 대한 것이다. 당(唐)에서 유학하였던 그는 풍수 이론을 도입하여 그 이전과는 다른 방법으로 선덕 여왕의 능지를 선정하였다고 한다. 당시의 풍수는 왕실과 불가(佛家) 등 지배 계층에게만 독점된 사상이었다.

고려 시대에 들어서면서(시간순서①) 풍수는 국가를 위한 강력한 통치 수단으로 사용되었고, 이후 왕권과 지속적으로 밀착되고 국가적으로 중요한 문제를 해결하기 위한 근거로 쓰였다. 그리고 고려 말(시간순서②)에는 미래를 예언하는 도참사상(圖讖思想)과 결합하여 민간에까지 전파되기 시작하였다.

화장 문화를 중시한 불교를 국교로 삼았던 고려와 달리, 조선 시대에는(시간순서③) 유학을 중심으로 매장 문화가 확산되면서 풍수는 더욱 발전하게 되었다. 위로는 수도와 궁궐 및 왕릉의 위치 선정에, 아래로는 촌락의 입지와 집터의 선정, 선조의 묘지 선택에 영향을 미치게 된 것이다. 조선 후기에는(시간순서④) 동학 농민 운동이나 민란과 관련된 설화에서도 풍수의 흔적이 나타난다.

예시 3

15세기 중엽(시간순서①) 구텐베르크가 인쇄술을 도입했을 때 인쇄업에는 모험적인 투자가 필요했다. 인쇄 시설은 자주 교체해야 했고 노동 비용과 종잇값도 비쌌을 뿐 아니라, 막대한 투자금의 회수도 오래 걸렸다. 결국 15세기 말(시간순서②) 인쇄업은 자금을 빌려주는 업자들에게 종속되었는데 그들은 경제적 목적을 가지고 책 사업을 장악하였다. … (중략) … 15세기 후반부(시간순서③)에는 라틴어가 가장 중요했기에 라틴어로 된 종교 서적이 인쇄의 주류를 이루었다. 16세기(시간순서④) 들어 인쇄술은 고대 문헌들의 출판을 통해 인문주의의 대의에 공헌했으며, 종교 개혁을 위한 수단으로도 이용되었다.

7. 문제-해결 구조

문제와 해결 구조는 사회 문제를 제시하고 그 문제를 해결할 수 있는 방법을 주장하거나 제안하는 구조이다. 이러한 구조에는 글쓴이가 제시하지 않은 원인이나 해결책을 선택지에 넣어서 출제하는 경우가 많기 때문에, 글을 읽을 때 원인과 해결책에 밑줄을 쳐 놓는 것이 좋다. 또한 '문제를 해결하기 위해서는', '방법이 될 것이다'와 같은 표현이 자주 쓰이기 때문에 이러한 표현에 주의해서 글을 읽어야 한다.

예시

낮은 출생률(문제 제시)은 경제 성장을 저해(폐해 ①)하며, 사회 안정과 건강한 미래 세대를 위협(폐해 ②)하고 있다. 이로 인해 사회 보장 체계에도 큰 부담(폐해 ③)을 주게 되며, 이는 한국 사회의 지속 가능성에 대한 심각한 질문(폐해 ④)을 던지게 한다. → 문제점으로 인한 폐해

정부도 문제의 심각성을 인지하여 출산율 제고 정책뿐만 아니라 다양한 인구감소 해결 방안을 모색하고 있다. 외국인 노동자 유입 확대(해결책 ①), 이민정책 활성화(해결책 ②) 등 다각적인 노력을 기울이고 있는데 이 중에서도 외국인 육아 도우미(해결책 ③) 추진이 큰 이목을 끌고 있다.

8. 역접관계 구조

'하지만, 그러나, 그렇지만, ~지만'의 형식으로 나타나는 구조이다. 역접관계를 나타내는 표현 뒤의 문장이 매우 중요하기 때문에 반드시 역접관계를 나타내는 부분에 □나 △표시를 하면서 글을 읽어야 한다. 주제, 중심 내용 찾기 문제에서는 역접 관계 뒤의 문장이 답이 되는 경우도 많다.

예시1

1750년대 초만 하더라도, 대다수의 사람들은 얼음은 녹는점에 이르면 즉시 녹는다는 속설을 굳게 믿고 있었다.(최초 주장) 그러나(역접관계) 빌케와 블랙은 이 고정관념에 의구심을 가졌고 연구를 거듭한 끝에 얼음이 녹는점에 있다 해도 이를 완전히 물로 녹이려면 상당히 많은 열이 필요함을 발견하였다.(최종 주장)

예시2

전통은 물론 과거로부터 이어 온 것을 말한다.(최초 주장) 이 전통은 대체로 그 사회 및 그 사회의 구성원인 개인의 몸에 배어 있다. 때문에 스스로 깨닫지 못하는 사이에 전통은 우리의 현실에 작용하는 경우가 있다. 그러나(역접관계) 과거에서 이어 온 것을 무턱대고 모두 전통이라고 한다면, 인습(因襲)이라는 것과 구별이 어려워진다. 인습은 예전의 풍습과 습관 등을 그대로 따르는 것을 뜻하는데, 우리는 인습을 버려야 할 것이라고는 생각하지만 계승해야 할 것이라고는 생각하지 않는다. 여기서 우리는 과거에서 이어 온 것을 객관화하고, 이를 비판하는 입장에 서야 할 필요성을 느끼기 시작한다. 그 비판을 통해서 현재의 문화 창조에 이바지할 수 있다고 생각되는 것만을 남기고 계승하되, 그것을 전통이라고 불러야 할 것이다.(최종 주장)

[01~05] 다음 지문을 읽고 물음에 답하시오.

01

우리나라는 독서율이 8.4%로 경제 협력 개발 기구[OECD] 가입 국가의 평균이 20.2%인 것에 비교할 때 턱없이 낮은 편이다. 독서가 인간의 삶과 국가 경쟁력에 미치는 영향력이 크다는 점에서 독서 문화 진흥에 관한 정책들을 시급히 마련할 필요가 있다.

이에 따라 우리나라는 범정부적으로 독서 문화 진흥을 위한 정책을 추진하기 위하여 모두가 보편적으로 누리는 '포용적 독서 복지 실현'이라는 추진 전략을 수립하였다. 이 전략은 〈독서문화진흥법〉 제2조에 명시된 독서 소외인, 즉, 시각 장애, 노령화 등의 신체적 장애 또는 경제적 · 사회적 · 지리적 제약 등으로 독서 문화에서 소외되어 있거나 독서 자료의 이용이 어려운 자를 위한 독서 복지 체계를 마련하는 데에 목적이 있다.

포용적 독서 복지를 실현하기 위하여 정부는 독서 소외인의 실태를 고려한 맞춤형의 프로그램을 제공할 계획이다. 구체적으로는 취약 지역의 작은 도서관 설치, 점자 및 수화 영상 도서 보급, 병영 도서관 확충, 교정 시설에 대한 독서 치유 프로그램 운영 등을 들 수 있다.

(1) 다음 글이 어떤 구조로 되어 있는지 고르시오.

① 분류하여 설명하는 구조
② 비교 - 대조의 구조
③ 문제 - 해결의 구조
④ 원인 - 결과의 구조

(2) 다음 글을 읽고 O, X 표시하시오.

- 독서문화진흥법 제2조에 따르면 도시와 멀리 떨어진 외딴섬에 살아 독서 자료의 이용이 어려운 사람은 독서 소외인에 해당한다. O | X
- 정부는 집단적 프로그램을 통해 포용적 독서 복지를 실현하려고 한다. O | X

정답·해설

01 (1) ③
(2) O, X

02

> 이전보다 훨씬 다양한 집단에 속한 채 살아야 하는 현대인에게는 개인과 집단의 관계를 어떻게 설정해야 할까? 이러한 문제가 발생할 때 다수의 논리를 내세워 개인의 의지를 배제한다면 그것은 바람직한 해결책이라 할 수 없다. 현대 사회가 추구하는 효율성의 원칙만을 내세워 집단을 개인의 우위에 두면 '진정한 인간성'이 계발되기 어렵다. 그러므로 우리는 개인이 조직 사회에 종속됨으로써 정신적 독립성을 잃게 되는 위험성을 항상 경계해야 한다.

(1) 다음 글이 어떤 구조로 되어 있는지 고르시오.

① 묻고 답하는 구조
② 원인 - 결과의 구조
③ 분류하여 설명하는 구조
④ 일반적 - 구체적 사례 구조

(2) 다음 글을 읽고 O, X 표시하시오.

- 개인의 의지는 집단의 이익을 위해 억제될 수 있다. O | X
- 개인이 집단에 종속되어서는 안 된다. O | X

정답·해설

02 (1) ①
(2) X, O

03

뮤신은 점막에서 분비되는 점액의 주성분으로, 세균과 바이러스의 침입을 막고, 점막을 보호하는 역할을 한다. 뮤신의 기능 부조화는 크게 두 가지로 나눌 수 있다. 첫 번째는 뮤신의 분비량이 감소하는 경우이다. 뮤신의 분비량이 감소하면, 점막이 건조해지고, 세균과 바이러스의 침입에 취약해진다. 두 번째는 뮤신의 질이 저하되는 경우이다. 뮤신의 질이 저하되면, 세균과 바이러스를 붙잡아 배출하는 능력이 떨어진다.

뮤신의 분비량이 감소하거나, 질이 저하되면, 세균과 바이러스의 침입을 막는 능력이 떨어진다. 이로 인해 세균과 바이러스가 기관지에 쉽게 침입하여 감염을 일으킬 수 있다. 세균과 바이러스에 감염되면, 기관지에서 염증 반응이 일어난다. 염증 반응은 기관지의 손상을 유발하고, 호흡 기능을 저하시킨다. 염증 반응이 장기간 지속되면, 기관지에 섬유 조직이 형성될 수 있다. 섬유 조직은 기관지를 좁아지게 하고, 호흡 기능을 더욱 저하시킨다.

(1) 다음 글이 어떤 구조로 되어 있는지 고르시오.

① 묻고 답하는 구조
② 비교 - 대조의 구조
③ 원인 - 결과의 구조
④ 문제 - 해결의 구조

(2) 다음 글을 읽고 O, × 표시하시오.

- 뮤신 분비량이 감소하면 점막이 건조해지고, 세균과 바이러스의 침입에 취약해진다. O | ×
- 기관지의 손상 및 호흡 기능 저하는 염증 반응을 유발한다. O | ×

정답·해설

03 (1) ③

(2) O, ×

04

유대교와 기독교는 모두 종교적인 신앙 체계로서, 유대인들과 기독교인들에게 중요한 역할을 하는 종교이다. 그러나 이 두 종교는 역사, 신앙, 경전, 예배 방식 등에서 중요한 차이를 가지고 있다.

유대교는 유대인들의 종교로, 옛 유다 왕국의 유대인들을 기원으로 한다. 그들은 구약 성경을 기반으로 하여 신앙을 수행한다. 유대교는 일종의 유대인의 정체성과 문화적인 측면도 강조하는 종교로서, 역사적으로 많은 고난과 핍박을 겪으며 유대인들의 공동체와 연대를 강화하는 역할을 한다. 유대교는 율법과 유대인의 윤리와 규범을 중요시하며, 안식일의 중요성을 강조한다. 유대교는 여러 가지 유대인 사회와 문화적인 변형을 거치면서 다양한 분파를 가지게 되었다.

반면에 기독교는 예수 그리스도를 중심으로 한 종교로, 신약 성경을 중심으로 하여 이를 기반으로 신앙을 실천한다. 기독교는 예수 그리스도의 죽음과 부활을 중심으로 하며, 그리스도의 구원과 사랑의 메시지를 전파한다. 기독교는 예배와 기도, 성찬을 중요하게 여기며, 사랑과 관용, 도움의 정신 등을 강조한다. 성서로는 구약과 신약이 모두 중요하며, 신약 성경에서는 예수 그리스도의 삶, 가르침, 죽음, 부활 및 그의 재림에 대한 가르침이 주가 된다. 기독교는 여러 개파와 분파로 나뉘어지며, 개인적인 신앙 경험과 교회 공동체의 중요성을 강조한다.

이러한 차이점들은 유대교와 기독교의 역사, 신앙 체계, 성경 해석 등에서 비롯된다. 또한, 각 종교의 신앙인들은 종교적 신념을 실천하는 방식과 예배 방식, 윤리적 가치, 사회적 관계 등에서도 차이를 보인다. 유대교와 기독교는 각각의 독특한 역사와 문화를 가지며, 이러한 신앙 체계와 실천은 많은 사람들에게 깊은 의미와 영감을 주고 있다.

(1) 다음 글이 어떤 구조로 되어 있는지 고르시오.

① 묻고 답하는 구조
② 비교 - 대조의 구조
③ 원인 - 결과의 구조
④ 문제 - 해결의 구조

(2) 다음 글을 읽고 O, X 표시하시오.

- 유대교는 구약 성경을 기반으로 신앙을 수행하며 율법과 유대인의 윤리와 규범을 중요시 여긴다. O | X
- 기독교는 신약 성경을 기반으로 하며 안식일을 중시한다. O | X

정답·해설

04 (1) ②
(2) O, X

Ⅲ 독해

해커스공무원 신민숙 쉬운국어 **한 권으로 끝**

05

19세기 후반부터 20세기 초반에 걸쳐 유럽 미술계는 급격한 변화를 겪었다. 이러한 변화를 주도한 세 개의 주요 미술 운동이 바로 인상파, 후기인상파, 야수파이다. 인상파는 빛의 변화에 따른 대상의 순간적인 인상을 묘사하는 것을 중요시하였다. 인상파 화가들은 야외에서 그림을 그리며, 빛의 변화를 포착하기 위해 밝은 색채와 짧은 붓질을 사용하였다.

후기인상파는 인상파의 영향을 받아 시작된 미술 운동으로, 인상파의 단순한 묘사 방식에 반대하여 대상의 본질을 표현하는 것을 중요시하였다. 후기인상파 화가들은 색채의 분할과 붓질의 변화를 통해 대상의 내면을 표현하고자 하였다.

야수파는 강렬한 색채와 단순한 형태를 사용하여 자신의 감정을 표현하는 것을 중요시하였다. 야수파 화가들은 대상의 외형적인 묘사에 관심을 두지 않고, 자신의 감정을 표현하기 위해 색채와 형태를 자유롭게 사용하였다.

(1) 다음 글이 어떤 구조로 되어 있는지 고르시오.

① 묻고 답하는 구조
② 일반적 - 구체적 사례 구조
③ 문제 - 해결의 구조
④ 분류하여 설명하는 구조

(2) 다음 글을 읽고 O, × 표시하시오.

- 인상파는 빛의 변화에 따른 순간적 인상의 포착을 중시하였다. O | ×
- 후기인상파는 인상파와 달리 단순한 묘사 방식에 반대하였다. O | ×
- 야수파는 자유로운 색채 사용을 통해 대상의 감정을 표현하였다. O | ×

정답·해설

05 (1) ④
(2) O, O, ×

[01~06] 다음 지문을 읽고 비슷한 구조를 고르시오.

01 사물놀이에 대한 우려는 그것이 창조적 발전을 거듭하지 못한 채 타성에 젖어 들고 있다는 측면에서도 제기된다. 많은 사물놀이패가 새로 생겨났지만, 사물놀이의 창안자들이 애초에 이룩한 음악 어법이나 수준을 넘어서서 새로운 발전을 이루어 내지 못한 채 그 예술적 성과와 대중적 인기에 안주하고 있다는 것이다. 이는 사물놀이가 민족 예술로서의 정체성을 뚜렷이 갖추지 못한 데 따른 결과로 분석되기도 한다. 이런 맥락에서 비판자들은 혹시라도 사물놀이가 대중의 일시적인 기호에 영합하는 방향으로 흘러갈 경우 머지않아 위기를 맞게 될지도 모른다고 경고하고 있다.

① 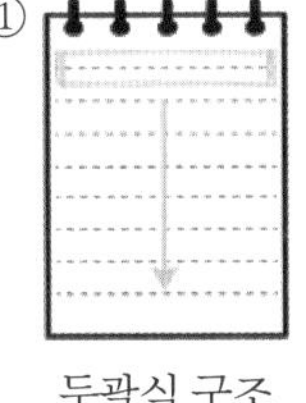
두괄식 구조

② 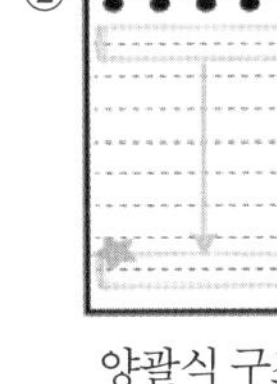
양괄식 구조

③ 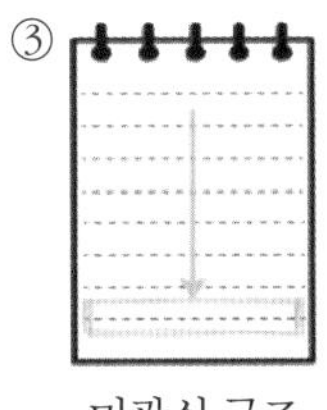
미괄식 구조

④ 

역접관계 구조

정답·해설

01 사물놀이에 대한 우려는 그것이 창조적 발전을 거듭하지 못한 채 타성에 젖어 들고 있다는 측면에서도 제기된다. 많은 사물놀이패가 새로 생겨났지만, 사물놀이의 창안자들이 애초에 이룩한 음악 어법이나 수준을 넘어서서 새로운 발전을 이루어 내지 못한 채 그 예술적 성과와 대중적 인기에 안주하고 있다는 것이다. 이는 사물놀이가 민족 예술로서의 정체성을 뚜렷이 갖추지 못한 데 따른 결과로 분석되기도 한다. 이런 맥락에서 비판자들은 혹시라도 사물놀이가 대중의 일시적인 기호에 영합하는 방향으로 흘러갈 경우 머지않아 위기를 맞게 될지도 모른다고 경고하고 있다.

정답
01 ②

02

흔히 읽기는 듣기·말하기와 달리 영·유아가 글자를 깨치고 나서야 시작된다고 생각한다. 그러나 대부분의 읽기 발달 연구에서는 그전에도 읽기 발달이 진행된다고 본다. 이 연구들에서는 읽기 행동의 특성이나 글에 대한 이해 수준 등에 따라 읽기 발달 단계를 위계화한다. 대개 '읽기 준비'를 하나의 단계로 보고, 이후의 단계를 '글자를 익히고 소리 내어 읽기', '의미를 이해하며 읽기', '학습 목적으로 읽기', '다양한 관점으로 읽기', '의미를 재구성하며 읽기'의 순으로 나눈다.

① 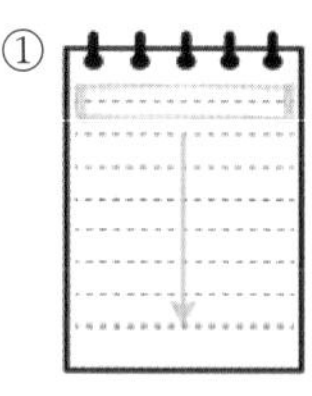
두괄식 구조

② 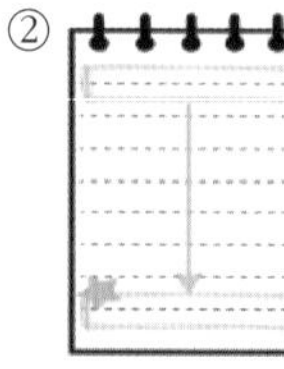
양괄식 구조

③ 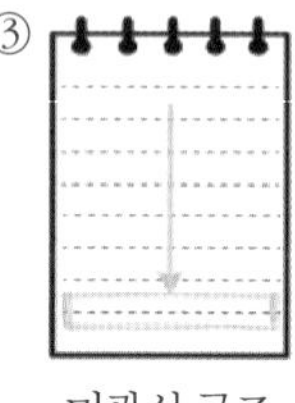
미괄식 구조

④ 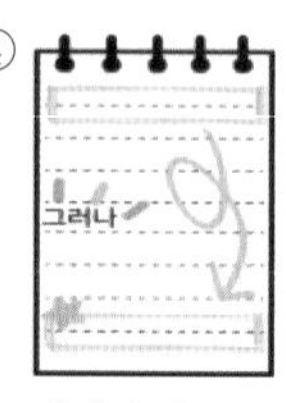

역접관계 구조

03

신용카드나 신분증에 RFID 시스템이 도입되면 일상생활의 편리함은 더욱 커질 수 있는데, 상품 정보 확인뿐만 아니라 지불과 서명까지 동시에 진행할 수 있다. 그러나 통신 영역 내에 있는 모든 태그의 정보가 리더에게 전달될 수 있으므로, 자신도 모르는 사이에 '무엇을 입고 무엇을 지닌 상태로 언제 어디서 누구와 무엇을 얼마나 샀는지' 등의 정보가 파악될 수도 있다. 즉 악의적으로 설치된 리더에게도 무방비로 노출되어 있는 셈이다.

① 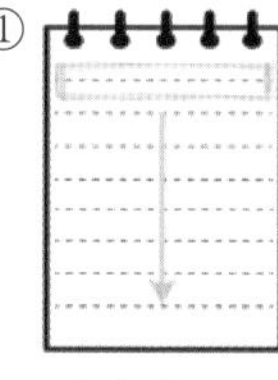
두괄식 구조

② 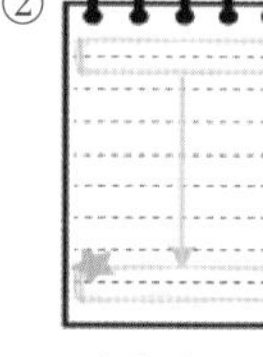
양괄식 구조

③ 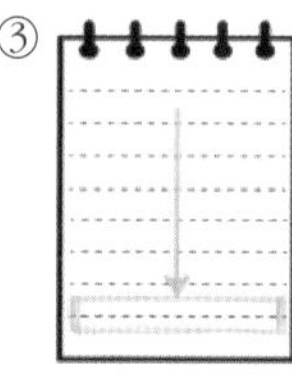
미괄식 구조

④ 

역접관계 구조

정답·해설

02 흔히 읽기는 듣기·말하기와 달리 영·유아가 글자를 깨치고 나서야 시작된다고 생각한다. 그러나 대부분의 읽기 발달 연구에서는 그전에도 읽기 발달이 진행된다고 본다. 이 연구들에서는 읽기 행동의 특성이나 글에 대한 이해 수준 등에 따라 읽기 발달 단계를 위계화한다. 대개 '읽기 준비'를 하나의 단계로 보고, 이후의 단계를 '글자를 익히고 소리 내어 읽기', '의미를 이해하며 읽기', '학습 목적으로 읽기', '다양한 관점으로 읽기', '의미를 재구성하며 읽기'의 순으로 나눈다.

03 신용카드나 신분증에 RFID 시스템이 도입되면 일상생활의 편리함은 더욱 커질 수 있는데, 상품 정보 확인뿐만 아니라 지불과 서명까지 동시에 진행할 수 있다. 그러나 통신 영역 내에 있는 모든 태그의 정보가 리더에게 전달될 수 있으므로, 자신도 모르는 사이에 '무엇을 입고 무엇을 지닌 상태로 언제 어디서 누구와 무엇을 얼마나 샀는지' 등의 정보가 파악될 수도 있다. 즉 악의적으로 설치된 리더에게도 무방비로 노출되어 있는 셈이다.

정답

02 ④ 03 ④

04 이제 20세기 말 정보화와 세계화를 계기로 시간적·공간적 거리가 압축되어 세계가 동시적 경험이 가능한 공간으로 인식되면서 인간의 삶은 이전과 크게 달라졌다. 기술의 비약적 발달로 의식주 등 생활의 기본 욕구는 충족되었지만, 현대인들은 더욱 다양해진 욕구와 성취 욕망을 충족하기 위해 스스로를 소진하고 있다. 경쟁이 세계로 확대됨에 따라 사람들이 타인과의 경쟁에서 이기는 동시에 자신의 능력을 극한으로 끌어올리기 위해 스스로를 끝없이 몰아세울 수밖에 없는 내면화된 강박증에 시달리고 있는 것이다. 결국 기술의 발달이 인간의 삶을 여유롭고 의미 있는 것으로 만들어 줄 것이라는 기대와 달리, 사색적 삶은 설 자리를 잃고 활동적인 삶이 폭주하게 된 것이다.

① 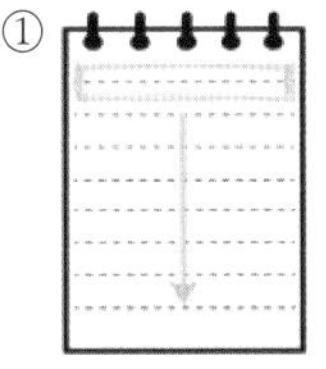
두괄식 구조

② 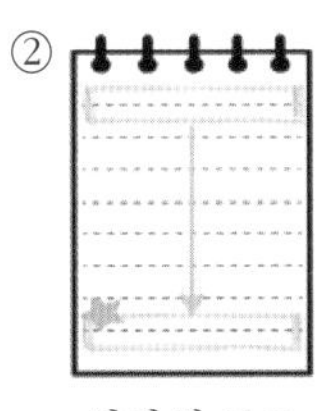
양괄식 구조

③ 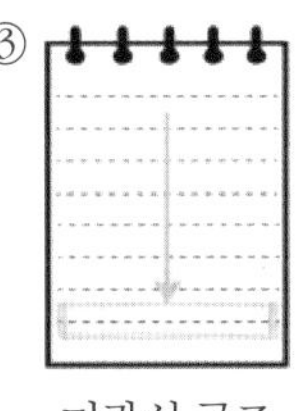
미괄식 구조

④ 

역접관계 구조

정답·해설

04 이제 20세기 말 정보화와 세계화를 계기로 시간적·공간적 거리가 압축되어 세계가 동시적 경험이 가능한 공간으로 인식되면서 인간의 삶은 이전과 크게 달라졌다. 기술의 비약적 발달로 의식주 등 생활의 기본 욕구는 충족되었지만, 현대인들은 더욱 다양해진 욕구와 성취 욕망을 충족하기 위해 스스로를 소진하고 있다. 경쟁이 세계로 확대됨에 따라 사람들이 타인과의 경쟁에서 이기는 동시에 자신의 능력을 극한으로 끌어올리기 위해 스스로를 끝없이 몰아세울 수밖에 없는 내면화된 강박증에 시달리고 있는 것이다. 결국 기술의 발달이 인간의 삶을 여유롭고 의미 있는 것으로 만들어 줄 것이라는 기대와 달리, 사색적 삶은 설 자리를 잃고 활동적인 삶이 폭주하게 된 것이다.

정답
04 ④

05

그러나 청의 번영은 지속되지 않았고, 19세기에 접어들 무렵부터는 심각한 내외의 위기에 직면해 급속한 하락의 시대를 겪게 된다. 북학파들이 연행을 했던 18세기 후반에도 이미 위기의 징후들이 나타나고 있었다. 급격한 인구 증가로 인한 여러 문제는 새로운 작물 재배, 개간, 이주, 농경 집약화 등 민간의 노력에도 불구하고 해결되지 않았다. 인구 증가로 이주 및 도시화가 진행되는 가운데 전통적인 사회적 유대가 약화되거나 단절된 사람들이 상호 부조 관계를 맺는 결사 조직이 성행하였다. 이런 결사 조직은 불법적인 활동으로 연결되곤 했고 위기 상황에서는 반란의 조직적 기반이 되었다. 인맥에 기초한 관료 사회의 부정부패가 심화된 것 역시 인구 증가와 무관하지 않았다. 교육받은 지식인들이 늘어났지만 이들을 흡수할 수 있는 관료 조직의 규모는 정체되어 있었고, 경쟁의 심화가 종종 불법적인 행위로 연결되었다. 이와 같이 18세기 후반 청의 화려한 번영의 그늘에는 심각한 위기의 씨앗들이 뿌려지고 있었다.

① 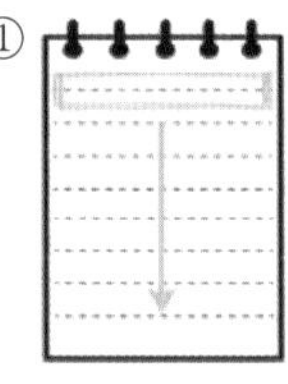
두괄식 구조

② 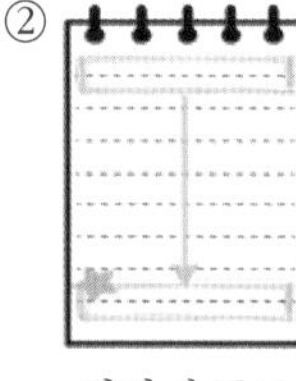
양괄식 구조

③ 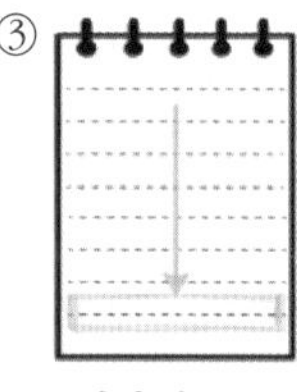
미괄식 구조

④ 

역접관계 구조

정답·해설

05 그러나 청의 번영은 지속되지 않았고, 19세기에 접어들 무렵부터는 심각한 내외의 위기에 직면해 급속한 하락의 시대를 겪게 된다. 북학파들이 연행을 했던 18세기 후반에도 이미 위기의 징후들이 나타나고 있었다. 급격한 인구 증가로 인한 여러 문제는 새로운 작물 재배, 개간, 이주, 농경 집약화 등 민간의 노력에도 불구하고 해결되지 않았다. 인구 증가로 이주 및 도시화가 진행되는 가운데 전통적인 사회적 유대가 약화되거나 단절된 사람들이 상호 부조 관계를 맺는 결사 조직이 성행하였다. 이런 결사 조직은 불법적인 활동으로 연결되곤 했고 위기 상황에서는 반란의 조직적 기반이 되었다. 인맥에 기초한 관료 사회의 부정부패가 심화된 것 역시 인구 증가와 무관하지 않았다. 교육받은 지식인들이 늘어났지만 이들을 흡수할 수 있는 관료 조직의 규모는 정체되어 있었고, 경쟁의 심화가 종종 불법적인 행위로 연결되었다. 이와 같이 18세기 후반 청의 화려한 번영의 그늘에는 심각한 위기의 씨앗들이 뿌려지고 있었다.

정답
05 ②

06 곽희가 살았던 시대는 태평성세였다. 사대부는 충과 효를 사회적으로 실천해야만 했다. 그 때문에 자연에서 노닐며 살고자 하는 개인적 욕망을 실현할 수 없었다. 사대부들은 화원들을 구해 자신들이 간접적으로 경험할 수 있는 산수를 그리게 하였다. 화원은 사대부의 요구를 충족시키기 위해 다양한 방법을 시도하였다. 작품 구상을 위해 시에 의존하고, 사대부들이 작품을 통해 외유할 수 있게끔 대상의 사실적 묘사와 삼원법(三遠法)을 추구하기도 하였다. 감상자는 이를 통해 산수의 한 공간에 머무는 것이 아니라 정신을 무한한 곳으로 확장하여 절대적인 정신의 자유를 누리게 된다. 그러나 '원'을 통해 자유의 경지를 실현하면서 개인적 자아의 추구에로 치우쳐 또다시 사회적 자아와 균형을 잃을 수 있다. 그래서 사대부는 두 자아의 균형을 위해 산수에 사회적 가치가 투영되도록 하였다.

① 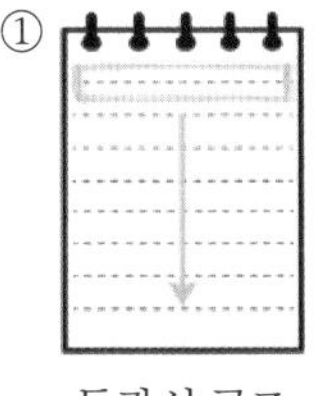
두괄식 구조

② 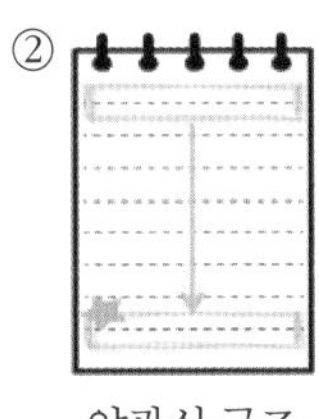
양괄식 구조

③ 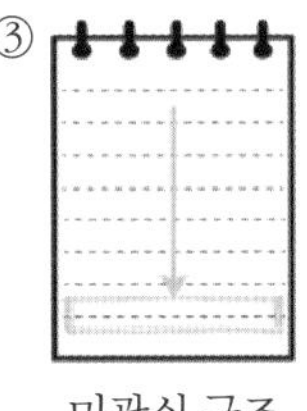
미괄식 구조

④ 

역접관계 구조

정답·해설

06 곽희가 살았던 시대는 태평성세였다. 사대부는 충과 효를 사회적으로 실천해야만 했다. 그 때문에 자연에서 노닐며 살고자 하는 개인적 욕망을 실현할 수 없었다. 사대부들은 화원들을 구해 자신들이 간접적으로 경험할 수 있는 산수를 그리게 하였다. 화원은 사대부의 요구를 충족시키기 위해 다양한 방법을 시도하였다. 작품 구상을 위해 시에 의존하고, 사대부들이 작품을 통해 외유할 수 있게끔 대상의 사실적 묘사와 삼원법(三遠法)을 추구하기도 하였다. 감상자는 이를 통해 산수의 한 공간에 머무는 것이 아니라 정신을 무한한 곳으로 확장하여 절대적인 정신의 자유를 누리게 된다. 그러나 '원'을 통해 자유의 경지를 실현하면서 개인적 자아의 추구에로 치우쳐 또다시 사회적 자아와 균형을 잃을 수 있다. 그래서 사대부는 두 자아의 균형을 위해 산수에 사회적 가치가 투영되도록 하였다.

정답
06 ④

[01~02] 다음 글을 읽고 물음에 답하시오.

(가) 우리는 매일 놀이를 하면서 살아간다. 놀이에 많은 시간과 노력을 들이는 경우도 있다. 로제 카이와라는 학자는 놀이가 인간의 사회적, 제도적 측면에서 네 가지 속성을 가지고 있다고 주장했다.

(나) 우선, '경쟁'의 속성이다. 어떤 놀이들은 경쟁의 속성을 포함하고 있다. 아이들은 달리기로 경쟁하여 목표 지점에 먼저 도달하는 놀이를 하거나, 혹은 시간을 정해 놓고 더 많은 점수를 얻으려는 놀이를 한다. 이 경쟁의 속성은 스포츠나 각종 선발 시험 등에서 순위를 결정하는 원리로 변화되어, 사회 제도의 기본 원칙으로 활용되고 있다.

(다) 다음으로, '운'의 속성이다. 어떤 놀이들은 경쟁이 아닌 운의 속성을 활용하고 있다. 아이들은 놀이를 시작할 때, 종종 제비를 뽑아 술래를 결정하곤 한다. 어른들은 경쟁이 아닌 운을 실험하는 방식으로 내기를 하기도 한다. 예를 들어 복권은 운의 속성을 활용한 대표적인 사회 제도이다. 축구 경기가 경쟁을 통해 승패를 결정하는 행위라면 조 추첨을 통한 부전승은 실력을 고려하지 않고 운에 영향을 받는 행위여서, 경쟁과 운은 상호 보완적인 속성을 가지고 있다.

(라) 그다음으로, '흉내'의 속성이다. 아이들은 어려서부터 모방하는 행위를 즐긴다. 유년기의 아이들은 주로 아버지와 어머니의 행동을 흉내 내고, 소년기의 학생들은 급우와 교사의 행동을 모방한다. 아리스토텔레스 이후 많은 철학자들이 모방을 예술의 기본 원리로 파악했고, 배우는 이러한 모방을 전문화한 직업인이라고 할 수 있다.

(마) 끝으로, 균형의 파괴 혹은 '일탈'의 속성이다. 아이들은 자신의 신체적 균형을 고의로 무너뜨리는 상황에 매혹을 느낀다. 가령 어린아이들은 어른들이 자신들의 몸을 공중에 던져 주면 환호성을 지르며 열광하고, 소년기의 학생들은 아찔한 롤러코스터를 일부러 타면서 신체적 균형이 무너지는 현기증을 체험한다. 일탈의 속성 역시 우리 사회 전반에 스며들어, 사회 제도의 압박감에서 벗어나 개인의 자유로움을 추구하는 행위로 나타나곤 한다.

(바) 요약하면 경쟁, 운, 흉내, 일탈은 놀이의 속성이면서 동시에 인간이 형성한 문화의 근간이다. 사람들은 때로는 경쟁하고 운의 논리에 자신을 맡기는 사회 제도를 만들었고, 모방을 통해 예술의 기본 원리를 확립했으며, 신체적 균형과 사회 질서에서 벗어나는 유희와 일탈의 속성을 도입하기도 했다는 것이다. 놀이의 관점으로 인간의 문화를 이해할 때 특정 원리만을 신봉하거나 특정 원리를 배격하지 않아야 한다. 놀이의 네 가지 속성이 상호 작용하여 사회의 각 분야를 형성했고, 각 분야의 역할이 확장된 형태로 어울리면서 각종 예술과 제도가 함께 성숙할 수 있었음을 기억할 필요가 있다.

01 다음 글의 내용과 일치하지 않는 것은?

① '경쟁'은 사회 제도의 기본 원칙으로 활용되고 있다.
② 조 추첨을 통한 부전승은 '운'의 속성에 속한다.
③ '일탈'은 부정적인 측면이 강해 문화의 원리에서 배격해야 한다.
④ 놀이의 네 가지 속성이 상호 작용하여 사회의 각 분야를 형성하고 있다.

02 다음 글을 통해 추론한 내용으로 적절하지 않은 것은?

① 귀족 사회에서 특권 계층의 자제들이 실력에 대한 검증 없이 관직에 나갈 수 있는 것은 '경쟁'의 속성에 해당한다.
② 사다리 타기 게임을 통해 술래를 결정하는 것은 '운'의 속성에 속한다.
③ 화가들이 그림을 창작하는 것은 '모방'의 속성에 속한다.
④ 판타지 소설을 보면서 공상에 빠지는 행위는 '일탈'의 속성에 해당한다.

정답·해설

01 일탈은 사회 제도의 압박에서 벗어나 개인에게 자유를 준다고 하였기 때문에 배격해야 하는 속성이 아니다.

02 귀족사회에서 특권 계층 자제들이 실력에 대한 검증 없이 관직에 나갈 수 있는 것은 좋은 집안에서 태어난 운의 속성에 속한다. 경쟁에서 이겨서 관직에 나간 것이 아니기 때문에 '경쟁'의 속성에 속하지 않는다.

정답
01 ③ 02 ①

01 주제문, 중심 내용 찾기

민숙쌤의 독해 비법

① 선택지를 확인하여 내용의 화제를 체크한다.
② '그러므로, 결과적으로, 이처럼' 등과 같은 접속어에 집중한다.
③ '하지만, 그러나, -지만'과 같은 역접 표현 이후에 집중한다.
④ '원인과 결과'를 나타내는 글에서는 '결과'에 집중한다.
⑤ 질문이 나타난 글은 질문에 대한 '답'에 집중한다.
⑥ 예를 드는 경우에는 '예시' 문장 앞뒤에 집중한다.
⑦ '예시'에 포함된 내용은 주제문이 되지 않는다.
⑧ 주제문은 단락 전체를 관통하는 내용이어야 한다(부분적인 내용은 주제문이 될 수 없음).

대표 문제로 유형 체크

다음 글의 주제로 가장 적절한 것은?

과거제는 여러 가지 사회적 효과를 가져왔는데, 특히 학습에 강력한 동기를 제공함으로써(원인) 교육의 확대와 지식의 보급에 크게 기여했다(결과). 그 결과 통치에 참여할 능력을 갖춘 지식인 집단이 폭넓게 형성되었다(최종 결과 ①). 시험에 필요한 고전과 유교 경전이 주가 되는 학습의 내용은 도덕적인 가치 기준에 대한 광범위한 공유를 이끌어 냈다(최종 결과 ②).

동아시아에서 과거제가 천 년이 넘게 시행된 것은 과거제의 합리성이 사회적 안정에 기여했음을 보여 준다. 과거제는 왕조의 교체와 같은 변화에도 불구하고 동질적인 엘리트층의 연속성을 가져왔다(최종 결과 ③). 그리고 이러한 연속성은 관료 선발 과정뿐 아니라 관료제에 기초한 통치의 안정성에도 기여했다(최종 결과 ④).

과거제를 장기간 유지한 것은 세계적으로 드문 현상이었다. 과거제에 대한 정보는 선교사들을 통해 유럽에 전해져 많은 관심을 불러일으켰다. 일군의 유럽 계몽사상가들은 학자의 지식이 귀족의 세습적 지위보다 우위에 있는 체제를 정치적인 합리성을 갖춘 것으로 보았다(과거제를 통한 관리와 세습제를 통한 관리 비교). 이러한 관심은 사상적 동향뿐 아니라 실질적인 사회 제도에까지 영향을 미쳐서, 관료 선발에 시험을 통한 경쟁이 도입되기도 했다(최종 결과 ⑤).

① 과거제의 장점
② 과거제의 선발 방식 → 언급 X
③ 유럽의 관료 선발 방식 → 부분적 설명
④ 동아시아의 문화적 공통점 → 부분적 설명

정답 설명 ① 제시문은 과거제의 사회적 효과와 과거제가 동아시아에서 오랜 기간 시행된 이유, 그리고 유럽에 전해진 과거제의 장점에 대해 서술하고 있다. 이러한 내용을 포괄하는 제시문의 주제로 가장 적절한 것은 ① '과거제의 장점'이다.

엄선 문제로 실력 향상

01 다음 글의 주장으로 가장 적절한 것은?
2019. 국가직 7급 변형

> 사람은 일곱 자의 몸뚱이를 지니고 있지만 마음과 이치를 제하고 나면 귀하다 할 만한 것은 없다. 가령 온통 껍데기의 피고름이 큰 뼈 덩어리를 감싸고 있을 뿐이다. 예를 들어 배고프면 밥 먹고 목마르면 물 마신다. 옷을 입을 줄도 알고 음탕한 욕심을 채울 줄도 안다. 가난하고 천하게 살면서 부귀를 사모하고, 부귀하게 지내면서 권세를 탐한다. 성날 때는 싸우고 근심이 생기면 슬퍼한다. 궁하게 되면 못 하는 짓이 없고, 즐거우면 음란해진다. 무릇 백 가지 하는 바가 한결같이 본능에 따르니, 늙어 죽은 뒤에야 그만둘 따름이다. 그렇다면 이를 짐승이라 말하여도 괜찮을 것이다.

① 근심과 슬픔은 늙기 전까지 끊이지 않는다.
② 빈부 격차는 인간 삶의 지향성에 영향을 준다.
③ 마음으로 본능을 다스리는 삶의 자세가 필요하다.
④ 자연의 이치를 알고자 하는 욕구는 사람에게는 본능적이다.

02 다음 글의 중심 내용으로 가장 적절한 것은?
2023. 지방직 9급

> 교환가치는 거래를 통해 발생하는 가치이며, 사용가치는 어떤 상품을 사용할 때 느끼는 가치이다. 전자가 시장에서 결정된다는 점에서 객관적이라면, 후자는 개인에 따라 다르다는 점에서 주관적이다. 상품에는 사용가치와 교환가치가 섞여 있는데, 교환가치가 아무리 높아도 '나'에게 사용가치가 없다면 해당 상품을 구매하지 않을 것이다.
>
> 하지만 이 같은 상식이 통하지 않는 경우를 종종 볼 수 있다. 예를 들어 보자. 인터넷 커뮤니티에서 백만 원짜리 공연 티켓을 판매하는데, 어떤 사람이 "이 공연의 가치는 돈으로 환산할 수 없어요." 등의 댓글들을 보고서 애초에 관심도 없던 이 공연의 티켓을 샀다. 그에게 그 공연의 사용가치는 처음에는 없었으나 많은 댓글로 인해 사용가치가 있을 것으로 잘못 판단한 것이다. 안타깝게도, 그는 그 공연에서 조금도 만족하지 못했다.
>
> 이 사례에서 볼 때 건강한 소비를 위해서는 구매하려는 상품의 사용가치가 어떤 과정을 거쳐 결정된 것인지 곰곰이 생각해 봐야 한다. '나'에게 얼마나 필요한가에 대한 고민 없이 다른 사람들의 말에 휩쓸려 어떤 상품의 사용가치가 결정될 때, 그 상품은 '나'에게 쓸모없는 골칫덩이가 될 수 있다.

① 사용가치보다 교환가치가 큰 상품을 구매해야 한다.
② 상품을 구매할 때 사용가치와 교환가치를 두루 고려해야 한다.
③ 상품에 대한 다른 사람들의 평가를 반영해서 상품을 구매해야 한다.
④ 상품을 구매할 때 사용가치가 자신의 필요에 의해 결정된 것인지 신중하게 따져야 한다.

정답 · 해설

01

정답 설명

③ 제시문은 사람에게 가장 중요한 것이 마음과 이치뿐임을 제시한 후에 본능대로 행동하는 인간의 부정적인 모습을 나열하고 있으므로 마음으로 본능을 다스리는 삶의 자세가 필요하다는 주장이 가장 적절하다.

02

정답 설명

④ 중심 화제인 '사용가치'를 포함하면서 문단별 중심 내용을 포괄하는 주제로는 ④가 적절하다.

오답 분석

① '사용가치보다 교환가치가 큰 상품을 구매해야 한다.'는 본문의 내용과 다르기 때문에 주제문이 될 수 없다.
② '상품을 구매할 때 사용가치와 교환가치를 두루 고려해야 한다.'는 본문의 내용과 다르다. 본문의 내용은 '사용가치'를 잘 따져보고 구매하라는 것이다.
③ '상품에 대한 다른 사람들의 평가를 반영해서 상품을 구매해야 한다.'는 본문의 내용과 상반된다.

주제문, 중심 내용 찾기

03 다음 글의 주장으로 가장 적절한 것은?

> 우리에게 친숙한 동물들의 사소한 행동을 살펴보면 그들이 자신의 환경을 개조한다는 것을 알 수 있다. 가장 단순한 생명체는 먹이가 그들에게 헤엄쳐 오게 만들고, 고등 동물은 먹이를 구하기 위해 땅을 파거나 포획 대상을 추적하기도 한다. 이처럼 동물들은 자신의 목적을 위해 행동함으로써 환경을 변형시킨다. 이러한 생존 방식을 흔히 환경에 적응하는 것으로 설명한다. 그러나 이러한 설명은 생명체들이 그들의 환경 개변(改變)에 능동적으로 행동한다는 중요한 사실을 놓치고 있다.
>
> 가장 고등한 동물인 인간도 다른 생명체와 마찬가지로 생존이나 적응을 넘어서 환경에 대해 적극성을 보인다. 이는 인간의 세 가지 충동 — 사는 것, 잘 사는 것, 더 잘 사는 것 — 으로 인하여 가능하다. 잘 살기 위한 노력은 순응적이기보다는 능동적인 모습으로 나타나게 된다. 인간도 생명체이다. 더 잘 살기 위해서는 환경에 순응할 수만은 없다.

① 인간은 환경에 적응해 왔다.
② 삶의 기술은 생존을 위한 것이다.
③ 생명체는 환경을 능동적으로 변형한다.
④ 인간은 잘 사는 것을 삶의 목표로 한다.

정답 · 해설

03

정답 설명

③ 1문단과 2문단의 중심 내용은 동물과 인간 모두 환경을 개조·변화시킨다는 것이므로, 글의 주장으로 가장 적절한 것은 '생명체는 환경을 능동적으로 변형한다'는 것임을 알 수 있다.

오답 분석

① 2문단을 통해 인간은 환경에 대한 적응을 넘어서 능동적으로 환경을 변화시키는 존재임을 알 수 있다.
② 1문단에서 동물들이 환경을 변형하는 삶의 기술을 통해 생존한다는 것을 알 수 있지만, 이를 글의 주장으로 볼 수는 없다.
④ 2문단을 통해 인간의 목표가 '잘 사는 것'이라는 것을 파악할 수는 있지만 글 전체의 내용을 담고 있지 않으므로 글의 주장이 될 수 없다.

04 다음 글의 중심 내용으로 가장 적절한 것은?

인간은 동물과 달리, 오랜 세월 동안 지속적으로 지식과 기술을 축적함으로써 자연의 여러 위협으로부터 벗어나게 되었다. 또한 인간은 다양한 삶의 방식 가운데에서 한 가지를 자신의 뜻에 따라 선택할 수 있다. 그리고 그 선택에 따라 한 사람의 삶의 의미는 다른 사람의 삶의 의미와 전혀 달라지게 된다.

그렇다면 어떤 삶을 선택하는 것이 보람 있는 것인가? 허무하지 않은 삶이다. 어떤 삶이 허무하지 않은가? 인간다운 삶이다. 그 예는 반드시 위대한 인물들에게서만 찾을 수 있는 것은 아니다. 지조를 지키기 위해 죽어간 수많은 이름 없는 사람들, 일자무식(一字無識)의 농부, 가난한 노동자, 평범한 직장인들 중에서도 인간다운 삶은 얼마든지 찾을 수 있다.

인간다움은 어떠한 상황에서도 자신의 존엄성을 포기하지 않고 인간으로서의 품위를 지키려는 심성이며, '인간다운 삶'이란 동물과 다름을 스스로 확인하듯 부단히 노력하는 삶이다. 우리의 현실은 본능의 유혹에 항상 노출되어 있는 탓에 인간다운 삶을 살기란 쉽지 않다. 하지만 이러한 유혹을 극복할 수 있을 때 우리의 죽음은 가치 있게 부활할 수 있고, 그 향기로 말미암아 인생의 허무함이 충만함으로 승화될 수 있는 것이다.

- 박이문, <더불어 사는 인간과 자연>

① 자신의 존엄성을 지키려 노력하는 삶을 살아야 한다.
② 물질의 유혹에 흔들리지 않는 소박한 삶을 살아야 한다.
③ 역사에 이름을 남길 수 있는 의미 있는 삶을 살아야 한다.
④ 지식과 기술을 축적하기 위해 노력하는 삶을 살아야 한다.

정답 · 해설

04

정답 설명

① 제시문에서는 '인간다운 삶'을 살아야 함을 강조하고 있는데, 3문단의 1~3번째 줄을 통해 인간다운 삶은 자신의 존엄성을 지키기 위해 노력하는 삶임을 알 수 있다. 따라서 답은 ①이다.
[관련 부분] 인간다움은 어떠한 상황에서도 자신의 존엄성을 포기하지 않고 인간으로서의 품위를 지키려는 심성이며, '인간다운 삶'이란 동물과 다름을 스스로 확인하듯 부단히 노력하는 삶이다.

오답 분석

② 제시문에 언급되지 않은 내용이다.
③ 인간다운 삶은 위대한 인물들에게서만 찾을 수 있는 것은 아니라고 하였다.
④ 1문단 1~2번째 줄에 지식과 기술의 축적이 언급되어 있으나 이를 위해 노력하는 삶에 대해서는 언급하고 있지 않다.

05 다음 글의 중심 내용으로 가장 적절한 것은?

지질학에서는 암석의 상대적 나이를 파악하기 위한 몇 개의 법칙이 있다. 우선, '누중의 법칙'은 먼저 쌓인 지층이 아래에 있고, 나중에 쌓인 지층이 뒤집어지지 않는 한, 먼저 쌓인 층의 위에 쌓인다는 법칙이다. 이 법칙은 퇴적층의 두 가지 원리, '지층 수평성의 원리'와 '측방 연속성의 원리'를 이해하면 분명해진다.

지층 수평성의 원리는 퇴적암의 지층은 수평으로 쌓인다는 원리다. 바닥이 솟아나거나 움푹 깊어진 곳이 있다고 하더라도 규모가 작으면 퇴적층에 묻히고, 크면 그런 곳에 쌓인 퇴적층으로 인해 바닥은 수평이라고 보아도 될 정도로 평탄해진다. 측방 연속성의 원리는 수평으로 쌓인 지층은 한계 상황 — 퇴적층이 점차 얇아져 없어지거나, 크기가 다른 지층으로 변하거나, 퇴적 지역을 제한하는 해안선 같은 장애물을 만나는 것 — 을 만나지 않는 한 옆으로 계속된다는 원리이다. 나아가 이 법칙을 통해 퇴적 현상이 연속되면 시간도 연속된다는 것을 알 수 있다.

'관입의 법칙'은 화강암처럼 깊은 곳에서 만들어지는 암석이 둘레에 있는 암석 속으로 파고 들어가는 것을 말한다. 암석이 암석을 파고 들어간다는 것이 이상하게 들리겠지만 사실이다. 예를 들어 지하 깊은 곳에서는 열과 압력이 높아 암석들이 녹아 액체 상태가 된다. 암석이 녹은 액체를 마그마라고 하는데, 그것이 둘레의 약한 암석을 뚫고 들어가는 현상이 관입이다. 이것은 관입 당한 암석과 관입한 암석 사이에 시간의 선후 관계를 밝혀준다.

한편 지층 사이에 긴 시간의 간격이 있다는 것을 어떻게 알 수 있을까? 맞닿아 있는 두 지층의 관계를 보아 알 수 있다. 상하 두 지층의 구조가 뚜렷이 다르면 부정합을 생각해야 한다. 아래층은 70℃ 정도로 경사진 반면 위의 지층이 거의 수평이라면, 이 두 지층은 연속으로 쌓인 것이 아니다. 그리고 아래 지층이 조산 운동으로 습곡된 다음 융기해 침식되고, 침강한 후 위의 지층이 퇴적되는데 이 두 지층 사이에 자갈층이 형성되어 있다면 긴 시간 동안 퇴적이 중단된 증거이다. 또한, 두 지층에서 화석들의 생존 시기가 현저히 다르다면 그 두 지층의 퇴적 시기가 현저히 다르다고 봐야 한다. 이런 원리들을 통해 우리는 지층 구조가 어떤 과정을 거쳐 현재의 모습이 되었는지 추정할 수 있게 된다.

① 화강암 분포 지역의 지질학적 특징
② 융기와 침강의 반복으로 인한 지층의 모양 변화
③ 상대 연령과 지층 사이 간격을 통해 지질을 추정하는 원리
④ 마그마를 통해 암석 간의 선후 관계를 파악하는 방법

정답 · 해설

05

정답 설명

③ 제시문은 '지층 수평성의 원리'와 '측방 연속성의 원리', '관입의 법칙', '부정합' 등을 언급하며, 지질 구조를 분석하여 지층의 나이를 상대적으로 해석하는 방법에 대해 설명하고 있다. 따라서 제시문의 중심 내용으로 가장 적절한 것은 ③이다.

오답 분석

①② 제시문에서 찾아볼 수 없는 내용이다.
④ 3문단에서 확인할 수 있으나, 제시문의 중심 내용이 아닌 세부 내용에 해당한다.

02 세부 내용 파악하기

민숙쌤의 독해 비법

1. 문제를 효과적으로 푸는 방법

① 선택지를 통해 눈에 띄는 용어를 체크한다.

② 확인한 용어들을 지문에서 찾아 표시한다는 생각으로 지문을 읽는다.

㉠ 두 개념의 차이점을 나타내는 경우, 서로 다른 표시를 하면서 읽는다.

㉡ 3개 이상의 대상을 분류하는 경우, 서로 다른 표시를 하면서 읽는다.

㉢ '~달리, ~에 비해'와 같은 표현은 (　　)로 표시하여 내용을 이해하는 데 헷갈리지 않게 한다.

㉣ 예를 드는 문장은 [　　]로 표시하여 글의 구조가 잘 보이게 한다.

㉤ 내용 일치를 묻는 경우, 예를 드는 부분보다는 추상적·일반적 설명에 대한 옳고 그름을 판단하는 문제가 많기 때문에 예시 문장을 표시한 [　　]를 제외하면 글의 양을 줄일 수 있는 효과가 있다.

㉥ 지문을 읽으면서 옳고 그름을 판단할 수 있는 것들은 모두 해결한다.

③ 고난도의 지문일 경우, 선택지의 주요 단어들을 지문에서 찾고 그 단어가 포함된 문장에 밑줄을 친 후, 선택지에 해당하는 내용과 비교하여 다음 3가지를 확인한다.

㉠ 찾은 지문의 내용이 대체적으로 선택지와 비슷함 → O

㉡ 찾은 지문의 내용이 선택지와 반대되는 내용이나, 대조적 단어를 사용하고 있음 → X

㉢ 찾은 지문의 내용에 선택지에서 설명하지 않은 단어나 개념이 있음 → X

2. 출제자들이 선택지를 만드는 방식

① 적절하지 않은 단어 사용

㉠ 설명의 내용이 반대인 경우

예 | 방바닥 쪽의 차가운 공기는 온돌에 의해 따뜻하게 데워지므로 위로 올라가고, 위로 올라간 공기가 다시 식으면 아래로 내려와 다시 데워져 위로 올라가는 대류 현상으로 인해 결국 방 전체가 따뜻해진다.

대류 현상은 따뜻하게 데워진 공기가 아래로 내려가고 찬 공기가 위로 올라가는 현상이다.(x)
→ 대류 현상은 따뜻하게 데워진 공기가 위로 올라가고 찬 공기가 아래로 내려가는 현상이다.(o)

㉡ 설명하는 용어가 바뀐 경우

예 | 과학 혁명 이전 아리스토텔레스 철학은 로마 가톨릭교의 정통 교리와 결합되어 있었기 때문에 오랜 시간 동안 지배적인 영향력을 발휘하였다. 천문 분야 또한 예외는 아니었다. 아리스토텔레스의 세계관을 따라 우주의 중심은 지구이며, 모든 천체는 원운동을 하면서 지구의 주위를 공전한다는 천동설이 정설로 자리 잡고 있었다.

과학 혁명 이전 시기에는 지동설이 정설로 받아들여졌다.(x)
→ 과학 혁명 이전 시기에는 천동설이 정설로 받아들여졌다.(o)

㉢ 서술어 부정

예 | 매스미디어는 여론 형성에 중요한 역할을 한다. 여론이란 사회 내의 공동 구성체가 갖게 되는 집단적인 의식을 말한다. 이러한 집단 의식 형성에 지대한 영향을 미치는 것이 매스미디어이다.

매스미디어는 많은 사람들의 의견을 형성하는 데 역할이 크지 않다.(x)
→ 매스미디어는 많은 사람들의 의견을 형성하는 데 역할이 크다.(o)

② 원인과 결과 왜곡

예 육상에 올라와 있는 빙하와 러시아나 캐나다의 영구동토층 등이 녹아서 바다로 흘러드는 것이 전체 해수량을 늘려 해수면 상승에 기여하고, 수온 상승으로 인해 바닷물의 밀도가 낮아져 부피가 증가하는 열팽창으로 수면이 높아지게 된다.

바닷물의 밀도가 낮아지면 수온이 상승하여 해수면 상승이 일어난다.(x)
→ 수온이 상승하여 바닷물의 밀도가 낮아지면 해수면 상승이 일어난다.(o)

③ '만', '도', '모두'와 같은 강조어를 사용하는 경우

예 원작 소설과 각색 영화 사이에는 이야기가 전달되는 방식에서 큰 차이가 발생한다. 소설은 시공간의 얽매임을 받지 않아 이야기를 서술하는 데 다양한 표현 수단을 사용할 수 있지만, 영화는 모든 것을 직접적인 감각성에 의존한 영상과 음향으로 표현해야 하기 때문에 재현이 어려운 심리적 갈등이나 내면 묘사, 내적 독백 등을 소설과 다른 방식으로 나타내야 한다.

원작 소설과 각색 영화는 사건의 전달 방식만 차이점을 지니고 있다.(x)
→ 원작 소설과 각색 영화는 사건의 전달 방식에서 차이점을 지니고 있다.(o)

예 적정한 기온은 포도주 생산 가능 여부뿐 아니라 생산된 포도주의 질을 결정하는 중요한 요인이다. 고급 포도주 주요 생산지는 보르도나 부르고뉴처럼 너무 덥지도 않고 너무 춥지도 않은 곳이다. 다만 달콤한 백포도주의 경우는 샤토 디켐(Château d'Yquem)처럼 뜨거운 여름 날씨가 지속하는 곳에서 명품이 만들어진다.

고급 포도주는 모두 덥지도 춥지도 않은 곳에서 재배된 포도로 만들어졌다.(x)
→ 고급 포도주는 주로 덥지도 춥지도 않은 곳에서 재배된 포도로 만들어졌다.(o)

02 세부 내용 파악하기

대표 문제로 유형 체크

01 다음 글을 이해한 내용으로 적절하지 않은 것은? 2023. 지방직 9급

① 문제 확인

② 지문 구조 파악 - 분류

고소설의 유통 방식은 '구연에 의한 유통'과 '문헌에 의한 유통'으로 나눌 수 있다. 구연에 의한 유통은 구연자가 소설을 사람들에게 읽어주는 방식으로, 글을 모르는 사람들과 글을 읽을 수 있지만 남이 읽어 주는 것을 선호하는 이들을 대상으로 이루어졌다. 구연자는 '전기수'로 불렸으며, 소설 구연을 통해 돈을 벌던 전문적 직업인이었다. 하지만 이 방식은 문헌에 의한 유통에 비해 시간과 공간의 제약이 많아서 유통 범위를 넓히는 데 뚜렷한 한계가 있다.

문헌에 의한 유통은 차람, 구매, 상업적 대여로 나눌 수 있다. 차람은 소설을 소유하고 있는 사람에게 직접 빌려서 보는 것으로, 알고 지내던 개인들 사이에서 이루어졌다. 구매는 서적 중개인에게 돈을 지불하고 책을 사는 것인데, 책값이 상당히 비쌌기 때문에 소설을 구매할 수 있는 사람은 그리 많지 않았다. 상업적 대여는 세책가에 돈을 지불하고 일정 기간 동안 소설을 빌려 보는 것이다. 세책가에서는 소설을 구매하는 것보다 훨씬 적은 비용으로 빌려 볼 수 있었기 때문에 경제적으로 넉넉하지 않은 사람도 소설을 쉽게 접할 수 있었다. 이로 인해 조선 후기 사회에서 세책가가 성행하게 되었다.

□: ④ 중요 정보에 해당하는 부분을 중심으로 보기

① 전기수는 글을 모르는 사람들에게 소설을 구연하였다.
② 차람은 알고 지내던 사람에게 대가를 지불하고 책을 빌려보는 방식이다.
③ 문헌에 의한 유통은 구연에 의한 유통에 비해 시간과 공간의 제약이 적었다.
④ 조선 후기에 세책가가 성행한 원인은 소설을 구매하는 비용보다 세책가에서 빌리는 비용이 적다는 데 있다.

③ 선택지 중요 정보 파악

정답 설명 ② 2문단 1~2번째 줄에 '차람'은 아는 사람에게 소설을 직접 빌려서 보는 것이라고 설명하였는데, 이때 대가를 지불하였는지는 제시문에서 확인할 수 없다.

오답 분석 ① 1문단에서 '전기수'는 글을 모르는 사람들에게 소설을 구연하는 사람이라고 하였다.
③ 1문단 마지막 문장에서 구연에 의한 유통 방식은 문헌에 의한 유통에 비해 시간과 공간의 제약이 많았다고 설명한다. 이는 곧 문헌에 의한 유통이 구연에 의한 유통에 비해 시간과 공간의 제약이 적었다는 것을 의미한다.
④ 2문단에서 소설을 구매하는 것보다 훨씬 적은 비용으로 책을 빌려 볼 수 있어 세책가가 성행하였음을 알 수 있다.

02 다음 글의 내용과 부합하지 않는 것은?

2018. 국가직 9급

> 세잔이, 인상주의자들에게 사라졌다고 느낀 것은 균형과 질서의 감각이다. 인상주의자들은 순간순간의 감각에만 너무 사로잡힌 나머지 자연의 굳건하고 지속적인 형태는 소홀히 했다고 느꼈던 것이다. 반 고흐는 인상주의가 시각적 인상에만 집착하여 빛과 색의 광학적 성질만을 탐구한 나머지 미술의 강렬한 정열을 상실하게 될 위험에 처했다고 느꼈다. 마지막으로 고갱은 그가 본 인생과 예술 전부에 대해 철저하게 불만을 느꼈다. 그는 인상주의자보다 더 단순하고 더 솔직한 것을 열망했고 그것을 원시인들 속에서 발견할 수 있으리라고 기대했다. 이 세 사람의 화가가 모색했던 제각각의 해법은 세 가지 현대 미술 운동의 이념적 바탕이 되었다. 세잔의 해결 방법은 프랑스에 기원을 둔 입체주의(cubism)를 일으켰고, 반 고흐의 방법은 독일 중심의 표현주의(expressionism)를 일으켰다. 고갱의 해결 방법은 다양한 형태의 프리미티비즘(primitivism)을 이끌어 냈다.
>
> 세 사람의 공통점

① 세잔은 인상주의가 균형과 질서의 감각을 잃었다고 생각했다.

② 고흐는 인상주의가 강렬한 정열을 상실한 위험에 처했다고 생각했다.

③ 고갱은 인상주의가 충분히 솔직하고 단순했다고 생각했다.

④ 세잔, 고흐, 고갱은 인상주의의 문제를 극복하고자 각자 새로운 해결 방법을 모색했다.

Ⅲ 독해

해커스공무원 신민숙 쉬운국어 **한 권으로 끝**

정답 설명 ③ 고갱은 당시의 예술 경향인 인상주의에 대해 불만을 느꼈으며, 더 단순하고 솔직한 것을 원했다는 것을 제시문을 통해 알 수 있다.

02 세부 내용 파악하기

엄선 문제로 실력 향상

01 다음 글을 이해한 내용으로 가장 적절한 것은? 2023. 국가직 9급

> 루카치는 그리스 세계를 신과 인간의 결합 정도를 가리키는 '총체성' 개념을 기준으로 세 시대로 구분하였다. 첫 번째 시대에서 후대로 갈수록 총체성의 정도는 낮아진다. 첫째는 총체성이 완전히 구현되어 있는 '서사시의 시대'이다. 호메로스의 『일리아드』와 『오디세이아』에서는 신과 인간의 세계가 하나로 얽혀있다. 인간들이 그리스와 트로이 두 패로 나뉘어 전쟁을 벌일 때 신들도 인간의 모습을 하고 두 패로 나뉘어 전쟁에 참여했다. 둘째는 '비극의 시대'이다. 소포클레스나 에우리피데스의 비극에서는 총체성이 흔들려 신과 인간의 세계가 분리된다. 하지만 두 세계가 완전히 분리되지는 않고 신탁이라는 약한 통로로 이어져 있다. 비극에서 신은 인간의 행위에 직접 개입하지 않고 신탁을 통해서 자신의 뜻을 그저 전달하는 존재로 바뀐다. 셋째는 플라톤으로 대표되는 '철학의 시대'이다. 이 시대는 이미 계몽된 세계여서 신탁 같은 것은 신뢰할 수 없게 되었다. 신과 인간의 세계가 완전히 분리됨으로써 신의 세계는 인격적 성격을 상실하여 '이데아'라는 추상성의 세계로 바뀐다. 신의 세계와 인간의 세계는 그사이에 어떤 통로도 존재할 수 없는, 절대적으로 분리된 세계가 되었다.

① 계몽사상은 서사시의 시대에서 철학의 시대로의 전환을 이끌었다.
② 플라톤의 이데아는 신탁이 사라진 시대의 비극적 세계를 표현한다.
③ 루카치는 각기 다른 기준에 따라 그리스 세계를 세 시대로 구분하였다.
④ 에우리피데스의 비극에 비해 『오디세이아』에서는 신과 인간의 결합 정도가 높다.

정답 · 해설

01

정답 설명

④ 제시문은 신과 인간의 결합 정도를 가리키는 총체성을 기준으로 그리스 세계를 '서사시의 시대 → 비극의 시대 → 철학의 시대'와 같이 구분할 수 있으며, 후대로 갈수록 총체성이 낮아진다고 하였다. 에우리피데스의 비극은 '비극의 시대'에 해당하고, 오디세이아는 '비극의 시대'보다 앞선 '서사시의 시대'에 해당하므로, 에우리피데스의 비극에 비해 오디세이아에서 신과 인간의 결합 정도가 더 높다는 ④의 설명은 제시문을 이해한 내용으로 적절하다.

오답 분석

① 끝에서 3~4번째 줄에 따르면 '철학의 시대'는 이미 계몽된 세계여서 신탁 같은 것을 신뢰할 수 없게 되었다. 이를 통해 계몽사상은 '서사시의 시대'가 아닌 '비극의 시대'에서 '철학의 시대'로의 전환을 이끌었다는 것을 알 수 있다.

② 끝에서 2~3번째 줄에 따르면 '철학의 시대'에서는 신의 세계는 '이데아'라는 추상성의 세계로 바뀌었음을 알 수 있다. 따라서 플라톤의 이데아는 추상적인 신의 세계를 표현한 것이다.

③ 1~2번째 줄에 따르면 루카치는 총체성이라는 동일한 기준으로 그리스 세계를 세 시대로 구분하였다.

02 다음 글을 통해서 답을 찾을 수 없는 질문은?

2017. 지방직 9급

해안에서 밀물에 의해 해수가 해안선에 제일 높게 들어 온 곳과 썰물에 의해 제일 낮게 빠진 곳의 사이에 해당하는 부분을 조간대라고 한다. 지구상에서 생물이 살기에 열악한 환경 중 한 곳이 바로 이 조간대이다. 이곳의 생물들은 물에 잠겨 있을 때와 공기 중에 노출될 때라는 상반된 환경에 삶을 맞춰야 한다. 또한 갯바위에 부서지는 파도의 파괴력도 견뎌내야 한다. 또한 빗물이라도 고이면 민물이라는 환경에도 적응해야 하며, 강한 햇빛으로 바닷물이 증발하고 난 다음에는 염분으로 범벅된 몸을 추슬러야 한다. 이러한 극단적이고 변화무쌍한 환경에 적응할 수 있는 생물만이 조간대에서 살 수 있다.

조간대는 높이에 따라 상부, 중부, 하부로 나뉜다. 바다로부터 가장 높은 곳인 상부는 파도가 강해야만 물이 겨우 닿는 곳이다. 그래서 조간대 상부에 사는 생명체는 뜨거운 태양열을 견뎌내야 한다. 중부는 만조 때에는 물에 잠기지만 간조 때에는 공기 중에 노출되는 곳이다. 그런데 물이 빠져 공기 중에 노출되었다 해도 파도에 의해 어느 정도의 수분은 공급된다. 가장 아래에 위치한 하부는 간조시를 제외하고는 항상 물에 잠겨 있다. 땅 위 환경의 영향을 적게 받는다는 점에선 다소 안정적이긴 해도 파도의 파괴력을 이겨내기 위해 강한 부착력을 지녀야 한다는 점에서 생존이 쉽지 않은 곳이다.

조간대에 사는 생물들은 불안정하고 척박한 바다 환경에 적응하기 위해 높이에 따라 수직으로 종이 분포한다. 조간대를 찾았을 때 총알고둥류와 따개비들을 발견했다면 그곳이 조간대에서 물이 가장 높이 올라오는 지점인 것이다. 이들은 상당 시간 물 밖에 노출되어도 수분 손실을 막기 위해 패각과 덮개판을 꼭 닫은 채 물이 밀려올 때까지 버텨낼 수 있다.

① 조간대에서 총알고둥류가 사는 곳은 어느 지점인가?
② 조간대의 중부에 사는 생물에는 어떠한 것이 있는가?
③ 조간대에서 높이에 따라 생물의 종이 수직으로 분포하는 이유는 무엇인가?
④ 조간대에 사는 생물들이 견뎌야 하는 환경적 조건에는 어떠한 것이 있는가?

정답·해설

02

정답 설명

② 조간대의 중부에 사는 생물에 대한 내용은 제시되지 않았다.

오답 분석

① 3문단의 '조간대를 찾았을 때 총알고둥류와 따개비들을 발견했다면 그곳이 조간대에서 물이 가장 높이 올라오는 지점인 것이다'를 통해 총알고둥류는 조간대의 상부에 서식한다는 것을 알 수 있다.
③ 2문단을 통해 생물의 종이 수직으로 분포하는 이유는 조간대 각 부분의 환경적 조건 차이가 크기 때문임을 알 수 있다.
④ 1문단을 통해 조간대 생물들이 견뎌야 하는 환경적 조건을 알 수 있다.

03 다음 글에 대한 이해로 적절하지 않은 것은?

아동이 부모의 소유물 또는 종족의 유지나 국가의 방위를 위한 수단으로 간주되었던 전근대사회에서는 아동의 권리에 대한 인식이 존재하지 않았다. 산업혁명으로 봉건제도가 붕괴되고 자본주의가 탄생한 근대사회에 이르러 구빈법에 따른 국가 개입과 민간 단체의 자발적인 참여로 아동보호가 시작되었다.

1922년 잽 여사는 아동권리사상을 담아 아동권리에 대한 내용을 성문화하였다. 이를 기초로 1924년 국제연맹에서는 전문과 5개의 조항으로 된 「아동권리에 관한 제네바 선언」을 채택하였다. 여기에는 "아동은 물질적으로나 정신적으로 정상적인 발달을 위해 필요한 조건이 충족되어야 한다."라든지 "아동의 재능은 인류를 위해 쓰인다는 자각 속에서 양육되어야 한다." 등의 내용이 포함되었다.

그러나 여기에서도 아동은 보호의 객체로만 인식되었을 뿐 생존, 보호, 발달을 위한 적극적인 권리의 주체로 인식되지는 않았다. 최근에 와서야 국제사회의 노력에 힘입어 아동은 보호되어야 할 수동적인 존재에서 자신의 권리를 주장할 수 있는 능동적인 존재로 자리매김할 수 있게 되었다. 1989년 유엔총회에서 채택된 「아동권리협약」이 그것이다.

우리나라는 이를 토대로 2016년 「아동권리헌장」 9개 항을 만들었다. 이 헌장은 '생존과 발달의 권리', '아동이 최선의 이익을 보장받을 권리', '차별받지 않을 권리', '자신의 의견이 존중될 권리' 등 유엔의 「아동권리협약」의 네 가지 기본 원칙을 포함하고 있다. 또한 전문에는 아동의 권리와 더불어 "부모와 사회, 국가와 지방자치단체는 아동의 이익을 최우선으로 고려해야 하며, 다음과 같은 아동의 권리를 확인하고 실현할 책임이 있다."라고 명시하여 아동을 둘러싼 사회적 주체들의 책임을 명확히 하였다.

① 아동의 권리에 대한 인식은 근대 이후에 형성되었다.
② 「아동권리헌장」은 「아동권리협약」을 토대로 만들어졌다.
③ 「아동권리에 관한 제네바 선언」, 「아동권리협약」, 「아동권리헌장」에는 모두 아동의 발달에 대한 내용이 들어가 있다.
④ 「아동권리에 관한 제네바 선언」은 아동을 적극적인 권리의 주체로 인식함으로써 아동의 권리에 대한 진전된 성과를 이루었다.

정답 · 해설

03

정답 설명

④ 3문단 1~2번째 줄 '그러나 여기에서도 아동은 보호의 객체로만 인식되었을 뿐 생존, 보호, 발달을 위한 적극적인 권리의 주체로 인식되지는 않았다.'의 '여기'는 「아동권리에 관한 제네바 선언」을 가리킨다. 이로 볼 때 「아동권리에 관한 제네바 선언」에서는 아직 아동을 적극적인 권리의 주체로 인식하지 못하고 있음을 알 수 있다. 그리고 이어지는 내용으로 보아 아동을 적극적인 권리의 주체로 인식하고 아동의 권리에 대한 진전된 성과를 이룬 것은 「아동권리협약」임을 알 수 있다.

오답 분석

① 1문단을 통해 근대 이후에 아동의 권리에 대한 인식이 형성되었음을 알 수 있다.

② 4문단의 '우리나라는 이를 토대로 2016년 「아동권리헌장」 9개 항을 만들었다'에서 '이'는 바로 앞 문장의 「아동권리협약」을 가리킨다. 따라서 「아동권리헌장」은 「아동권리협약」을 토대로 만들어졌음을 알 수 있다.

③ 2문단에서 「아동권리에 관한 제네바 선언」에는 '아동은 물질적으로나 정신적으로 정상적인 발달을 위해 필요한 조건이 충족되어야 한다.'라고 하였고, 3문단에서 「아동권리협약」을 통해 아동이 '생존, 보호, 발달을 위한 적극적인 권리의 주체', 즉 '자신의 권리를 주장할 수 있는 능동적인 존재로 자리매김할 수 있게 되었다'라고 하였다. 그리고 4문단에서 「아동권리헌장」에는 '생존과 발달의 권리'라는 기본 원칙이 있다고 하였다. 이로 보아 「아동권리에 대한 제네바 선언」, 「아동권리협약」, 「아동권리헌장」에는 모두 아동의 발달에 대한 내용이 들어가 있다고 할 수 있다.

04 다음 글의 내용과 일치하지 않는 것은?

블루투스(Bluetooth)는 무선 통신 기술 중 하나로, 짧은 거리에서 데이터를 주고받을 수 있는 표준 프로토콜을 말한다. 이 기술은 무선 이어폰, 스피커, 키보드, 마우스 등 다양한 전자 기기 간에 편리하고 안정적인 데이터 전송을 가능하게 한다.

블루투스는 낮은 전력 소비와 간편한 연결 설정을 특징으로 하는데, 기기 간의 페어링 과정을 통해 블루투스 장치들은 서로를 인식하고 안전한 통신 채널을 설정한다. 이를 통해 사용자는 휴대폰, 태블릿, 노트북 등과 블루투스 기기를 간편하게 연결하여 음악을 재생하거나 통화를 할 수 있는 것이다.

블루투스 기술은 주파수 대역인 2.4GHz를 이용하여 작동한다. 이 주파수 대역은 무선 통신에 많이 사용되며, 블루투스는 주파수 분할 다중 접속(Frequency Hopping Spread Spectrum, FHSS) 등의 방식을 사용하여 다른 기기들과의 간섭을 최소화한다. 블루투스는 주로 짧은 거리에서 작동하며, 일반적으로 10m(약 30피트) 내외의 범위에서 효과적으로 작동한다. 하지만 최근 긴 거리 전송에 대한 지원이 개선되기도 했다.

블루투스는 다양한 응용 분야에서 사용된다. 개인용 장치에서는 무선 이어폰, 스피커, 헤드셋, 스마트워치 등과의 연결을 통해 음악 감상, 통화, 건강 관리 등을 제공한다. 자동차에서는 핸즈프리 통화와 음악 재생을 위해 블루투스 기술을 사용하며, 가정용 전자제품에서는 키보드, 마우스, 프린터 등과의 무선 연결을 제공하고, 스마트홈 장치에서도 제어와 통신에 활용된다.

블루투스는 지속적인 개발과 표준화를 통해 기능과 안정성을 향상시키고 있다. 최근에는 블루투스 Low Energy(BLE)라고도 불리는 저전력 블루투스가 등장하여 배터리 수명을 연장하면서도 무선 연결 기능을 제공하게 한다.

총체적으로, 블루투스는 무선 통신을 통해 기기들이 간편하게 연결되고 데이터를 주고받을 수 있는 표준 프로토콜로서, 다양한 전자 기기 간의 상호 작용과 편리한 사용자 경험을 가능하게 한다.

① 블루투스의 특징은 낮은 전력 소비와 간편한 연결 설정이다.
② 블루투스 기술은 주파수 대역인 2.4GHz를 이용하여 작동하며 해당 주파수 대역은 유선 통신에도 활발히 사용된다.
③ 블루투스의 다양한 응용 분야로는 개인용 장치, 자동차, 가정용 전자제품 등이 있다.
④ 블루투스는 지속적인 개발화와 표준화를 통해 기능과 안정성을 향상시키고 있으며 최근에는 저전력 블루투스가 등장하였다.

정답·해설

04

정답 설명

② 3문단에서 '블루투스 기술은 주파수 대역인 2.4GHz를 이용하여 작동한다.'를 통해 블루투스 기술의 주파수 대역은 2.4GHz임을 알 수 있다. 그러나 '이 주파수 대역은 무선 통신에 많이 사용되며'를 통해 해당 주파수 대역은 무선 통신에서 활발히 사용됨을 알 수 있다.

오답 분석

① 2문단에서 '블루투스는 낮은 전력 소비와 간편한 연결 설정을 특징으로 하는데'를 통해 적절한 설명임을 알 수 있다.
③ 4문단에서 '블루투스는 다양한 응용 분야에서 사용된다.', '개인용 장치에서는 ~', '자동차에서는 ~', '가정용 전자제품에서는 ~'을 통해 블루투스가 개인용 장치, 자동차, 가정용 전자제품에 사용됨을 알 수 있으므로 적절한 설명이다.
④ 5문단에서 '블루투스는 지속적인 개발과 표준화를 통해 기능과 안정성을 향상시키고 있다. 최근에는 블루투스 Low Energy(BLE)라고도 불리는 저전력 블루투스가 등장하여'를 통해 적절한 설명임을 알 수 있다.

05 다음 글의 내용과 일치하지 않는 것은?

엘리트 민주주의는 공화주의와 직접 민주주의 사이에 위치한 정치 체제를 가리키는 용어로, 그 핵심 사상은 민주적인 의사결정 과정이 전문가들 또는 특별히 준비된 엘리트에게 위임되어야 한다는 것이다.

엘리트 민주주의는 모든 시민이 동등하게 참여하는 직접 민주주의에 대한 반발로 나타났다. 직접 민주주의는 이상적으로는 모든 시민들이 모든 이슈에 대해 투표하고, 따라서 모든 이슈에 대해 정보를 얻고 이해하는 것을 요구한다. 이런 과정은 많은 시민들에게 과중한 부담을 주며, 시민들이 모든 이슈에 대해 충분히 이해하고 투표할 수 있다는 가정은 비현실적이라는 비판을 받았다.

이에 반해, 엘리트 민주주의는 특정 직무에 대한 전문성을 갖춘 엘리트들이 그러한 이슈들을 처리하는 것이 훨씬 효과적이라고 주장한다. 엘리트 민주주의의 주요 가정은, 평범한 시민들은 복잡한 사회-정치적 이슈에 대한 이해가 부족하고, 따라서 이들이 그러한 결정을 내리는 것은 비효율적이거나 심지어 위험할 수 있다는 것이다.

그러나 엘리트 민주주의에도 단점이 있다. 특히 엘리트들이 자신들의 이익을 위해 권력을 악용하거나, 대중의 의견을 무시할 수 있다는 우려가 있다. 또한, 이 체제는 국민들의 정치적 참여를 억제하며, 이는 민주주의의 근본적인 가치와 충돌할 수 있다.

따라서, 엘리트 민주주의는 민주주의와 전문가의 역할 사이에서 균형을 맞추려는 시도로 볼 수 있다. 그러나 이것이 이상적인 해결책인지, 그리고 어떤 상황에서 가장 잘 작동하는지에 대한 질문은 여전히 논란의 여지가 있다.

① 엘리트 민주주의는 모든 시민들이 모든 이슈에 대해 투표하는 직접 민주주의에 대한 반발로 생겨났다.

② 엘리트 민주주의에서는 특정 직무에 대한 전문성을 갖춘 엘리트들이 사회·정치적 이슈를 처리한다.

③ 엘리트 민주주의의 가장 큰 단점은 국민들의 정치적 참여를 적극적으로 촉진한다는 것이다.

④ 엘리트 민주주의에서는 엘리트가 권력을 악용하거나 대중의 의견을 무시할 수 있다는 문제가 있다.

정답·해설

05

정답 설명

③ 4문단에 따르면, 엘리트 민주주의는 사실상 국민들의 정치적 참여를 억제하는 경향이 있다. 이는 엘리트 민주주의의 단점 중 하나로, 이 체제가 민주주의의 근본적 가치와 충돌할 수 있다는 주장의 근거가 되므로 ③은 적절하지 않다.

오답 분석

① 2문단에서 '엘리트 민주주의는 모든 시민이 동등하게 참여하는 직접 민주주의에 대한 반발로 나타났다.'라고 언급하였다. 직접 민주주의에서는 모든 시민들이 모든 이슈에 대해 충분히 이해하고 투표하는 것을 요구하므로, 이런 부담을 줄이기 위해 엘리트 민주주의가 생겨난 것이다.

② 엘리트 민주주의의 핵심 원칙은 특정 직무에 대한 전문성을 갖춘 엘리트들이 사회·정치적 이슈를 처리하는 것이다.

④ 4문단에 따르면, 엘리트 민주주의에서는 엘리트가 권력을 악용하거나 대중의 의견을 무시할 수 있다는 문제가 있다고 언급하고 있다. 이는 엘리트 민주주의의 단점 중 하나로, 이 체제가 비판받는 주요 이유 중 하나이다.

03 순서 배열 찾기

민숙쌤의 독해 비법

① 선택지를 통해 첫 문단이 될 수 있는 단락을 확인한다.

② 첫 단락에 접속어나 지시어는 올 수 없다.

③ 첫 문단을 찾는다.
　㉠ 대체적으로 일반적이고 포괄적인 내용을 담고 있다.
　㉡ 사회적인 글인 경우 현실에서 일어나는 상황을 제시한다.

④ 첫 문단의 끝과 다음 단락은 꼬리잡기를 하면서 확인한다.

⑤ 첫 문단을 찾지 못하는 경우에는 아래 내용을 확인한다.
　㉠ 중간에 '선후 관계'가 명확하거나, '일반적 설명 - 예시'와 같이 순서를 배열할 수 있는 것들을 먼저 찾는다.
　㉡ 제시된 내용을 2가지로 분류한다. (긍정, 부정의 내용 / 원칙-효과, 결과)
　㉢ 중간 꼬리잡기를 할 수 있는 문단을 먼저 확보한다.
　㉣ 단락 중에서 자연스럽게 연결될 수 있는 글을 먼저 최대한 찾는다.

⑥ 마지막 단락을 먼저 확인하는 것도 방법이 된다(대체적으로 해결책, 미래에 대한 예측, 앞 내용에 대한 정리 등의 내용).

대표 문제로 유형 체크

01 다음 글을 문맥에 맞게 배열한 것으로 가장 적절한 것은?

(가) 스마트카드[분류②]는 마그네틱 스트립 카드와 동일하게 신용 카드에 활용되지만, 집적회로 칩이 내장되어 있어 연산 및 정보 저장 능력을 갖는 차이가 있다.

(나) 플라스틱 카드는 뒷면에 자기의 특징을 지닌 띠를 두르고 있는 마그네틱 스트립 카드[분류①]와 그보다 더 세밀하면서 다양한 기능을 가진 스마트카드[분류②]로 분류할 수 있다. [제시된 분류 순서대로 설명함 (나) - (라) - (가)]

(다) 오늘날에는 편의점, 대형 마트, 백화점뿐만 아니라 작은 슈퍼에서도 카드를 사용하는 사람이 많아졌다. 여기에는 플라스틱 카드 기술이 활용되었다. [화제 제시 - 첫 문단]

(라) 신용 카드, 현금 카드 등으로 사용할 수 있는 마그네틱 스트립 카드[분류①]에는 신원 확인을 위해 사용자에게 고유 번호를 붙여 준다. 마그네틱 스트립에는 보편적으로 유효 기간, 사용 가능 금액, 카드 번호, 소유주 서명 등 약 200바이트 정도의 데이터가 저장될 수 있다.

① (나) - (라) - (가) - (다)
② (나) - (가) - (라) - (다)
③ (다) - (나) - (라) - (가)
④ (다) - (나) - (가) - (라)

정답 설명 ③ '(다) - (나) - (라) - (가)'의 순서가 가장 자연스럽다.

순서	중심 내용	순서 판단의 단서와 근거
(다)	플라스틱 카드 기술이 활용됨	중심 화제인 '플라스틱 카드'를 언급하며, 현상을 소개함
(나)	플라스틱 카드에는 마그네틱 스트립 카드와 스마트카드가 있음	'플라스틱 카드'의 종류를 설명함
(라)	마그네틱 스트립 카드의 특징	플라스틱 카드의 종류 중 첫 번째인 '마그네틱 스트립 카드'를 설명함
(가)	스마트카드의 특징	플라스틱 카드의 종류 중 두 번째인 '스마트카드'의 특징을 '마그네틱 스트립 카드'와 비교하여 설명함

02 다음 글의 연결 순서로 가장 적절한 것은?

2014. 국가직 9급

ㄱ. 과학은 현재 있는 그대로의 실재에만 관심을 두고 그 실재가 앞으로 어떠해야 한다는 당위에는 관심을 가지지 않는다.

ㄴ. 그러나 각자 관심을 두지 않는 부분에 대해 상대방으로부터 도움을 받을 수 있기 때문에 상호보완적이라고 보는 것이 더 합당하다. → ㅁ과 반대되는 내용

ㄷ. 과학과 종교는 상호 배타적인 것이 아니라 상호보완적이다. → 결론(정리하는 글)

ㄹ. 반면 종교는 현재 있는 그대로의 실재보다는 당위에 관심을 가진다. → ㄱ과 반대되는 내용

ㅁ. 이처럼 과학과 종교는 서로 관심의 영역이 다르기 때문에 배타적이라고 볼 수 있다.

→ 앞의 내용(ㄱ-ㄹ)을 정리하는 접속어

① ㄱ - ㄹ - ㄴ - ㄷ - ㅁ　　② ㄱ - ㄹ - ㅁ - ㄷ - ㄴ

③ ㄷ - ㄱ - ㄹ - ㅁ - ㄴ　　④ ㄷ - ㄴ - ㄱ - ㄹ - ㅁ

정답 설명 ③ 'ㄷ - ㄱ - ㄹ - ㅁ - ㄴ'의 순서가 가장 자연스럽다.

순서	중심 내용	순서 판단의 단서와 근거
ㄷ	과학과 종교는 상호 배타적인 것이 아니라 상호 보완적임	지시어와 접속어로 시작되지 않고, '과학'과 '종교'를 모두 언급함
ㄱ	과학은 현재 있는 그대로의 실재에만 관심을 두고 당위에는 관심을 가지지 않음	중심 화제 중 '과학'에 대한 설명을 함
ㄹ	반면 종교는 현재 있는 그대로의 실재보다는 당위에 관심을 가짐	접속어 '반면': ㄱ의 내용과 상반되는 내용이 이어짐
ㅁ	이처럼 과학과 종교는 서로 관심의 영역이 다르기 때문에 배타적임	지시 표현 '이처럼': 과학과 종교가 배타적이라는 것을 가리키며 앞의 내용을 정리함
ㄴ	그러나 과학과 종교는 상호보완적이라고 보는 것이 더 합당함	접속어 '그러나': ㅁ의 내용을 반박하며 결론을 지음

03 순서 배열 찾기

엄선 문제로 실력 향상

01 다음 글을 논리적 순서로 배열한 것은? 2015. 국가직 9급

ㄱ. 그 덕분에 인류의 문명은 발달될 수 있었다.
ㄴ. 그 대신 사람들은 잠을 빼앗겼고 생물들은 생체 리듬을 잃었다.
ㄷ. 인간은 오랜 세월 태양의 움직임에 따라 신체 조건을 맞추어 왔다.
ㄹ. 그러나 밤에도 빛을 이용해 보겠다는 욕구가 관솔불, 등잔불, 전등을 만들어 냈고, 이에 따라 밤에 이루어지는 인간의 활동이 점점 많아졌다.

① ㄱ - ㄴ - ㄷ - ㄹ
② ㄴ - ㄱ - ㄹ - ㄷ
③ ㄷ - ㄹ - ㄱ - ㄴ
④ ㄹ - ㄷ - ㄴ - ㄱ

정답·해설

01

정답 설명

③ 'ㄷ - ㄹ - ㄱ - ㄴ'의 순서가 가장 자연스럽다.

순서	중심 내용	순서 판단의 단서와 근거
ㄷ	인간은 오랜 세월 태양의 움직임에 따라 신체 조건을 맞추어 왔음	가장 먼저 오는 문장으로는 지시어나 접속어로 시작되지 않는 ㄷ이 적절함
ㄹ	빛 도구의 개발로 밤에 이루어지는 인간의 활동이 점점 많아짐	접속어 '그러나': ㄷ의 내용과 상반되는 내용이 이어짐
ㄱ	인간의 밤 활동이 많아짐으로 인한 장점	지시 표현 '그 덕분에': '그'는 ㄹ의 인간의 밤 활동이 많아진 사실을 가리킴
ㄴ	인간의 밤 활동이 많아짐으로 인한 단점	지시 표현 '그 대신': '그'는 ㄱ의 인간의 밤 활동이 많아지면서 얻은 장점을 가리킴

02 문맥에 따른 배열로 가장 적절한 것은?

(가) 기존 일반 로봇은 딱딱한 금속성 재료로 만들어져서 견고하지만, 무게가 무겁고 사람에게 위험을 가할 가능성도 있다.

(나) 최근 로봇 산업계는 소프트 소재를 사용하여 제작된 소프트 로봇에 대한 관심이 상당히 크다. 소프트 로봇이란 유연하고 부드러운 재료 즉, 실리콘, 고무 등의 재료로 만들어진 로봇을 지칭한다.

(다) 소프트 로봇은 2007년에 이탈리아 과학자 세실리아 라스치가 문어를 본떠 만든 인공 촉수 로봇을 시초로 한다. 이후 여기서 영감을 받은 수많은 과학자들이 구부러지거나 늘어나는 수많은 재료 개발로 기존 일반 로봇과는 다른 로봇을 만들어내게 된다.

(라) 따라서 자유롭고 완전한 장점을 발휘하여 소프트 로봇은 과거 일반 로봇이 수행하기 어려웠던 역할을 담당할 수 있을 것이라는 기대를 받으며 안전, 의료, 탐사, 제조 등 다양한 분야에 활용될 것으로 기대된다.

(마) 반면에 소프트 로봇은 소재의 특성상 움직임이 자유롭고 상대적으로 안전하다.

① (나) - (가) - (라) - (마) - (다)
② (나) - (다) - (가) - (마) - (라)
③ (다) - (가) - (나) - (라) - (마)
④ (다) - (라) - (나) - (가) - (마)

정답 · 해설

02

정답 설명

② '(나) - (다) - (가) - (마) - (라)'의 순서가 가장 자연스럽다.

순서	중심 내용	순서 판단의 단서와 근거
(나)	로봇 산업계의 소프트 로봇에 대한 관심과 소프트 로봇의 개념	핵심 화제인 '소프트 로봇'을 소개하고 있으므로 가장 처음에 오는 것이 적절함
(다)	소프트 로봇의 시초와 발전	키워드 '소프트 로봇': (나)에서 언급한 키워드의 기초와 발전 과정을 좀 더 상세하게 설명함
(가)	일반적인 로봇의 단점: 다칠 우려가 있음	키워드 '기존 일반 로봇': (다)의 마지막에 제시된 소프트 로봇과는 상반되는 특징을 가진 일반적인 로봇에 대해 설명함
(마)	소프트 로봇의 장점: 안전함	접속어 '반면': (가)에 제시된 일반적인 로봇과 상반되는 내용이 이어짐
(라)	소프트 로봇의 활용 전망	접속어 '따라서': (마)의 내용을 바탕으로 예상되는 기대 효과를 정리함

03 순서 배열 찾기

03 ㉠~㉤의 전개 순서로 가장 자연스러운 것은? 2021. 국가직 9급

> 폭설, 즉 대설이란 많은 눈이 시간적, 공간적으로 집중되어 내리는 현상을 말한다.
> ㉠ 그런데 눈은 한 시간 안에 5cm 이상 쌓일 수 있어 순식간에 도심 교통을 마비시키는 위력을 가지고 있다.
> ㉡ 또한, 경보는 24시간 신적설이 20cm 이상 예상될 때이다.
> ㉢ 다만, 산지는 24시간 신적설이 30cm 이상 예상될 때 발령된다.
> ㉣ 이때 대설의 기준으로 주의보는 24시간 새로 쌓인 눈이 5cm 이상이 예상될 때이다.
> ㉤ 이뿐만 아니라 운송, 유통, 관광, 보험을 비롯한 서비스 업종과 사회 전반에 영향을 미친다.

① ㉠ - ㉤ - ㉡ - ㉢ - ㉣
② ㉠ - ㉣ - ㉤ - ㉢ - ㉡
③ ㉣ - ㉡ - ㉢ - ㉠ - ㉤
④ ㉣ - ㉠ - ㉤ - ㉢ - ㉡

정답·해설

03

정답 설명

③ '㉣ - ㉡ - ㉢ - ㉠ - ㉤'의 순서가 가장 자연스럽다.

순서	중심 내용	순서 판단의 단서와 근거
첫 문장	대설(폭설)의 정의	-
㉣	대설 주의보의 기준	앞서 설명한 '대설'의 개념에 더하여 '대설 주의보'의 기준을 설명하고 있음
㉡	대설 경보의 기준	접속어 '또한': ㉣에서 설명한 '대설 주의보'의 기준에 이어 '대설 경보'의 기준을 설명함
㉢	산지에서의 대설 경보의 기준	접속어 '다만': ㉡의 설명에 예외적인 사항을 덧붙임
㉠	눈의 위력 1: 도심 교통을 마비시킴	접속어 '그런데': 화제를 앞 내용과 관련시키면서 내용을 다른 방향으로 이끌어 나감
㉤	눈의 위력 2: 서비스 업종과 사회 전반에 영향을 미침	접속 표현 '이뿐만 아니라': ㉠에서 설명한 내용에 덧붙여 또 다른 눈의 위력에 대해 설명함

04 다음 문장들을 논리적 순서로 배열할 때 가장 적절한 것은?

㉠ '논밭'이나 '큰형'과 같은 단어는 우리말의 정상적인 단어 배열과 같으므로 통사적 합성어라 하고, '날뛰다'와 같은 단어는 우리말의 정상적인 단어 배열인 '날고 뛰다'와 다르게 나타나므로 비통사적 합성어라고 한다.
㉡ 반면 후자는 접사(接辭)와 어근이 결합한 형태로 '풋사과, 선머슴, 개살구' 등이 있다.
㉢ 국어의 단어에는 하나의 어근으로 이루어진 단일어(單一語)와 어근이 둘 이상 결합하거나 어근과 접사가 결합하여 이루어진 복합어(複合語)가 있다.
㉣ 전자는 어근과 어근이 결합한 형태로, '논밭, 큰형, 날뛰다' 등을 예로 들 수 있다.
㉤ 복합어는 결합하는 구성 요소에 따라 다시 합성어(合成語)와 파생어(派生語)로 나뉜다.

① ㉡ - ㉣ - ㉢ - ㉠ - ㉤
② ㉢ - ㉠ - ㉤ - ㉡ - ㉣
③ ㉢ - ㉤ - ㉣ - ㉠ - ㉡
④ ㉤ - ㉠ - ㉢ - ㉣ - ㉡

정답·해설

04

정답 설명

③ '㉢ - ㉤ - ㉣ - ㉠ - ㉡'의 순서가 가장 자연스럽다.

순서	중심 내용	순서 판단의 단서와 근거
㉢	국어의 단어에는 단일어와 복합어가 있음	핵심 화제인 '단일어와 복합어'를 모두 언급하고 있으므로 가장 처음에 오는 것이 적절함
㉤	복합어는 합성어와 파생어로 나뉨	키워드 '복합어': ㉢에서 언급된 키워드가 반복됨
㉣	전자(합성어)의 정의와 예	지시어 '전자': ㉤에서 언급된 합성어를 가리킴
㉠	합성어의 종류: 통사적 합성어와 비통사적 합성어	키워드 '논밭, 큰형, 날뛰다': ㉣에서 제시된 예시를 합성어의 하위 분류를 적용하여 구분
㉡	후자(파생어)의 정의와 예	• 접속어 '반면': 앞의 ㉣, ㉠에 제시된 '전자(합성어)'와 상반되는 키워드 '후자(파생어)'를 제시함 • 지시어 '후자': ㉤에서 언급된 파생어를 가리킴

03 순서 배열 찾기

05 (가) ~ (라)를 맥락에 맞추어 가장 적절하게 나열한 것은?

2025. 국가직 9급

(가) 그 원리를 알려면 LCD와 OLED의 차이를 이해해야 한다. LCD는 다른 조명 장치의 도움을 받아 시각적 효과를 낸다. 다시 말해 스스로 빛을 내지 못한다는 것이다. 따라서 LCD는 화면 뒤에 빛을 공급하는 백라이트가 필요하다는 특성을 갖는다.

(나) 자유롭게 말았다 펼 수 있는 '롤러블 TV'가 개발되었다. 평소에는 말거나 작게 접어서 간편하게 가지고 다니다가 필요할 때 펴서 사용하는 태블릿이나 노트북이 상용화될 날도 머지않았다. 기존에 우리가 생각하는 텔레비전 화면이나 모니터는 평평하고 딱딱한 것인데, 어떻게 접거나 말 수 있을까?

(다) OLED 기술은 모양을 자유롭게 변형할 수 있는 모니터 개발을 가능하게 하였다. 딱딱한 유리 대신에 쉽게 휘어지는 특수 유리나 플라스틱을 이용함으로써 둥글게 말았다가 펼 수 있는 화면을 생산할 수 있게 된 것이다.

(라) 반면 OLED는 화소 단위로 빛의 삼원색을 내는 유기 반도체로 구성되어 있어 스스로 빛을 낼 수 있다. OLED 제품은 화면 뒤에 백라이트를 설치할 필요가 없기 때문에 얇게 만들 수도 있고 특수 유리나 플라스틱으로 제작할 수도 있다.

① (나) - (가) - (다) - (라)
② (나) - (가) - (라) - (다)
③ (다) - (가) - (라) - (나)
④ (다) - (나) - (라) - (가)

정답 · 해설

05

정답 설명

② '(나) - (가) - (라) - (다)'의 순서가 가장 자연스럽다.

순서	중심 내용	순서 판단의 단서와 근거
(나)	롤러블 TV의 개발	중심 화제인 '롤러블 TV'를 소개함
(가)	롤러블 TV의 원리 - LCD와 OLED	지시 표현 '그 원리': (나)에서 딱딱한 화면을 접을 수 있는 방법을 의미함
(라)	OLED의 장점	접속어 '반면': (가)에 제시된 LCD와 상반된 OLED에 대해 설명함
(다)	OLED 기술로 인한 영향	(라)에 이어 OLED 기술을 설명하며 글을 마무리함

06 다음 글에서 (가) ~ (다)의 순서를 자연스럽게 배열한 것은?

2023. 국가직 9급

빅데이터가 부각된다는 것은 기업들이 빅데이터의 가치를 받아들이기 시작했다는 뜻이다. 여기에는 기업들이 데이터를 바라보는 시각이 변한 측면도 있다.

(가) 기업들은 고객이 판촉 활동에 어떻게 반응하고 평소에 어떻게 행동하며 사물에 대해 어떤 태도를 보이는지 알기 위해 많은 돈을 투자해 마케팅 조사를 해 왔다.

(나) 그런 상황에서 기업들은 SNS나 스마트폰 등 새로운 데이터 소스로부터 그러한 궁금증과 답답함을 해결할 수 있다는 것을 알게 되었다. 페이스북에 올리는 광고에 친구가 '좋아요'를 한 것에서 기업들은 궁금증과 답답함을 해결할 수 있다.

(다) 그런데 기업들의 그런 노력이 효과가 있는 경우도 있었으나 아쉬운 점도 많았다. 쉬운 예로, 기업들은 많은 광고비를 쓰지만 그 돈이 구체적으로 어느 부분에서 효과를 내는지는 알지 못했다.

결국 데이터가 있는 곳에서 기업들은 점점 더 고객의 취향에 집중할 수 있게 되었으며, 이에 따라 기업들은 소셜미디어의 빅데이터를 중요한 경영 수단으로 수용하기 시작한 것이다.

① (가) - (나) - (다)
② (가) - (다) - (나)
③ (나) - (가) - (다)
④ (다) - (나) - (가)

정답 · 해설

06

정답 설명

② '(가) - (다) - (나)'의 순서가 가장 자연스럽다.

순서	중심 내용	순서 판단의 단서와 근거
첫 문단	기업들이 데이터를 바라보는 시각이 변화하며 빅데이터의 가치가 부각됨	-
(가)	기업이 많은 돈을 투자해 마케팅 조사를 하는 이유가 드러남	첫 문단의 내용에 이어서 빅데이터의 가치가 부각되기 전, 기업의 마케팅 상황에 대해 설명함
(다)	어느 부분에서 효과를 내는지 알 수 없는 기업의 마케팅에 대해 설명함	지시 표현 '그런 노력': (가)에서 기업이 많은 돈을 투자해 마케팅 조사를 해 온 노력을 의미함
(나)	기업들은 SNS나 스마트폰 등을 통해 어느 부분에서 마케팅 효과가 나는지 알 수 있게 됨	지시 표현 '그런 상황': (다)에서 기업들이 쓴 광고비가 어느 부분에서 효과를 내는지 알지 못하는 상황을 의미함
마지막 문단	기업들이 소셜미디어의 빅데이터를 중요한 경영 수단으로 수용하기 시작함	-

04 글의 전략

민숙쌤의 독해 비법

선택지에 자주 등장하는 글의 전략

① 통계 자료나 통계 수치를 제시하고 있다.

② 권위자의 말을 인용하고 있다.

③ 서로 대립되는 두 견해를 제시한 후, 제3의 견해를 도출하고 있다.

④ 문제점을 지적하고 대안을 제시하고 있다.

⑤ 질문을 통해 화제를 제시하여 호기심을 유발하고 있다.

⑥ 전문 용어의 뜻을 쉽게 풀이하고 있다.

⑦ 구체적인 예를 들어 현상이나 이론을 설명하고 있다.

⑧ 특정 이론을 바탕으로 글을 전개하고 있다.

대표 문제로 유형 체크

서술상의 특징을 묻는 문제일 경우 지문을 읽지 말고 곧바로 선택지를 보고 지문에서 찾아야 함

다음 글의 서술상의 특징으로 적절하지 않은 것은?

권위자의 의견 / 분류 ① / 분류 ②

Spitzberg와 Cupach(1984)는 대인 의사소통 능력은 의사소통의 질에 관한 문제이기 때문에 적절성과 효율성을 모두 포함하고 있다고 주장한다. 능력 있게 행동하기 위해서 의사소통자는 반드시 주어진 상황에 적절하게 그리고 주어진 개인적 목적과 관계적 목적 달성에 효율적으로 말하고 행동해야 한다.

분류 ① / 예시 사용

적절성이란 의사소통 행위가 그 상호 작용에 부여된 사회적 규칙에 의거 올바른 것을 가리킨다. 예를 들어, "고맙습니다."라고 할 때는 "별말씀을."이라고 하는 것이 적절한 것이다. "고맙습니다."에 "별말씀을."이라고 하지 않거나 다른 식으로 대꾸하는 것은 무례하거나 경박하게 비칠 것이다.

효율성이란 의사소통 행위가 개인적 목적과 관계적 목적을 달성하는 데 도움이 되는 정도를 가리킨다. 효율적인 행동이 적절한 행동과 상반될 때도 있다. 예를 들어, 다른 사람과 이야기를 나누고 있는 사람의 관심을 나에게 돌리는 것이 목적이라면 끼어드는 것이 효율적이기는 하겠지만 부적절한 행동이 될 것이다.

분류 ②

- 임칠성, <대인 의사소통>

① 필요한 개념을 설명하고 있다.

② 구체적인 예를 들어 설명하고 있다.

③ 특정 이론을 바탕으로 현상의 원인을 분석하고 있다.

④ 권위자의 의견을 언급하여 내용에 신뢰성을 부여하고 있다.

정답 설명 ③ Spitzberg와 Cupach의 이론이 나타나지만, 그 이론을 바탕으로 현상의 원인을 분석하고 있지는 않다.

오답 분석 ① 2~3문단에서 Spitzberg와 Cupach의 주장에 언급된 '적절성'과 '효율성'의 개념을 설명하고 있다.
② 2~3문단에서 '적절성'과 '효율성'에 대한 예를 제시하였다.
④ 1문단에서 Spitzberg와 Cupach라는 권위자의 주장을 언급함으로써 내용에 신뢰성을 부여하고 있다.

엄선 문제로 실력 향상

01 다음 글의 진술 방식에 대한 설명으로 적절하지 않은 것은? 2017. 지방직 7급

> 언어도 인간처럼 생로병사의 과정을 겪는다. 언어가 새로 생겨나기도 하고 사멸 위기에 처하기도 하는 것이다. … (중략) … 하와이어도 사멸 위기를 겪었다. 하와이어의 포식 언어는 영어였다. 1778년 당시 80만 명에 달했던 하와이 원주민은 외부로부터 유입된 감기, 홍역 등의 질병과 정치 문화적 박해로 1900년에는 4만 명까지 감소했다. 당연히 하와이어 사용자도 급감했다. 1898년에 하와이가 미국에 합병되면서부터 인구가 증가하였으나, 하와이어의 위상은 영어 공용어 교육 정책 시행으로 인하여 크게 위축되었다. 1978년부터 몰입식 공교육을 통한 하와이어 복원이 시도되고 있으나, 하와이어 모국어를 구사할 수 있는 원주민 수는 현재 1,000명 정도에 불과하다.
>
> … (중략) …
>
> 언어의 사멸은 급속하게 진행된다. 어떤 조사에 따르면 평균 2주에 1개 정도의 언어가 사멸하고 있다. 우비크, 쿠페뇨, 맹크스, 쿤월, 음바바람, 메로에, 컴브리아어 등이 사라진 언어이다. 이러한 상태라면 금세기 말까지 지구에 존재하는 언어 가운데 90%가 사라지게 될 것이라는 추산도 가능하다.

① 통계 수치를 활용하여, 언어 사멸 현상을 설명하고 있다.
② 예상되는 반론을 제기하고, 언어가 사멸된다고 주장하였다.
③ 구체적인 예를 활용하여, 언어 사멸의 위기를 증명하였다.
④ 언어를 생명체에 비유하고, 수많은 언어가 사멸할 수 있다고 주장하였다.

정답·해설

01

정답 설명

② 제시문에 예상되는 반론을 제기한 부분은 나타나지 않는다.

오답 분석

① 2문단에서 평균 2주에 1개 정도의 언어가 사멸하고 있는 지금의 상태가 계속된다면 금세기 말에는 언어의 90%가 사라지게 될 것이라는 구체적인 통계를 활용하였고, 이를 통해 급속하게 진행되는 언어 사멸 현상을 설명하고 있다.
③ 1문단에서 '하와이어의 사멸 위기'와 같은 구체적인 예를 활용하여 언어 사멸의 위기를 증명하였다.
④ 1문단의 1~2번째 줄에서 확인할 수 있다.
[관련 부분] 언어도 인간처럼 생로병사의 과정을 겪는다. ~ 사멸 위기에 처하기도 하는 것이다.

02 다음 글에 대한 설명으로 적절하지 않은 것은?

코이산족은 남부 아프리카에 거주하는 원주민 집단으로, 주로 나미비아, 보츠와나, 남아프리카 공화국 등에 분포해 있다. 이들은 독특한 언어와 문화적 특징을 가지고 있어 학문적으로 중요한 연구 대상이 된다. 그러나 현대 사회에서는 다양한 문제에 직면해 있다.

첫 번째 문제는 언어 소멸의 위기이다. 코이산족의 언어는 '클릭 언어'로 불린다. 클릭 언어란 숨을 내쉬면서 내는 보통의 자음과 달리 숨을 전혀 내쉬지 않고 오로지 혀만 차고 튕겨서 소리를 내는 언어이다. 이는 언어학적으로 매우 중요한 가치를 지닌다. 하지만 젊은 세대가 점점 더 도시화되고 주류 언어인 영어와 아프리칸스어를 사용하면서, 코이산언어 사용자는 급격히 줄어들고 있다. 이를 해결하기 위해서는 코이산 언어 교육 프로그램을 강화하고, 학교 교육 과정에 포함시키는 등의 필요성이 제기되었고, 실제로 보츠와나에서는 코이산 언어로 된 교과서를 개발하고 학교에서 가르치는 시도가 이루어지고 있다.

두 번째 문제는 토지권 문제이다. 코이산족은 전통적으로 유목 생활을 해왔으나, 현대 국가의 국경과 사유지 제도로 인해 이들의 이동과 사냥이 제한되고 있다. 이는 코이산족의 생계와 문화적 전통을 심각하게 위협한다. 이를 해결하기 위해 정부와 국제 기구는 토지 반환 프로그램을 시행하고, 코이산족의 전통적인 생활 방식을 보존할 수 있도록 법적 보호를 강화해야 한다. 예를 들어, 나미비아에서는 일부 지역에서 코이산족이 전통적인 방식으로 사냥하고 채집할 수 있도록 허용하고 있다.

세 번째 문제는 경제적 빈곤과 사회적 차별이다. 코이산족은 주류 사회에서 소외되어 경제적 기회가 제한되고, 이에 따라 높은 빈곤율과 낮은 교육 수준을 보인다. 이를 해결하기 위해서는 경제적 자립을 도울 수 있는 프로그램과 교육 지원이 필요하다. 예를 들어, 마이크로크레딧 프로그램을 통해 코이산족이 소규모 사업을 시작할 수 있도록 지원하거나, 직업 훈련 프로그램을 제공하여 일자리를 얻을 수 있도록 하는 방법이 있다.

① 전문 용어의 의미를 정의하였다.
② 구체적인 예를 들어 현상이나 이론을 설명하고 있다.
③ 코이산어는 음운 변동의 측면에서 매우 중요한 가치를 지닌다.
④ 문제점을 지적하고 대안을 제시하고 있다.

정답 · 해설

02

정답 설명

③ 2문단에서 '코이산어는 숨을 전혀 내쉬지 않고 오로지 혀만 차고 튕겨서 소리를 내는 언어'임을 제시하고 이 부분이 언어학적으로 매우 중요하다고 하였다. 즉, 코이산어는 소리의 측면에서 중요한 의미를 담고 있는 것이므로, 음운 변동의 측면에서 중요한 의미를 담고 있다는 설명은 적절하지 않다.

오답 분석

① 2문단에 클릭 언어에 대한 정의가 제시되었다.
② 3문단에서 코이산족의 전통적인 생활 방식을 보존할 수 있도록 법적 보호를 강화한 구체적 예시로 나미비아의 전통적 사냥 및 채집 허용을 들고 있다.
④ 코이산 언어 교과서 개발, 전통적 사냥 및 채집의 허용, 마이크로크레딧 프로그램 등의 대안을 제시하였다.

03 다음 글의 글쓰기 방식에 대한 설명으로 적절한 것은?

2019. 지방직 9급

> 멕시코의 환경 운동가로 유명한 가브리엘 과드리는 1960년대 이후 중앙아메리카 숲의 25% 이상이 목초지 조성을 위해 벌채되었으며 1970년대 말에는 중앙아메리카 전체 농토의 2/3가 축산 단지로 점유되었다고 주장했다. 실제로 1987년 이후로도 멕시코에만 1,497만 3,900ha의 열대 우림이 파괴되었는데, 이렇게 중앙아메리카의 열대림을 희생하면서까지 생산된 소고기는 주로 유럽과 미국으로 수출되었다. 그렇지만 이 소고기들은 지방분이 적고 미국인의 입맛에 그다지 맞지 않아 대부분 햄버거의 재료로 사용되었다.

① 통계 수치를 활용하여 논거의 타당성을 높이고 있다.
② 이론적 근거를 나열하여 주장의 전문성을 강화하고 있다.
③ 전문 용어의 뜻을 쉽게 풀이하여 독자의 이해를 돕고 있다.
④ 예측할 수 없는 결과를 나열하여 사태의 심각성을 알리고 있다.

정답 · 해설

03

정답 설명

① '숲의 25% 이상', '전체 농토의 2/3', '1,497만 3,900ha'와 같이 통계 수치를 활용하여 축산업을 위해 숲을 파괴하는 중앙아메리카의 상황에 대한 논거의 타당성을 높이고 있으므로 제시문의 글쓰기 방식에 대한 설명으로 적절한 것은 ①이다.

오답 분석

② 이론적 근거를 나열한 부분은 나타나지 않는다.
③ 전문 용어의 뜻을 쉽게 풀이한 부분은 나타나지 않는다.
④ 중앙아메리카의 열대 우림 파괴의 사례를 나열하여 사태의 심각성을 알리는 것은 맞으나, 예측할 수 없는 결과를 나열하는 것은 제시문에 나타나지 않는다.

04 <보기>의 서술 방식으로 가장 옳은 것은? 2019. 서울시 7급(10월)

> 보기
>
> 이러한 음악의 한배를 있게 한 실제적 기준은 호흡이었다. 즉, 숨을 들이쉬고 내쉼이 한배의 틀이 된 것이다. 이를 기준으로 해서 이루어진 방법을 선인들은 양식척(量息尺)이라고 불렀다. '숨을 헤아리는 자(尺)'라는 의미로 명명된 이 방법은 우리 음악에서 한배와 이에 근거한 박절을 있게 한 이론적 근거가 되었다. 시계가 없었던 당시에 선인들은 건강한 사람의 맥박의 6회 뜀을 한 호흡(一息)으로 계산하여 1박은 그 반인 3맥박으로 하였다. 그러니까 한 호흡을 2박으로 하여 박자와 한배의 기준으로 삼았던 것이다. 반면 서양인들은 우리와 달리 음악적 시간을 심장의 고동에서 구하여 이를 기준으로 하였다. 즉, 맥박을 기준으로 하여 템포를 정하였다. 건강한 성인은 보통 1분에 70회 전후로 맥박이 뛴다고 한다. 이에 의해 그들은 맥박 1회를 1박의 기준으로 하였고, 1분간에 70박 정도 연주하는 속도를 그들 템포의 기본으로 하였다. 그래서 1분간 울리는 심장 박동에 해당하는 빠르기가 바로 '느린 걸음걸이의 빠르기'인 안단테로 이들의 기준적 빠르기 말이 되었다.

① 주장을 먼저 제시한 뒤 다양한 실례를 들어 타당성을 증명하고 있다.
② 서로 대립되는 두 견해를 제시하고 검토한 뒤 제3의 견해를 도출하고 있다.
③ 대상의 특성을 분석한 뒤 대조하여 대상의 특징을 제시하고 있다.
④ 구체적인 사례를 먼저 제시한 뒤 통념을 반박하여 해결책을 모색하고 있다.

정답 · 해설

04

정답 설명

③ 제시문은 동양인과 서양인이 생각한 박자의 기준을 각각 분석한 뒤 이를 대조하는 방식으로 특징을 제시하고 있다.

05 다음 글의 글쓰기 전략으로 볼 수 없는 것은?

2019. 국가직 9급

> 고전파 음악은 어떤 음악인가? 서양 음악의 뿌리는 종교 음악에서 비롯되었다. 바로크 시대까지는 음악이 종교에 예속되어 있었으며, 음악가들 또한 종교에 예속되어 있었다. 고전파는 이렇게 종교에 예속되었던 음악을, 음악을 위한 음악으로 정립하려는 예술 운동에서 출발하였다. 따라서 종래의 신을 위한 음악에서 탈피해 형식과 내용의 일체화를 꾀하고 균형 잡힌 절대 음악을 추구하였다. 즉 '신'보다는 '사람'을 위한 음악, '음악'을 위한 음악을 이루어 나가겠다는 굳은 결의를 보여 준 것이다.
>
> 또한 고전파 음악은 음악적 형식과 내용의 완숙을 이룬 음악이기도 하다. 이 시기에는 하이든, 모차르트, 베토벤 등 음악의 역사에서 가장 위대한 작곡가들이 배출되기도 하였다. 이때에는 성악이 아닌 기악만으로도 음악이 가능하게 되었으며, 교향곡의 기본을 이루는 소나타 형식이 완성되었다. 특히 옛 그리스나 로마 때처럼 보다 정돈된 형식을 가진 음악을 해 보자고 주장하였기에 '옛것에서 배우자는 의미의 고전'과 '청정하고 우아하며 흐림 없음, 최고의 예술적 경지에 다다름으로서의 고전'을 모두 지향하게 되었다.
>
> 이렇듯 역사적으로 고전파 음악은 종교의 영역에서 음악 자체의 영역을 확보하였으며 최고 수준의 음악적 내용과 형식을 수립하였다. 고전파 음악이 서양 전통 음악 전체를 대표하게 된 것은 고전파 음악이 이룩한 역사적인 성과에서 비롯된 것일지도 모른다. 따라서 고전 음악의 개념을 이해하기 위해서는 고전파 음악의 성격과 특질에 대한 이해가 선행되어야 할 것이다.

① 고전파 음악이 지닌 음악사적 의의를 밝힌다.
② 고전파 음악의 음악가를 예시하여 이해를 돕는다.
③ 고전파 음악의 특징이 형식과 내용의 분리에 있음을 강조한다.
④ 질문을 통해 화제를 제시함으로써 호기심을 유발한다.

정답 · 해설

05

정답 설명

③ 1문단 '종래의 신을 위한 음악에서 탈피해 형식과 내용의 일체화를 꾀하고'의 내용을 통해 고전파 음악의 특징이 형식과 내용의 분리에 있음을 강조한다는 ③의 내용은 잘못된 것임을 알 수 있다.

05 추론하기

민숙쌤의 독해 비법

1. 추론하기 발문 종류별 문제 풀이 전략

① 글을 추론한 내용으로 알맞은 것은?

㉠ 일반적, 추상적 용어를 잘 표시하면서 읽는다.

㉡ 제시한 예와 비슷한 사례를 찾는 문제가 많으므로, 예시를 주의깊게 읽는다.

㉢ 각 문단의 주요 내용을 정확하게 이해한다.

㉣ 문제를 풀 때에는 언급하지 않은 내용을 주의깊게 본다.

② 글의 내용을 이해한 것으로 알맞은 것은?

㉠ 내용 일치와 동일하게 문제를 푼다.

- 글의 구조 확인, 선택지 주요 내용 확인, 중요 개념 표시

㉡ 추론하기 적용

2. 추론하기 유형

① 내용 추론

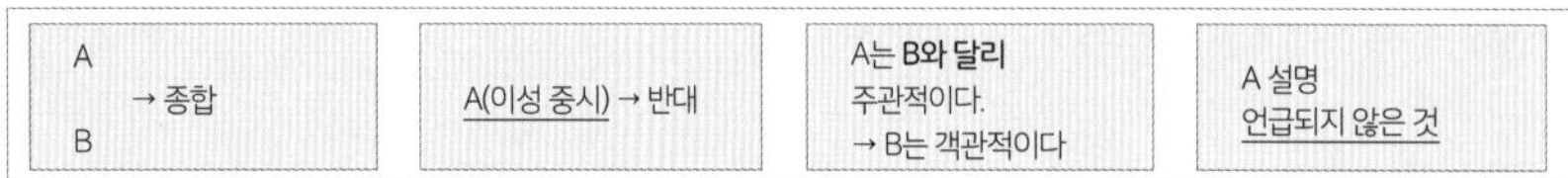

② 사례 추론

일반적 내용 설명
→ 사례 찾기

사례 제시
→ 동일한 사례 찾기

대표 문제로 유형 체크

01 다음 글에 대한 독자의 반응으로 적절하지 않은 것은?

> 현대인들은 일상생활 속에서 모르는 말을 발견하면 인터넷 검색 포털 사이트에서 검색하거나 사전을 찾아 뜻을 확인한다. 대부분의 말은 표준어로 등재가 되어 있기만 하면 확인이 되지만 확인이 불가능한 경우도 간혹 있다. 이때 검색되지 않는 말은 크게 두 가지로 나누어 설명할 수 있다. … (중략) …
>
> 요즘 어디서나 만날 수 있는 '웰빙(well-being)'이 바로 이러한 말에 해당하는 대표적인 예인데, 이 단어는 국어사전에는 올라 있지 않다. 이 단어가 외국어를 그대로 쓴 것일 뿐 아니라 계속 쓰인다는 보장이 없으므로, 이 단어가 국어사전에 오를 가능성은 희박하다. 우리가 현재 사용하는 말 중에는 이처럼 소위 '유행어'라고 해서 일시적인 시기에 주로 특정 연령층이나 집단에서 광범위하게 쓰이다 얼마 가지 않아서 사라지는 말들이 많다. 이러한 단어는 일정 기간 동안 아무리 많이 쓰였다 해도 사전에 오르지 않는다.
>
> 신어의 범위를 좀 더 확대하면 '옥탑방', '방울토마토', '제대혈' 등과 같은 말도 여기에 포함될 수 있다. '옥탑방'은 요즘 부동산과 관련해서 흔하게 접할 수 있는 말이지만 사전에 없다. 원래 건물 맨 위의 공간을 가리키는 '옥탑'이라는 말이 있었기 때문에 여기에 '방'이라는 말을 결합하여 사용한 것으로 볼 수 있다. 이는 앞서 언급한 '웰빙'과 같은 완전한 신어와는 차이가 나며, 이러한 말은 검토하여 사전에 오를 가능성이 높다.

사전 등재 기준

다른 기준이 있음을 확인

① 사전에 등재되는 기준이 있군.

기존에 있던 단어들의 결합

② '왕자병'은 '웰빙'보다 '옥탑방'에 가까운 범주의 말이겠군.

사전에 등재될 가능성이 높은 단어와 그렇지 않은 단어

③ 사전에 없는 말이라고 해서 그 말들이 모두 지위가 같은 것은 아니군.

언급 X

④ 시대에 따라 특정 단어가 사전에 등재되기도 하고, 삭제되기도 하는군.

Ⅲ 독해

해커스공무원 신민숙 쉬운국어 한 권으로 끝

정답 설명 ④ 3문단 마지막 문장을 통해, 사전에 등재되어 있지 않은 말이 사전에 등재될 수도 있음을 알 수 있다. 그러나 제시문에서 원래는 사전에 등재되어 있던 단어가 삭제되는 경우는 설명하고 있지 않으므로, 시대에 따라 사전에서 단어가 삭제되기도 한다는 ④의 반응은 적절하지 않다.

02 다음 글에서 추론할 수 있는 것은?

2021. 지방직 9급

역접 관계(뒤 문장 중요)

포도주는 유럽 문명을 대표하는 술이자 동시에 음료수다. 우리는 대개 포도주를 취하기 위해 마시는 술로만 생각하기 쉬우나 유럽에서는 물 대신 마시는 '음료수'로서의 역할이 크다. 유럽의 많은 지역에서는 물이 워낙 안 좋아서 맨 물을 그냥 마시면 위험하기 때문에 제조 과정에서 안전성이 보장된 포도주나 맥주를 마시는 것이다. 이런 용도로 일상적으로 마시는 식사용 포도주로는 당연히 고급 포도주와는 다른 저렴한 포도주가 쓰이며, 술이 약한 사람들은 여기에 물을 섞어서 마시기도 한다.

소비의 확대와 함께, 포도주의 생산을 다른 지역으로 확산시키려는 노력도 계속되어 왔다. 포도주 생산의 확산에서 가장 큰 문제는 포도 재배가 추운 북쪽 지역으로 확대되기 힘들다는 점이다. 자연 상태에서는 포도가 자라는 북방 한계가 이탈리아 정도에서 멈춰야 했지만, 중세 유럽에서 수도원마다 온갖 노력을 기울인 결과 포도 재배가 상당히 북쪽까지 올라갔다. 대체로 대서양의 루아르강 하구로부터 크림반도와 조지아를 잇는 선이 상업적으로 포도를 재배할 수 있는 북방한계선이다.

적정한 기온은 포도주 생산 가능 여부뿐 아니라 생산된 포도주의 질을 결정하는 중요한 요인이다. 너무 추운 지역이나 너무 더운 지역에서는 포도주의 품질이 떨어질 수밖에 없다. 추운 지역에서는 포도에 당분이 너무 적어서 그것으로 포도주를 담그면 신맛이 강하게 된다. 반면 너무 더운 지역에서는 섬세한 맛이 부족해서 '흐물거리는' 포도주가 생산된다(그 대신 이를 잘 활용하면 포르토나 셰리처럼 도수를 높인 고급 포도주를 만들 수 있다). 그러므로 고급 포도주 주요 생산지는 보르도나 부르고뉴처럼 너무 덥지도 않고 너무 춥지도 않은 곳이다. 다만 달콤한 백포도주의 경우는 샤토 디켐(Château d'Yquem)처럼 뜨거운 여름 날씨가 지속하는 곳에서 명품이 만들어진다.

예외적인 내용을 설명할 때 쓰이는 표현으로, 출제자가 이 부분을 사용하여 문제를 내는 경우가 많다.

추가 ①

포도주의 수요는 전 유럽적인 데 비해 생산은 이처럼 지리적으로 제한됐기 때문에 포도주는 일찍부터 원거리 무역 품목이 됐고, 언제나 고가품 취급을 받았다. 그런데 한 가지 기억해야 할 점은 이렇게 수출되는 고급 포도주는 오래된 포도주가 아니라 바로 그해에 만든 술이라는 점이다. 우리는 포도주는 오래될수록 좋아진다고 믿는 경향이 있지만, 대부분의 백포도주 혹은 중급 이하 적포도주는 시간이 지날수록 오히려 품질이 떨어진다. 시간이 흐를수록 품질이 개선되는 것은 일부 고급 적포도주에만 한정된 이야기이며, 그나마 포도주를 병에 담아 코르크 마개를 끼워 보관한 이후의 일이다.

일반적인 고급 포도주와 다른 '일부'의 경우를 말함

① 고급 포도주는 모두 너무 덥지도 춥지도 않은 곳에서 재배된 포도로 만들어졌다.

② 루아르강 하구로부터 크림반도와 조지아를 잇는 선은 이탈리아보다 남쪽에 있을 것이다.

③ 유럽에서 일상적으로 마시는 식사용 포도주는 저렴한 포도주거나 고급 포도주에 물을 섞은 것이다.

④ 병에 담겨 코르크 마개를 끼운 고급 백포도주는 보관 기간에 비례하여 품질이 개선되지는 않을 것이다.

정답 설명 ④ 4문단 끝에서 1~3번째 줄에서 대부분의 백포도주는 시간이 흐를수록 품질이 떨어지며, 코르크 마개를 끼운 포도주가 시간이 흐를수록 품질이 개선되는 경우는 일부 고급 적포도주에만 해당됨을 알 수 있다. 따라서 코르크 마개를 끼운 고급 백포도주가 보관 기간에 비례하여 품질이 개선되지 않을 것이라는 ④의 추론은 올바르다.

오답 분석 ① 3문단 끝에서 1~3번째 줄에서 고급 포도주는 너무 덥지도 춥지도 않은 곳에서 재배되지만 디켐과 같이 뜨거운 곳에서 명품이 탄생하는 포도주도 있음을 알 수 있다. 따라서 '모두' 그러하다고 할 수는 없다.

② 2문단에서 루아르강 하구로부터 크림반도와 조지아를 잇는 선은 이탈리아보다 남쪽이 아니라 북쪽에 있음을 알 수 있다.

③ 1문단 끝에서 1~2번째 줄에서 유럽에서 일상적으로 마시는 식사용 포도주는 저렴한 포도주라는 점은 확인되지만, 물을 섞는 것은 고급 포도주가 아니라 저렴한 포도주이다.

엄선 문제로 실력 향상

01 다음 글에서 추론한 내용으로 적절하지 않은 것은? 2021. 국가직 9급

> 과학의 개념은 분류 개념, 비교 개념, 정량 개념으로 구분할 수 있다. 식물학과 동물학의 종, 속, 목처럼 분명한 경계를 가지고 대상들을 분류하는 개념들이 분류 개념이다. 어린이들이 맨 처음에 배우는 단어인 '사과', '개', '나무' 같은 것 역시 분류 개념인데, 하위 개념으로 분류할수록 그 대상에 대한 정보가 더 많이 전달된다. 또한, 현실 세계에 적용 대상이 하나도 없는 분류 개념도 있을 수 있다. 예를 들어 '유니콘'이라는 개념은 '이마에 뿔이 달린 말의 일종임' 같은 분명한 정의가 있기에 '유니콘'은 분류 개념으로 인정되는 것이다.
>
> '더 무거움', '더 짧음' 등과 같은 비교 개념은 분류 개념보다 설명에 있어서 정보 전달에 더 효과적이다. 이것은 분류 개념처럼 자연의 사실에 적용되어야 하지만, 분류 개념과 달리 논리적 관계도 반드시 성립해야 한다. 예를 들면, 대상 A의 무게가 대상 B의 무게보다 더 무겁다면, 대상 B의 무게가 대상 A의 무게보다 더 무겁다고 말할 수 없는 것처럼 '더 무거움' 같은 비교 개념은 논리적 관계를 반드시 따라야 한다.
>
> 마지막으로 정량 개념은 비교 개념으로부터 발전된 것인데, 이것은 자연의 사실로부터 파악할 수 있는 물리량을 측정함으로써 만들어진다. 물리량을 측정하기 위해서는 몇 가지 규칙이 필요한데, 그 규칙에는 두 물리량의 크기를 비교하는 경험적 규칙과 물리량의 측정 단위를 정하는 규칙 등이 포함된다. 이러한 정량 개념은 자연에 의해서 주어지는 것이 아니라 우리가 자연현상에 수를 적용하는 과정에서 생겨나는 것이다. 정량 개념은 과학의 언어를 수많은 비교 개념 대신 수를 사용할 수 있게 하여 과학 발전의 기초가 되었다.

① '호랑나비'는 '나비'와 동일한 종에 속하지만, 나비에 비해 정보량이 적다.

② '용(龍)'은 현실 세계에 적용할 수 있는 지시물이 없더라도 분류 개념으로 인정된다.

③ '꽃'이나 '고양이'와 같은 개념은 논리적 관계를 따라야 하는 것은 아니기 때문에 비교 개념에 포함되지 않는다.

④ 물리량을 측정할 수 있는 'cm'나 'kg'과 같은 측정 단위는 자연현상에 수를 적용할 수 있게 해 주었다.

정답 · 해설

01

정답 설명

① 1문단 '어린이들이 맨 처음에 배우는 단어인 '사과', '개', '나무' 같은 것 역시 분류 개념인데, 하위 개념으로 분류할수록 그 대상에 대한 정보가 더 많이 전달된다'는 내용을 통해 '나비'의 하위 개념인 '호랑나비'는 나비에 비해 정보량이 더 많을 것이므로 ①의 추론 내용은 올바르지 않다.

오답 분석

② 1문단 4~7번째 줄에서 '현실 세계에 적용 대상이 하나도 없는 분류 개념도 있을 수 있다. ~ 분류 개념으로 인정되는 것이다.'를 통해 볼 때 '용'도 분류 개념으로 인정될 수 있음을 알 수 있다.

③ 2문단 2~3번째 줄에서 '분류 개념과 달리 논리적 관계도 반드시 성립해야 한다.'고 설명하고 있는 부분을 통해 논리적 관계가 없는 '꽃'과 '고양이'와 같은 개념은 비교 개념에 포함되지 않음을 알 수 있다.

④ 3문단의 '정량 개념은 비교 개념으로부터 발전된 것인데, 이것은 자연의 사실로부터 파악할 수 있는 물리량을 측정함으로써 만들어진다.'와 '정량 개념은 자연에 의해서 주어지는 것이 아니라 우리가 자연현상에 수를 적용하는 과정에서 생겨나는 것이다'는 부분을 통해 물리량을 측정할 수 있는 단위가 자연현상에 수를 적용할 수 있게 해 주었다는 사실을 알 수 있다.

02 ㉠~㉣의 사례로 적절하지 않은 것은?

2022. 국가직 9급

> 단어의 의미가 변화하는 양상은 다양하다. 첫째, "아침 먹고 또 공부하자."에서 '아침'은 본래의 의미인 '하루 중의 이른 시간'을 가리키지 않고 '아침에 먹는 밥'이라는 의미로 쓰인다. '밥'의 의미가 '아침'에 포함되어서 '아침'만으로도 '아침밥'의 의미를 표현하게 된 것으로, ㉠ 두 개의 단어가 긴밀한 관계여서 한쪽이 다른 한쪽의 의미까지 포함하는 의미로 변화하게 된 경우이다. 둘째, '바가지'는 원래 박의 껍데기를 반으로 갈라 썼던 물건을 가리켰는데, 오늘날에는 흔히 플라스틱 바가지를 가리킨다. 이것은 ㉡ 언어 표현은 그대로인데 시대의 변화에 따라 지시 대상 자체가 바뀌어서 의미 변화가 발생한 경우이다. 셋째, '묘수'는 본래 바둑에서 만들어진 용어이지만 일상적인 언어생활에서도 '쉽게 생각해 내기 어려운 좋은 방안'이라는 의미로 사용된다. 이는 ㉢ 특수한 영역에서 사용되던 말이 일반화되면서 단어의 의미가 변화한 경우에 해당한다. 넷째, 호랑이를 두려워하던 시절에 사람들은 '호랑이'라는 이름을 직접 부르기 꺼려서 '산신령'이라고 부르기도 했는데, 이는 ㉣ 심리적인 이유로 특정 표현을 피하려다 보니 그것을 대신하는 단어의 의미에 변화가 생긴 경우이다.

① ㉠: '아이들의 코 묻은 돈'에서 '코'는 '콧물'의 의미로 쓰인다.

② ㉡: '수세미'는 원래 식물의 이름이었지만 오늘날에는 '그릇을 씻는 데 쓰는 물건'이라는 의미로 쓰인다.

③ ㉢: '배꼽'은 일반적으로 '탯줄이 떨어지면서 배의 한가운데에 생긴 자리'를 가리키지만 바둑에서는 '바둑판의 한가운데'라는 의미로 쓰인다.

④ ㉣: 무서운 전염병인 '천연두'를 꺼려서 '손님'이라고 불렀다.

정답·해설

02

정답 설명

③ '배꼽'은 일반적인 의미로 쓰이다가 '바둑'이라는 특수한 영역에서 사용되는 의미로 변화한 경우이므로 ㉢의 사례로 적절하지 않다.

오답 분석

① '코'가 신체의 부위뿐만 아니라 '콧물'의 의미까지 포함하여 의미가 변화되었으므로 ㉠의 사례로 올바르다.

② '수세미'는 '식물'의 의미로 쓰이다가 시간이 흐르면서 '그릇을 씻는 데 쓰는 물건'으로 지시 대상의 의미가 변화하였으므로 ㉡의 사례로 올바르다.

④ '천연두'를 꺼리는 심리적인 이유로 '천연두'를 대신하는 '손님'이라는 단어로 쓰이면서 의미가 변화하였으므로 ㉣의 사례로 올바르다.

03 다음 글에 대한 이해로 적절하지 않은 것은?

> 정부는 2015년 기초수급 대상자 선정을 위한 수급 기준을 완화하는 등 복지 혜택 확대를 위해 지속적으로 노력해 왔다. 그럼에도, 2014년 1,329천명이었던 최저생계비 수급자 수가 2015년에는 1,646천명으로 오히려 증가하는 통계 자료를 통해 볼 때, 복지 현장에는 여전히 혜택에서 소외된 이웃들이 많이 있다. 이에, 행정안전부 책임운영기관인 국가정보자원관리원과 ○○도 빅데이터 기반의 맞춤형 복지 서비스 분석을 추진하였다.
>
> 이 분석을 통해 ○○도는 복지 현황 파악을 위한 복지공감(共感)지도를 제작하고, 복지 기관 접근성 분석을 통한 취약지역 지원방안을 제시하였으며, 위기가정의 신속한 지원을 위한 빅데이터 예측 모델을 개발하고자 하였다. 우선, 복지공감지도는 공간분석(GIS)을 활용하여 지역 내 공공 및 민간 복지 기관의 다양한 지원 항목과 이를 필요로 하는 수급자(복지 대상자, 독거노인, 장애인 등) 현황을 한눈에 확인할 수 있도록 구현한 것으로, ○○도는 이번 분석을 통해 복지 기관으로부터 도보로 약 15분 내 위치한 수급자에게 복지 혜택이 집중되고 있는 것을 확인할 수 있었다. 이에 ○○도는 집중된 복지 혜택의 분산을 위해 셔틀버스 노선을 4개 증설할 계획을 세웠다.
>
> 김명희 국가정보자원관리원장은 "이번 분석은 빅데이터 분석에 대한 국민 체감을 높이고 행정 신뢰도를 제고하는 아주 의미 있는 사례"라며, "분석결과가 보다 많은 지자체로 확산되어 맞춤형 복지 실현의 초석이 되었으면 한다."라고 밝혔다.

① 정부의 노력에도 불구하고 최하위층은 지속적인 증가 추세이다.
② 복지 기관과 수급자 거주지 사이의 거리는 복지 혜택의 정도에 영향을 준다.
③ 복지 기관 접근성 분석 결과는 복지 셔틀버스 노선 증설의 근거가 된다.
④ 복지공감지도로 복지 혜택에 대한 수급자들의 개별 만족도를 파악할 수 있다.

정답 · 해설

03

정답 설명

④ 제시문에서 복지공감지도로 복지 혜택에 대한 수급자들의 개별 만족도를 파악할 수 있다는 언급은 없다. 복지공감지도 활용의 효과로는 2문단에서 확인할 수 있다.

오답 분석

① 1문단 '정부는 2015년 ~ 지속적으로 노력해 왔다. 그럼에도, 2014년 1,329천명이었던 최저생계비 수급자 수가 2015년에는 1,646천명으로 오히려 증가' 부분을 볼 때, 최하위층의 증가 추세를 추론할 수 있다.

② 2문단 끝 부분을 통해 복지 기관과 거주자 사이의 거리에 따라 복지 혜택의 정도가 달라짐을 알 수 있다.

③ 2문단에서 맞춤형 복지 사업을 통해 '복지 기관으로부터 도보로 약 15분 내 위치한 수급자에게 복지 혜택이 집중되고 있는 것을 확인'했는데, 이것이 바로 복지 접근성 결과 분석에 해당한다. 그리고 이 결과 분석을 근거로 '복지 셔틀버스 노선을 4개 증설할 계획을 수립'하였다.

04 다음 글에 대한 이해로 가장 적절한 것은?

주사위의 역사는 수천 년 전으로 거슬러 올라간다. 정확한 기원은 명확하지 않지만, 기원전 3000년경 메소포타미아 혹은 이집트와 같은 고대 문명에서 기원한 것으로 여겨진다. 이 초기 주사위들은 뼈, 나무, 돌, 그리고 때로는 금속을 포함한 다양한 재료로 만들어졌다. 고대에는 주사위가 게임 외에 다양한 용도로 사용되었다. 주사위 굴리기의 결과는 신들의 메시지나 미래를 엿보는 것으로 해석되어 점을 치거나 종교적 의식을 행할 때 사용되었다.

주사위의 모양과 구조는 시간이 지남에 따라 진화해 왔다. 오늘날 주사위의 가장 일반적인 형태는 정육면체로 각 면은 보통 1부터 6까지의 자연수로 표시된다. 그러나 고대 주사위가 항상 정육면체는 아니었다. 사면체, 팔면체, 심지어 불규칙한 모양도 있었다. 로마 제국 시기에 로마인들은 주사위를 도박이나 보드게임과 같은 오락 목적으로 사용했다. 군대 막사와 요새에서 주사위와 게임판이 발견되어, 로마 병사들이 휴식 시간 동안 오락을 위해 주사위를 사용했음을 알 수 있다. 로마의 주사위는 일반적으로 뼈, 상아, 유리, 금속 등으로 만들어졌다. 주사위의 각 면에 표시되는 점들은 현대의 일반적인 주사위와 마찬가지로 마주 보는 면끼리의 합이 7이 되도록 배열되었다. 로마에서 주사위 게임은 꽤 인기가 있었는데 특히 테세레(Tesserae)와 알레아(alea)가 대표적이다. 테세레는 주사위 세 개를 굴려 그 결과에 베팅하는 방식이라고 하며, 알레아 역시 세 개의 주사위로 하는 게임인데 안타깝게도 자세한 규칙이나 진행 방법은 전해지지 않는다.

고대와 달리, 오늘날에는 주사위 굴리기의 결과를 신의 의지가 아니라 확률에 따른 것으로 본다. 주사위의 쓰임새도 게임이나 도박 이외에 교육에까지 확장되었다. 모노폴리, 리스크와 같은 보드게임은 주사위를 굴려 말을 이동하거나 자원을 할당한다. 또한 롤플레잉 게임(RPG)에서는 전투, 이벤트 등에서 사면체 주사위에서 이십면체 주사위에 이르기까지 다양한 주사위를 굴린다. 수학 교육에서 주사위는 확률 실험에 이용되어 학생들이 확률의 개념을 이해할 수 있게 돕는 역할을 한다.

① 오늘날 일반적인 주사위에 표시된 숫자의 합은 20 이하이다.
② 정육면체 이외의 다른 형태의 주사위는 현대에 이르러 등장하였다.
③ 현대에는 주사위의 쓰임새에서 종교적 기능은 찾아보기 어렵다.
④ 주사위를 게임이나 도박에 사용하는 것은 오늘날 생겨난 특징이다.

정답·해설

04

정답 설명

③ 1문단 끝에서 1~3번째 줄에서 주사위가 종교적 기능을 가졌던 이유는 그것이 신들의 메시지나 미래를 엿보는 것으로 해석되었기 때문임을 알 수 있다. 그러나 3문단의 1~2번째 줄에 나오듯, 오늘날에는 주사위 굴리기의 결과를 신의 의지가 아니라 확률에 따른 것으로 보기 때문에 주사위의 쓰임새에서 종교적 기능은 찾아보기 어렵다.

오답 분석

① 2문단 1~2번째 줄과 7~9번째 줄을 통해 정육면체의 각 면에 1~6의 자연수로 표시되며 그 합이 21임을 알 수 있다.

② 2문단 2~4번째 줄 '그러나 고대의 주사위가 항상 정육면체는 아니었다. 사면체, 팔면체, 심지어 불규칙한 모양도 있었다.'에 따라 정육면체와 다른 형태의 주사위는 고대부터 존재했음을 알 수 있다.

④ 2문단 4~6번째 줄 '로마 제국 시기에 로마인들은 주사위를 도박이나 보드게임과 같은 오락 목적으로 사용했다. 군대 막사와 요새에서 주사위와 게임판이 발견되어, 로마 병사들이 휴식 시간 동안 오락을 위해 주사위를 사용했음을 알 수 있다'를 통해 볼 때, 주사위는 오늘날뿐만 아니라 고대에서도 오락 목적으로 사용하였음을 알 수 있다.

05 다음 글에서 추론한 내용으로 가장 적절한 것은? 2023. 국가직 9급

공포의 상태와 불안의 상태를 구분하는 것은 쉽지 않다. 왜냐하면 두 감정을 함께 느끼거나 한 감정이 다른 감정을 유발할 때가 많기 때문이다. 가령, 무시무시한 전염병을 목도하고 공포에 빠진 사람은 자신도 언젠가 그 병에 걸릴지 모른다는 불안 상태에 빠지게 된다. 이처럼 두 감정은 서로 밀접하게 얽혀 있다는 점에서 혼동하기 쉽다. 하지만 두 감정을 야기한 원인을 따져 보면 두 감정을 명확하게 구분할 수 있다. 공포는 실재하는 객관적 위협에 의해 야기된 상태를 의미하고, 불안은 현재 발생하지 않았으며 미래에 일어날지 모르는 불명확한 위협에 의해 야기된 상태를 의미한다. 공포와 불안의 감정은 둘 다 자아와 관련되어 있지만 여기에서도 차이를 찾을 수 있다. 공포를 느끼는 것은 '나 자신'이 위험한 상황에 놓여 있다는 사실을 아는 것이고, 불안의 경험은 '나 자신'이 위해를 입을까 봐 걱정하는 것이다.

① 자신이 처한 위험한 상황을 정확히 인식하는 경우에는 공포감에 비해 불안감이 더 크다.
② 전기·가스 사고가 날까 두려워 외출하지 못하는 사람은 불안한 상태에 있는 것이다.
③ 시험에 불합격할 수 있다는 생각에 사로잡힌 사람은 공포감에 빠져 있는 것이다.
④ 과거에 큰 교통사고를 경험한 사람은 공포감은 크지만 불안감은 작다.

정답 · 해설

05

정답 설명

② 제시문 끝에서 4~5번째 줄에서 불안은 현재 발생하지 않으며 미래에 일어날지 모르는 불명확한 위협에 의해 야기된 상태를 말함을 알 수 있다. '전기·가스 사고'는 미래에 일어날지 모르는 불명확한 위협에 해당하므로, 불안한 상태에 있다는 ②의 설명은 적절하다.

오답 분석

① 제시문 마지막 문장에서 공포를 느끼는 것은 '나 자신'이 위험한 상황에 놓여 있다는 사실을 아는 것이고, 불안의 경험은 '나 자신'이 위해를 입을까 봐 걱정하는 것이라고 설명한다. 이에 따르면 ①의 '자신이 처한 위험한 상황을 정확히 인식하는 경우'는 공포를 느끼는 것에 해당하므로, 공포감에 비해 불안감이 더 크다는 설명은 적절하지 않다.

③ 제시문 끝에서 4~5번째 줄에 따르면, 불안은 현재 발생하지 않으며 미래에 일어날지 모르는 불명확한 위협에 의해 야기된 상태이다. ③에서 말한 '시험에 불합격할 수 있다는 생각'은 미래에 일어날지 모르는 불명확한 위협에 해당하므로, 이러한 생각에 사로잡힌 사람은 공포감이 아닌 불안감에 빠져 있다고 볼 수 있다.

④ 제시문은 공포와 불안 두 감정을 함께 느끼거나 한 감정이 다른 감정을 유발할 때가 많다고 말하며, 전염병을 목도하고 공포에 빠진 사람은 자신도 언젠가 그 병에 걸릴지 모른다는 불안 상태에 빠지게 된다고 설명한다. 이처럼 과거에 큰 교통사고를 경험한 사람은 실재하는 객관적 위협으로 인해 공포감이 크고, 미래에 또다시 교통사고가 일어날지도 모른다는 불명확한 위협으로 인해 불안감도 클 것이다.

06 빈칸 넣기

민숙쌤의 독해 비법

1. 빈칸 넣기 문제 풀이 전략

① 빈칸 앞뒤 문장을 통해 내용을 짐작한다.

② 빈칸 앞뒤 문장으로 해결되지 않는 경우, 빈칸 뒤의 내용에 집중한다.

③ ②번으로도 확인이 되지 않는다면 빈칸 앞부분까지 포함한 글을 내용 전체를 통해 짐작한다.

④ 속담이나 관용어를 질문하는 경우가 많다.

⑤ 주제문, 핵심어와 관련된 내용이 포함된 문장이 출제되는 경우가 많다.

2. 빈칸 추론 방법

① 접속어(그리고, 그러나, 따라서 등) - 정확한 접속어를 먼저 정한다.

② 단어 찾기(설명 내용과 가장 밀접한 단어) - 짝을 맞춘다.

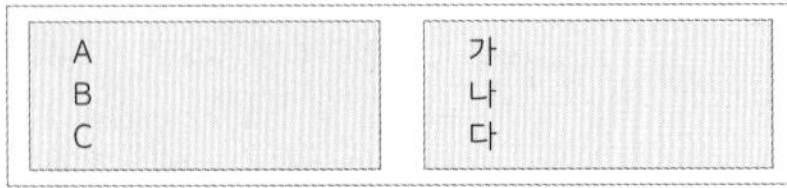

③ 속담, 관용어를 찾는다.

④ PSAT 유형 - 정리한 내용을 찾는다. (※185쪽 5번 문제 참고)

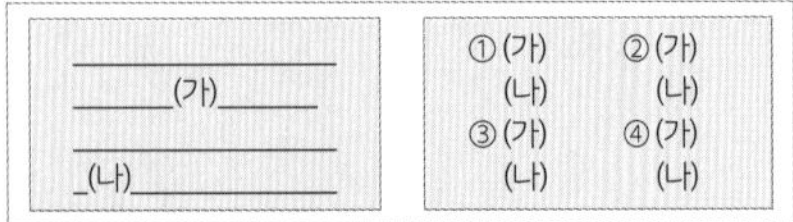

⑤ 하나의 빈칸을 찾을 때에는 다음의 순서로 확인한다.
- ㉠ 뒤에서부터 확인한다.
- ㉡ 빈칸 바로 앞을 확인한다.
- ㉢ 첫 문단을 확인한다.

대표 문제로 유형 체크

접속어, 속담, 관용어 넣기

01 글의 통일성을 고려할 때 ㉠에 들어갈 문장으로 가장 적절한 것은?

• 뒷 부분과 관련된 내용을 찾아야 함

'(㉠)'는 건 소비자 심리의 불가해함에 고개를 내젓는 21세기 마케터들의 깨달음만은 아니다. 인간은 알려고 하면 할수록 점점 더 알기 어려운 내면의 모습들을 갖추고 있다.

그래서인지 그 내면의 일단이 드러난 것처럼 보이면 사회적으로 좀 심한 쏠림 현상이 시작된다. 예컨대 2004년부터 화두로 등장한 '웰빙(well-being)'이 그렇다. 불황에 아무것도 팔리지 않는데 유독 '웰빙상품'만 호황을 누린다는 이유로 각광을 받았다.

그렇게 이상하게도 2004년 겨울이 다가올 무렵부터 웰빙 소리가 쏙 들어갔다. 경제가 최악이라는 비명이 나올 때다. 이듬해 경기가 좀 풀리는가 싶더니 다시 웰빙 이야기가 나왔다. 경기가 좋고 나쁨에 따라 웰빙 열기가 들쭉날쭉이다. 트렌드라면 경기의 좋고 나쁨에 이처럼 크게 영향을 받지 않는다.

① 속에 대감이 몇 개 들어앉았다
② 땅을 열 길 파도 고리전 한 푼 생기지 않는다
③ 제 속 흐린 게 남보고 집 봐 달라고 말 못 한다
④ 열 길 물속은 알아도 한 길 사람의 속은 모른다

정답 설명 ④ 제시문은 '웰빙'에 대한 열기가 수시로 바뀌는 점을 사례로 들어 소비자의 심리를 파악하는 것이 어려운 일임을 설명하고 있다. 따라서 글의 통일성을 고려할 때 ㉠에 들어갈 문장으로 적절한 것은 ④이다.
• 열 길 물속은 알아도 한 길 사람의 속은 모른다: 사람의 속마음을 알기란 매우 힘듦을 비유적으로 이르는 말

오답 분석 ① 속에 대감이 몇 개 들어앉았다: 어수룩하게 보이지만 능글맞아 온갖 것을 다 알고 있음을 비유적으로 이르는 말
② 땅을 열 길 파도 고리전 한 푼 생기지 않는다: 돈이 생기는 것은 공짜로 되는 것이 아니므로 한 푼의 돈이라도 아껴 쓰라는 말
③ 제 속 흐린 게 남보고 집 봐 달라고 말 못 한다: 양심이 흐린 사람은 남도 자기와 같은 줄 알고 믿지 못한다는 말

02 ㉠~㉢에 들어갈 말을 바르게 연결한 것은? 2017. 지방직 9급

많은 사람들에게 유일한 현실은 '타이타닉 호'라는 배뿐입니다. 타이타닉 호 속에는 판에 박은 일상사가 있습니다. (㉠) 선원은 엔진에 연료를 넣지 않으면 안 되고, 배가 전진하기 위해서는 온갖 기계를 확실히 관리하지 않으면 안 됩니다. 모두 각자 일상사를 가지고 있고 그것을 계속 하는 사람이 현실주의자입니다.

누군가가 "엔진을 멈추어야 한다."라고 말하면, 그것은 비현실주의적입니다. 왜냐하면 타이타닉 호라는 배는 전진하도록 되어 있어서 전진하지 않으면 저마다의 일거리가 없어지기 때문입니다. 오늘날 세계 경제에 퍼져 있는 현실주의는 바로 그러한 현실주의라고 생각됩니다. 현실주의적인 경제학자가 타이타닉 호에 "전속력으로!"라는 명령을 하려고 합니다. 이것이 타이타닉 호의 논리입니다.

이 논리는 타이타닉 호가 전 세계라는 점을 전제로 성립합니다. 마찬가지로 경제학자의 논리도 세계 경제 시스템 이외에 아무런 현실이 없다고 한다면 합리적인 논리라고 할 수 있습니다. (㉡) 타이타닉 호의 바깥에는 바다가 있고 빙산이 있습니다. 세계 경제의 바깥에는 재난이 있습니다. 바로 이것이 문제입니다. 여기서 타이타닉 호의 비유가 갖는 한계를 알 수 있는데, 타이타닉 호의 경우는 하나의 빙산이 있고, 장래에 배가 거기에 부딪힌다는 것입니다. 그러나 우리들의 세계 경제 시스템은 장래에 빙산이 기다리고 있는 게 아닙니다. 재난은 이미 시작되었습니다. (㉢) 차례차례 빙산에 부딪히고 있는 중입니다.

일상사를 구체적으로 서술

㉡ 앞의 가정의 내용과 반대되는 내용
- 역접 관계의 접속어 필요

재난 시작 / 가정 / 비유의 표현 들어가야 함 / 비유

	㉠	㉡	㉢
①	그리고	그러면	만약
②	그리고	그렇지만	만약
③	예를 들면	그러면	말하자면
④	예를 들면	그렇지만	말하자면

정답 설명 ④ ㉠: ㉠의 앞에서 타이타닉 호에 일상사가 존재함을 밝히고 ㉠의 뒤에서 예를 통해 선원이 일상적으로 해야 하는 일을 말하고 있기 때문에 ㉠에는 '예를 들면'이 들어가야 한다.
㉡: ㉡의 앞에서 '세계 경제 시스템 이외 아무런 현실이 없다고 한다면'이라고 가정하고 ㉡ 뒤에 타이타닉 호의 바깥에는 바다가 있고 빙산이 있다고 하였기 때문에 ㉡에는 역접 관계의 접속어 '그렇지만'이 들어가야 한다.
㉢: ㉢의 앞에는 '세계 경제의 재난은 이미 시작되었다.'고 말하고 ㉢의 뒤에서 앞 내용을 비유한 표현이 있기 때문에 ㉢에는 '말하자면'이 들어가야 한다.

문장 삽입하기

03 다음 문장이 들어가기에 가장 적절한 곳을 ㉠ ~ ㉣에서 고르면? 2022. 국가직 9급

> 신분에 따라 문체를 고착화하는 것을 인정하지 않았던 것이다. → 앞의 내용을 정리하는 표현

> 유럽이 교회로부터 정신적으로 해방된 것은 그리스와 로마의 고대 작가들에 대한 재발견을 통해서였다. (㉠) 그 이후 고대 작가들의 문체는 귀족 중심의 유럽 문화에서 모범으로 여겨졌다. (㉡) 이러한 상황은 대략 1770년대에 시작되는 낭만주의에서부터 변화하기 시작했다. (㉢) 이 낭만주의 시기에 평등과 민주주의를 꿈꿨던 신흥 시민계급은 문학에서 운문과 영웅적 운명을 귀족에게만 전속시키고 하층민에게는 산문과 우스꽝스러운 상황을 배정하는 전통 시학을 거부했다. (㉣) 고전 문학은 더 이상 문학의 규범이 아니었으며, 문학을 현실의 모방으로 인식하는 태도도 포기되었다.
>
> → 신분에 따른 차별

① ㉠　　② ㉡
③ ㉢　　④ ㉣

정답 설명 ④ '~던 것이다'라는 표현은 앞 문장을 다시 정리하여 진술하는 문장의 표현이다. 그러므로 앞선 문장은 '신분에 따라 문체를 고착화하는 것을 인정하지 않는 내용'이 제시되어야 한다. 이와 가장 비슷한 내용은 '신흥 시민계급은 문학에서 운문과 영웅적 운명을 귀족에게만 전속시키고 하층민에게는 산문과 우스꽝스러운 상황을 배정하는 전통 시학을 거부했다.'로 이 내용은 '신분에 따라 인물의 성격이 정해져 있음을 거부'한 것으로 <보기>의 내용 앞에 있기에 가장 적절하다.

06 빈칸 넣기

앞뒤 문장의 내용을 통한 빈칸 찾기

04 다음 글의 맥락을 고려할 때 빈칸에 들어갈 말로 가장 적절한 것은? 2023. 지방직 9급

> 능숙한 필자와 미숙한 필자는 글쓰기 과정 중 '계획하기'에서 뚜렷한 차이를 보인다. 전자는 이 과정에 오랜 시간 공을 들이는 반면, 후자는 그렇지 않다. 글쓰기에서 계획하기는 글쓰기의 목적 수립, 주제 선정, 예상 독자 분석 등을 포함한다. 이 중 예상 독자 분석이 중요한 이유는 [　　　　　　　　] 때문이다. 글을 쓸 때 독자의 수준에 비해 너무 어려운 개념과 전문용어를 사용한다면 독자가 글을 이해하기 어렵게 된다. 글쓰기는 필자가 글을 통해 자신의 메시지를 독자에게 전달하는 행위라는 점을 고려하면 계획하기 단계에서 반드시 예상 독자를 분석해야 한다. → 예상 독자 분석이 중요한 이유

→ 중간 빈칸 넣기는 주로 뒤 문장을 통해 추측 가능함

① 계획하기 과정이 글쓰기 전체 과정의 첫 단계이기
② 글에 어려운 개념이나 전문용어를 어느 정도 포함해야 하기
③ 필자의 메시지를 독자에게 효과적으로 전달하는 데 도움이 되기
④ 독자의 배경지식 수준을 고려해야 글의 목적과 주제가 결정되기

정답 설명 ③ 제시문의 마지막 문장에서 '글쓰기'는 필자가 글을 통해 자신의 메시지를 독자에게 전달하는 행위이므로 반드시 예상 독자를 분석해야 한다고 설명한다. 이 내용에 따르면 예상 독자 분석이 중요한 이유는 '필자의 메시지를 독자에게 효과적으로 전달하는 데 도움이 되기' 때문이다. 따라서 빈칸에 들어갈 말로 가장 적절한 것은 ③이다.

오답 분석 ① 계획하기 과정이 글쓰기 과정의 첫 단계라는 ①의 설명은 '예상 독자 분석의 이유'와는 관련이 없는 내용이므로 빈칸에 들어갈 말로 적절하지 않다.

② 끝에서 2~3번째 줄에 따르면 글을 쓸 때 예상 독자의 수준에 따라 어려운 개념이나 전문용어의 포함 여부를 결정할 수 있을 것이다. 그러나 글에 어려운 개념이나 전문용어를 어느 정도 포함하기 위해 예상 독자를 분석한다는 것은 제시문과 거리가 먼 내용이므로 ②는 빈칸에 들어갈 말로 적절하지 않다.

④ 제시문에서 '계획하기'는 글쓰기의 목적 수립, 주제 선정, 예상 독자 분석 등을 포함한다고 설명한다. 그러나 예상 독자의 분석 요소 중 독자의 배경지식 수준이 글의 목적과 주제를 결정한다는 내용은 확인할 수 없으므로 ④는 빈칸에 들어갈 말로 적절하지 않다.

실험에 대한 결론이나 원인 도출하기

05 다음 글의 맥락을 고려할 때 (가)와 (나)에 들어갈 내용으로 가장 적절한 것은? 2023. 지방직 7급

> 육각형의 벌집 모양은 자연이 만든 경이로운 디자인이다. 이 벌집의 과학적인 구조는 역사적으로 경탄의 대상이었는데, 다윈은 벌집을 경이롭고 완벽한 과학이라고 평가했다. 벌집의 정육각형 구조는 구멍과 구멍 사이의 간격을 최소화하면서 공간을 최대화할 수 있는 가장 안정적인 형태이다. 이 구조는 [(가)]는 이점이 있다. 벌이 밀랍 1온스를 만들려면 약 8온스의 꿀을 먹어야 한다. 공간이 최적화됨으로써 필요한 밀랍의 양이 줄어, 벌집을 짓는 데 드는 노력과 에너지가 최소화된다. 이처럼 벌집은 과학적으로 탄탄하고 기술적으로 효율적인 디자인이다. 게다가 예술적으로 아름다운 것은 두말할 필요없다. 견고하고 가볍고 실용적이면서 아름답기까지 한 이 구조를 닮은 건축 양식이나 각종 생활용품을 흔히 발견할 수 있다. 이는 [(나)]는 뜻이다.
>
> → 육각형 벌집 모양 구조의 이점
>
> → 인간들의 건축양식이나 생활용품에 사용된다는 점을 가장 잘 정리한 내용을 찾아야 함

① (가): 벌집을 짓는 데 소요되는 노동량을 최대화한다
(나): 자연의 구조인 벌집이 인간의 창조 활동에 영감을 주었다

② (가): 벌집을 짓는 데 소요되는 노동량을 최대화한다
(나): 인간이 만든 디자인은 자연이 만든 디자인보다 뛰어날 수 없다

③ (가): 벌집을 짓기 위해 필요한 밀랍의 양이 적게 든다
(나): 자연의 구조인 벌집이 인간의 창조 활동에 영감을 주었다

④ (가): 벌집을 짓기 위해 필요한 밀랍의 양이 적게 든다
(나): 인간이 만든 디자인은 자연이 만든 디자인보다 뛰어날 수 없다

정답 설명 ③ (가)와 (나)에 들어갈 내용으로 가장 적절한 것은 ③이다.

- (가): (가)의 뒤에서 벌집의 공간이 최적화됨으로써 필요한 밀랍의 양이 줄어, 벌집을 짓는 데 드는 노력과 에너지가 최소화된다고 설명하고 있다. 이를 고려하였을 때 (가)에 들어갈 말은 '벌집을 짓기 위해 필요한 밀랍의 양이 적게 든다'이다.
- (나): (나)의 앞에서 벌집이 효율적이고 아름다운 자연의 디자인임을 제시하며, 이러한 벌집을 닮은 건축 양식이나 생활용품을 흔히 발견할 수 있다고 설명한다. 이는 자연의 구조인 벌집이 인간의 창조 활동에 영감을 주었다는 것을 의미한다.

오답 분석 (가) 벌집을 짓는 데 소요되는 노동량을 최대화한다(×): (가)에는 벌집 구조의 이점에 대한 내용이 들어가야 하므로 적절하지 않다.

(나) 인간이 만든 디자인은 자연이 만든 디자인보다 뛰어날 수 없다(×): 인간의 디자인과 자연의 디자인의 우열을 비교하는 내용은 제시문에서 확인할 수 없다.

06 빈칸 넣기

엄선 문제로 실력 향상

01 다음 예문에서 (　　)에 들어갈 내용으로 가장 적절한 것은? 2012. 국가직 7급

> 고양이는 영리한 편이지만 지능적으로 기억을 관장하는 전두엽이 발달하지 않아 썩 머리가 좋다고 할 수는 없다. 그러나 개와 더불어 고양이가 오랫동안 인간의 친구가 될 수 있었던 것은 (　　　) 때문이다. 주인이 슬퍼하면 고양이는 위로하듯이 응석을 부리고, 싸움이 나면 겁에 질려 걱정하고, 주인이 기뻐하면 함께 기뻐한다. 고양이는 인간의 말을 음성의 고저 등으로 이해한다. 말은 못하지만 고양이만큼 주인 마음에 민감한 동물도 없다. 어차피 동물이라 모를 거라고 무시했다가 큰코다칠 수 있다.

① 말귀를 잘 알아듣기
② 행동의 실천을 바로 하기
③ 감정의 이해가 아주 빠르기
④ 주인에게 충성하기

02 (가)~(라)에 들어갈 말로 가장 적절한 것은? 2021. 지방직 9급

> 정철, 윤선도, 황진이, 이황, 이조년 그리고 무명씨. 우리말로 시조나 가사를 썼던 이들이다. 황진이는 말할 것도 없고 무명씨도 대부분 양반이 아니었겠지만 정철, 윤선도, 이황은 양반 중에 양반이었다. (가) 그들이 우리말로 작품을 썼던 걸 보면 양반들도 한글 쓰는 것을 즐겨 했다는 것을 부정할 수는 없다. (나) 허균이나 김만중은 한글로 소설까지 쓰지 않았던가. (다) 이들이 특별한 취향을 가진 소수의 양반이었다면 이야기는 달라진다. 우리말로 된 문학 작품을 만들겠다는 생각을 가진 특별한 양반들을 제외하고 대다수 양반들은 한문을 썼기 때문에 한글을 모를 수도 있었기 때문이다. 실학자 박지원이 당시 양반 사회를 풍자한 작품 호질은 한문으로 쓰여 있다. (라) 한 가지 분명한 것은 양반 대부분이 한글을 이해하지 못하는 상황이었다면 정철도 이황도 윤선도도 한글로 작품을 쓰지는 않았을 것이란 사실이다.

	(가)	(나)	(다)	(라)
①	그런데	게다가	그렇지만	그러나
②	그런데	그리고	그래서	또는
③	그리고	그러나	하지만	즉
④	그래서	더구나	따라서	하지만

정답·해설

01

정답 설명

③ 괄호의 뒷 문맥을 보면, 고양이는 주인의 마음에 민감해 함께 기뻐해 주고 위로해 준다는 것을 알 수 있다. 따라서 감정의 이해가 빠르다는 ③은 적절하다.

02

정답 설명

① (가)~(라)에 들어갈 접속어는 순서대로 '그런데 - 게다가 - 그렇지만 - 그러나'이므로 답은 ①이다.

(가)	(가)의 앞은 정철이나 윤선도, 이황과 같이 우리말로 시조나 가사를 썼던 양반 계층이 있다는 내용이며, (가)의 뒤는 양반들도 한글을 즐겨 사용했음을 부정할 수 없다는 내용이다. 따라서 (가)에는 화제를 전환하는 접속어 '그런데'가 들어가는 것이 적절하다.
(나)	(나)의 앞은 양반들도 한글을 즐겨 사용했다는 내용이고, (나)의 뒤는 허균이나 김만중은 한글로 소설까지 썼다는 내용이 나온다. 따라서 (나)에는 앞 내용에 덧붙이는 문장이 오는 경우 사용하는 접속어 '게다가, 더구나'가 오는 것이 올바르다.
(다)	(다)의 앞은 한글로 소설까지 쓴 양반들도 있다는 내용이고, (다)의 뒤는 소수를 제외한 대다수 양반들은 한문을 사용했을 경우를 고려하는 상반된 내용이 나온다. 따라서 (다)에는 역접어 '그렇지만, 하지만'이 들어가는 것이 올바르다.
(라)	(라)의 앞은 소수를 제외한 대다수 양반들은 한문만 사용했을 경우를 말하고, (라)의 뒤는 대부분의 양반들이 한글을 이해했을 것이라는 상반된 내용이 나온다. 따라서 (라)에는 역접어 '그러나, 하지만'이 들어가는 것이 올바르다.

03 괄호 안에 들어갈 문장으로 가장 적절한 것은?
2013. 국가직 9급

> 힐링(Healing)은 사회적 압박과 스트레스 등으로 손상된 몸과 마음을 치유하는 방법을 포괄적으로 일컫는 말이다. 우리보다 먼저 힐링이 정착된 서구에서는 질병 치유의 대체 요법 또는 영적·심리적 치료 요법 등을 지칭하고 있다.
> 국내에서도 최근 힐링과 관련된 갖가지 상품이 유행하고 있다. 간단한 인터넷 검색을 통해 수천 가지의 상품을 확인할 수 있을 정도다. 종교적 명상, 자연 요법, 운동 요법 등 다양한 형태의 힐링 상품이 존재한다. 심지어 고가의 힐링 여행이나 힐링 주택 등의 상품들도 나오고 있다. 그러나 (   ) 우선 명상이나 기도 등을 통해 내면에 눈뜨고, 필라테스나 요가를 통해 육체적 건강을 회복하여 자신감을 얻는 것부터 출발할 수 있다.

① 힐링이 먼저 정착된 서구의 힐링 상품들을 참고해야 할 것이다.
② 많은 돈을 들이지 않고서도 쉽게 할 수 있는 일부터 찾는 것이 좋을 것이다.
③ 이러한 상품들의 값이 터무니없이 비싸다고 느껴지지는 않을 것이다.
④ 자신을 진정으로 사랑하는 법을 알아야 할 것이다.

04 (가)에 들어갈 말로 가장 적절한 것은?
2022. 지방직 7급

> 자기지향적 동기와 타인지향적 동기는 행위의 적극성과 어떤 관계가 있을까? A는 자율 방범대원들에게 이 일의 자원 동기에 대해 물어보았다. 자기지향적 동기만 말한 사람과 타인지향적 동기만 말한 사람, 그리고 둘 다 말한 사람이 고르게 분포되었다. 그 후 설문에 참여한 사람들이 2개월간 방범 순찰에 참여한 횟수를 살펴보았다. 그 결과 자기지향적 동기를 말한 사람들 모두가 자기지향적 동기를 말하지 않은 사람들보다 순찰 횟수가 더 많은 것으로 나타났다. 그리고 전자 중 타인지향적 동기를 말한 사람들의 순찰 횟수가 그렇지 않은 사람들보다 유의미하게 많은 것으로 나타났다. A는 이를 토대로 [(가)]고 추정하였다.

① 자기지향적 동기만 가진 사람은 타인지향적 동기만 가진 사람보다 행위의 적극성이 높다
② 타인지향적 동기를 가진 사람은 자기지향적 동기를 가진 사람보다 행위의 적극성이 높다
③ 자기지향적 동기는 행위의 적극성에 긍정적 영향을 주기도 하고 부정적 영향을 주기도 한다
④ 자기지향적 동기가 행위의 적극성에 긍정적 영향을 주는 경우 타인지향적 동기는 부정적 영향을 준다

정답·해설

03

정답 설명

② 괄호 앞에는 역접의 접속어 '그러나'가 사용되었으므로, 괄호 안에는 앞의 내용을 반박할 수 있는 내용이 등장해야 한다. 괄호 안에 들어갈 문장으로는 괄호 앞의 '고가의 힐링 상품'과 상반되는 '돈을 들이지 않고서도 할 수 있는 일'에 대해서 언급하고, 뒤에 등장하는 '명상, 기도, 필라테스, 요가'와도 호응하는 ②가 적절하다.

04

정답 설명

① 제시문에서 말한 결론을 정리하면 다음과 같다.
- 내용1: '자기지향적 동기만 말한 사람들'과 '둘 다 말한 사람들' 모두 '타인지향적 동기만 말한 사람'보다 순찰 횟수가 더 많다.
- 내용2: '둘 다 말한 사람들'은 '자기지향적 동기만 말한 사람들'보다 순찰 횟수가 더 많다.

그러므로 순찰 횟수는 '둘 다 말한 사람들' > '자기지향적 동기만 말한 사람들' > '타인지향적 동기만 말한 사람들' 순이다. 이때 ①의 내용은 '자기지향적 동기만 말한 사람'은 '타인 지향적 동기만 말한 사람'보다 행위의 적극성이 높다(순찰 횟수가 더 많다)'고 하였기 때문에 (가)에 들어갈 말로 가장 적절한 것은 ①이다.

오답 분석

② '타인 지향적 동기만 말한 사람들'은 '자기지향적 동기만 말한 사람들'보다 행위의 적극성이 낮다고 하였으므로 (가)에 들어갈 말로 적절하지 않다.

③ ④ 자기지향적 동기나 타인지향적 동기가 '행위의 적극성'에 긍정적인 영향을 주는지, 부정적인 영향을 주는지는 제시문을 통해 확인할 수 없으므로 (가)에 들어갈 말로 적절하지 않다.

05 다음 글의 ㉠~㉢에 들어갈 말을 적절하게 나열한 것은? 9급 출제기조 전환 예시문제

소설과 현실의 관계를 온당하게 살피기 위해서는 세계의 현실성, 문제의 현실성, 해결의 현실성을 구별해야 한다. 우리가 살고 있는 이 입체적인 시공간에서 특히 의미 있는 한 부분을 도려내어 서사의 무대로 삼을 경우 세계의 현실성이 확보된다. 그 세계 안의 인간이 자신을 둘러싼 세계와 고투하면서 당대의 공론장에서 기꺼이 논의해 볼 만한 의제를 산출해 낼 때 문제의 현실성이 확보된다. 한 사회가 완강하게 구조화하고 있는 '가능한 것'과 '불가능한 것'의 좌표를 흔들면서 특정한 선택지를 제출할 때 해결의 현실성이 확보된다.

최인훈의 「광장」은 밀실과 광장 사이에서 고뇌하는 주인공의 모습을 통해 '남(南)이냐 북(北)이냐'라는 민감한 주제를 격화된 이념 대립의 공론장에 던짐으로써 [㉠]을 확보하였다. 작품의 시공간으로 당시 남한과 북한을 소설적 세계로 선택함으로써 동서 냉전 시대의 보편성과 한반도 분단 체제의 특수성을 동시에 포괄할 수 있는 [㉡]도 확보하였다. 「광장」에서 주인공이 남과 북 모두를 거부하고 자살을 선택하는 결말은 남북으로 상징되는 당대의 이원화된 이데올로기를 근저에서 흔들었다. 이로써 [㉢]을 확보할 수 있었다.

	㉠	㉡	㉢
①	문제의 현실성	세계의 현실성	해결의 현실성
②	문제의 현실성	해결의 현실성	세계의 현실성
③	세계의 현실성	문제의 현실성	해결의 현실성
④	세계의 현실성	해결의 현실성	문제의 현실성

정답 · 해설

05

정답 설명

① ㉠ 문제의 현실성: 1문단 '그 세계 안의 인간이 자신을 둘러싼 세계와 고투하면서 당대의 공론장에서 기꺼이 논의해 볼 만한 의제를 산출해 낼 때 문제의 현실성이 확보된다.'를 통해 '문제의 현실성'은 공론장에서 논의해 볼 만한 의제를 꺼내는 것임을 알 수 있다. 그러므로 "남(南)이냐 북(北)이냐'라는 민감한 주제를 격화된 이념 대립의 공론장에 던짐'의 행위는 1문단과 연결해 볼 때, 문제의 현실성에 해당함을 알 수 있다.

㉡ 세계의 현실성: 1문단 '우리가 살고 있는 이 입체적인 시공간에서 특히 의미 있는 한 부분을 도려내어 서사의 무대로 삼을 경우 세계의 현실성이 확보된다.'를 통해 '세계의 현실성'은 시공간에서 일어나는 일을 이야기의 세계로 선택해야 함을 알 수 있다. 그러므로 '남한과 북한'을 소설의 시공간으로 선택한 것은 '세계의 현실성'과 관련됨을 생각할 수 있다.

㉢ 해결의 현실성: 1문단 '한 사회가 완강하게 구조화하고 있는 '가능한 것'과 '불가능한 것'의 좌표를 흔들면서 특정한 선택지를 제출할 때 해결의 현실성이 확보된다.'를 통해 '해결의 현실성'은 이원적인 상황 속에서 다른 제3의 해결이 선택하는 것과 관련됨을 생각할 수 있다. 그러므로 주인공이 남과 북 모두를 거부하고 자살을 선택하는 결말을 통해 당대의 이원화된 이데올로기에서 벗어난 제3의 선택은 '해결의 현실성'이 된다는 것을 추론할 수 있다.

06 (가)와 (나)에 들어갈 말로 가장 적절한 것은?

2022. 지방직 7급

> A는 다음과 같은 실험을 진행했다. 먼저, 검은색 옷과 흰색 옷을 입은 6명이 두 개의 농구공을 가지고 패스를 주고받는 동안 고릴라 복장의 사람을 지나가게 하고 그 장면을 동영상으로 촬영했다. 그리고 실험 참가자들에게 이 동영상을 보여 주면서 흰색 옷을 입은 사람들이 몇 번 패스를 주고받았는지 세어 달라고 요청했다. 이에 대해 참가자들은 패스 횟수에 대해서는 각자의 답을 말했는데, 동영상 중간 중간에 출현한 고릴라 복장의 사람에 대해서는 하나같이 보지 못했다고 답했다. 참가자들이 패스 횟수를 세는 데 집중하느라 1분이 채 안 되는 동영상 가운데 9초에 걸쳐 등장하는 고릴라 복장의 사람을 인지하지 못한 것이다. A는 이 실험을 통해 다음의 결론을 도출했다. [(가)].
>
> 이 실험 결과를 우리의 일상에서도 확인해 볼 수 있다. 오토바이 운전자의 안전을 위해 눈에 잘 띄는 밝은색 옷을 입도록 권하는데, 밝은색 옷의 오토바이 운전자는 시각적으로 더 잘 보이고, 덕분에 더 쉽게 알아볼 수 있기 때문이다. 그렇다고 해도 모든 자동차 운전자가 밝은색 옷을 입은 오토바이 운전자를 다 알아보는 것은 아니다. 바라보는 행위는 인지의 [(나)] 없기 때문이다.

① (가): 인간의 인지는 시각과 밀접하게 관련되어 있다
(나): 충분조건일 수는 있어도 필요조건일 수는

② (가): 인간의 인지는 시각과 밀접하게 관련되어 있다
(나): 필요조건일 수는 있어도 충분조건일 수는

③ (가): 인간은 중요하다고 생각하는 것 위주로 주의를 기울인다
(나): 충분조건일 수는 있어도 필요조건일 수는

④ (가): 인간은 중요하다고 생각하는 것 위주로 주의를 기울인다
(나): 필요조건일 수는 있어도 충분조건일 수는

정답 · 해설

06

정답 설명

④ (가): 1문단 '참가자들이 패스 횟수를 세는 데 집중하느라 1분이 채 안 되는 동영상 가운데 9초에 걸쳐 등장하는 고릴라 복장의 사람을 인지하지 못한 것이다'를 통해 실험 참가자들이 모두 중요하다고 생각하는 것(동영상 속 흰색 옷을 입은 사람들의 패스 횟수)에 주의를 집중하느라고 고릴라 복장의 사람이 출현한 것을 인지하지 못했음을 알 수 있다. 이를 통해 '인간은 중요하다고 생각하는 것 위주로 주의를 기울인다'라는 결론을 도출할 수 있다.

(나): 2문단 '밝은색 옷의 오토바이 운전자는 시각적으로 더 잘 보이고, 덕분에 더 쉽게 알아볼 수 있기 때문이다. 그렇다고 해도 모든 자동차 운전자가 밝은색 옷을 입은 오토바이 운전자를 다 알아보는 것은 아니다.'를 통해 바라보는 행위가 오토바이 운전자를 인지하기 위해 필요한 조건(필요조건)이긴 하나, 바라보는 것만으로 오토바이 운전자를 반드시 인지할 수 있는 것은 아니기 때문에 바라보는 행위 자체가 인지하기에 충분한 조건(충분조건)일 수는 없다고 추론할 수 있다.

07 문학 지문 파악하기

기초 개념 잡기

1. 표현 방법

구분	개념
추상적 관념의 형상화	추상적 사물이나 관념 또는 사상이 구체적인 사물로 나타남 예 동짓달 기나긴 밤 한 가운데를 베어내어 봄바람 이불 아래 서리서리 넣었다가 그리운 님 오시는 날 밤이면 굽이굽이 펴리라
감정 이입	화자의 감정을 특정 대상에 이입하여 마치 대상이 화자와 같은 감정을 느끼고 생각하는 것처럼 표현하는 방법 예 산산이 부서진 이름이여! 허공 중에 헤어진 이름이여! 불러도 주인 없는 이름이여! 부르다가 내가 죽을 이름이여! 심중에 남아 있는 말 한 마디는 끝끝내 마저 하지 못하였구나. 사랑하던 그 사람이여! 사랑하던 그 사람이여! 붉은 해는 서산 마루에 걸리었다 사슴의 무리도 슬피운다 떨어져 나가 앉은 산 위에서 나는 그대의 이름을 부르노라
객관적 상관물	화자의 정서를 직접 서술하지 않고, 특정 대상에 의미를 부여하여 간접적으로 표현할 때 그 대상을 의미하기도 하고, 화자가 어떤 정서를 느끼게 되는 계기를 제공하는 대상을 가리키기도 함 예 훨훨 나는 저 꾀꼬리 암수 정답게 노니는데 외로울사 이 내 몸은 뉘와 함께 돌아갈꼬
속죄양 모티프	'자기 희생'을 통해 공동체, 민족, 인류를 구원하고자 하는 내용을 담고 있는 경우를 일컬음 예 파란 녹이 낀 구리 거울 속에 내 얼굴이 남아 있는 것은 어느 왕조의 유물이기에 이다지도 욕될까 … (중략) … 그러면 어느 운석 밑으로 홀로 걸어가는 슬픈 사람의 뒷모양이 거울 속에 나타나 온다
경어체	'-습니다', '-요'와 같이 존댓말을 사용하는 형태를 말하며, 경어체를 이용하여 경건한 분위기를 조성하거나, 부드러운 어감을 표현하는 경우가 많음 예 님은 갔습니다. 아아 사랑하는 나의 님은 갔습니다.

표면에 드러나는 화자	작품 속에 '나'가 드러나는 경우 화자가 표면에 직접적으로 나타난다는 표현을 사용할 수 있음 예 내 여기 가난한 노래의 씨를 뿌려라
시어, 시구의 반복	특정 시어 및 시구를 반복 사용하여 운율을 형성함
음성 상징어 (의성어, 의태어)	'의성어', '의태어'를 모두 말하며, 연속하여 반복되는 단어가 나타나는 경우가 많음 예 퐁당퐁당, 깡충깡충, 부슬부슬 푸시시푸시시
각운	각 연이나 구절의 끝에 같은 음운이 반복적으로 쓰이는 형태 예 산에는 꽃 피네 / 꽃이 피네 갈 봄 여름 없이 꽃이 피네 산에 / 산에 / 피는 꽃은 저만치 혼자서 피어 있네 산에서 우는 작은 새여 꽃이 좋아 산에서 / 사노라네 산에는 꽃 지네 / 꽃이 지네 갈 봄 여름 없이 꽃이 지네
수미상관	처음의 연과 마지막 연이 동일하거나 유사한 구조를 지니는 형태(형태적 안정감) 예 나 보기가 역겨워 가실 때에는 말없이 고이 보내 드리오리다 영변에 약산 진달래꽃 아름 따다 가실 길에 뿌리오리다 가시는 걸음 걸음 놓인 그 꽃을 사뿐히 즈려 밟고 가시옵소서 나 보기가 역겨워 가실 때에는 죽어도 아니 눈물 흘리오리다
대구법	구절이나 문장이 대응하는 구조를 지닌 형태 예 • 밤은 언제 줍고, 고기는 언제 낚을까 • 콩 심은 데 콩 나고, 팥 심은 데 팥 난다

유사한 통사 구조	동일하거나 유사한 문장 구조가 반복되는 형태 예 바람도 없는 공중에 수직의 파문을 내이며 고요히 떨어지는 오동잎은 누구의 발자취입니까 지리한 장마 끝에 서풍에 몰려가는 무서운 검은 구름의 터진 틈으로 언뜻언뜻 보이는 푸른 하늘은 누구의 얼굴입니까 꽃도 없는 깊은 나무에 푸른 이끼를 거쳐서 옛 탑 위의 고요한 하늘을 스치는 알 수 없는 향기는 누구의 입김입니까 근원은 알지도 못할 곳에서 나서 돌부리를 울리고 가늘게 흐르는 작은 시내는 구비구비 누구의 노래입니까 연꽃 같은 발꿈치로 가이없는 바다를 밟고 옥 같은 손으로 끝없는 하늘을 만지면서 떨어지는 날을 곱게 단장하는 저녁놀은 누구의 시입니까
감각적 심상	• 시각적 심상: 대상의 색채, 모양, 동작, 상태 등 시각적 감각을 통해 일어나는 심상 예 빨간 사과가 탐스럽고 • 청각적 심상: 음성, 소리 등 귀로 듣는 청각적 감각을 통해 일어나는 심상 예 멀리서 들려오는 종소리 • 후각적 심상: 코로 냄새를 맡는 후각적 감각을 통해 일어나는 심상 예 향기로운 꽃내음 • 미각적 심상: 혀로 맛을 보는 미각적 감각을 통해 일어나는 심상 예 쓰디쓴 약 • 촉각적 심상: 피부로 느껴지는 차가움이나 뜨거움 등 촉각적 감각을 통해 일어나는 심상 예 차가운 옷깃 • 공감각적 심상: 하나의 감각이 동시에 다른 영역의 감각을 불러일으킴으로써 일어나는 심상 예 파아란 바람이 불고
여운을 주는 결말	시의 마지막을 명사로 종결하는 경우

2. 문학 비평

내재적 관점	절대주의적 관점: 작품 이외의 사실에 대한 고려를 배제하고 언어, 문체, 운율, 구성, 표현 기법, 미적 가치 등의 작품 내부적 요소를 분석하는 관점
외재적 관점	• 표현론적 관점: 작품이 작가와 맺는 관계를 중시하는 관점 • 반영론적 관점: 문학 작품과 작품 속의 현실 세계와의 관계를 중시하는 관점 • 효용론적 관점: 작품과 독자의 관계를 중시하는 관점

기초 개념 익히기

[01~04] **다음 내용에 해당하는 문학 작품의 관점을 쓰시오.**

㉠ 표현론적 관점	㉡ 반영론적 관점
㉢ 효용론적 관점	

01 작가가 자신의 고향 사투리를 사용하여 등장인물에 생생함을 부여하고 있다. (　　)

02 두 집안의 흥망성쇠를 대조하여 해방 직후의 사회상을 표현하고 있다. (　　)

03 격동의 역사를 살아온 인물의 생애를 통해 참다운 삶의 자세를 배울 수 있다. (　　)

04 주인공의 비극적 죽음을 통해 민족사에 대한 작가의 비판적 인식을 드러내고 있다. (　　)

정답·해설

정답

01 ㉠
02 ㉡
03 ㉢
04 ㉠

07 문학 지문 파악하기

민숙쌤의 독해 비법

문학 지문 문제 풀이 방법

① 선택지를 통해 중요 용어, 구절, 필요한 개념, 작은 따옴표, 화자의 정서 등을 확인한다.

② 선택지에서 파악한 내용(중요 용어, 구절, 개념 등)과 각 연의 주요 내용을 표시하면서 읽는다.
- ㉠ 각 연(1연, 2연 등)을 표시한다.
- ㉡ 선택지에서 작은 따옴표로 표시된 작품 내용은 반드시 표시하며 읽는다.
- ㉢ 제목의 의미가 드러난 부분을 표시한다.
- ㉣ 화자의 감정(긍정/부정)이 나타난 부분을 표시한다.
  - 작품에 대한 화자의 정서는 마지막 문단에 나오는 경우가 많다.

③ 지문에 나타난 단어와 선택지를 비교하면서 문제를 푼다.
- ㉠ 동일하거나 비슷한 단어 → 올바른 설명
- ㉡ 반대되거나 언급되지 않은 단어 → 틀린 설명
- ㉢ 선택지에서 제시된 내용이 문학 용어를 풀이한 것은 아닌지를 반드시 확인한다.

대표 문제로 유형 체크

다음 글을 이해한 내용으로 가장 적절한 것은?

김소월의 「진달래꽃」에서는 표면적으로는 임과의 이별을 수용하고 있는 듯 보이지만 이면에는 강한 만류의 의미를 가지고 있다. 1 연의 '나 보기가 역겨워 / 가실 때에는 / 말없이 고이 보내 드리우리다'에서는 이별의 상황에 대해서 체념하는 듯한 모습을 보여준다. 2연에서 '영변에 약산 / 진달래꽃'에서 '진달래꽃'은 시적 화자에 대한 분신이자 임에 대한 사랑을 나타내는 소재로 사용된다. 이후 3연에서는 '가시는 걸음걸음 / 놓인 그 꽃을 / 사뿐히 즈려밟고 가시옵소서'를 통해 희생적인 사랑과, 자기 희생적인 자세를 통해 이별의 한을 숭고한 사랑으로 승화하고자 하는 화자의 태도를 보여준다.

4 연의 '나 보기가 역겨워 / 가실 때에는 / 죽어도 아니 눈물 흘리우리다'는 1연과 유사한 형태를 보이고 있다. 이 중에서 '죽어도 아니 눈물 흘리우리다'는 슬프지만 겉으로는 화자의 마음을 드러내지 않는 자세를 반어적으로 표현하고 있으며 이는 마음 속으로는 임이 가지 않기를 바라며 울고 있는 모습을 나타내는 것으로 해석된다.

① 「진달래꽃」에는 임을 사랑하지만 원망하는 화자의 자세가 나타난다. → 1문단 끝에 이별의 한을 숭고한 사랑으로 승화하고자 하는 화자의 태도를 통해 '원망'이 아님을 확인할 수 있음

② 「진달래꽃」 1연과 4연은 수미상관을 이용하여 형태적 안정감을 표현하고 있다.

③ 「진달래꽃」에서 '꽃을 사뿐히 즈려밟고'는 화자가 자신을 밟고 가버린 비참한 상황을 표현하고 있다.
→ '자기 희생적 자세' 부분을 통해 실제로 밟는 것이 아닌 희생적인 사랑과 자세를 드러내는 것임을 확인할 수 있음

④ 「진달래꽃」의 '임'은 화자를 사랑하지만 어쩔 수 없이 화자를 떠나고 있다.
→ '임'의 감정은 지문을 통해 확인할 수 없음. 지문을 통해 볼 때 전체 내용은 '화자'의 감정을 설명하고 있는 것이지 임에 대한 설명이 아님

정답 설명 ② 1연과 4연은 유사한 형태를 지니고 있으므로 수미상관이며, 수미상관은 형태적 안정감을 주므로 적절하다.

엄선 문제로 실력 향상

01 다음 글을 이해한 내용으로 가장 적절한 것은?

> 김소월의 '초혼'은 상례의 절차 중 일부를 바탕으로 사랑하는 이를 잃은 슬픔과 안타까움의 감정을 드러내고 있다. 1연과 2연에서는 애타게 임을 부르는 화자의 모습이 보인다. 특히 '불러도 주인 없는 이름이여!'는 이름은 여전히 이승에 존재하지만 그 주인이 세상에 없기 때문에 아무 응답 없는 모습을 표현하고 있다.
>
> 이후 2연에서 '사슴의 무리도 슬피운다'는 화자의 감정을 '사슴'에 이입하여 자신의 슬픔을 부각하고 있다. 이는 화자의 슬픔을 고조시키고 화자와 임 사이의 단절감을 고조시키는 역할을 한다.
>
> 3연에서 화자는 애타게 임을 부르지만 '부르는 소리는 비껴가지만 / 하늘과 땅 사이가 너무 넓구나'를 통해 임을 부르는 소리가 임에게 닿지 않음을 나타낸다. 이는 화자와 임 사이의 단절이 이승과 저승 간의 단절임을 나타내고 거리감을 해소하지 못하게 됨을 암시한다. 마지막 5연에서 '부르다가 내가 죽을 이름이여!'의 영탄적 어조를 반복하면서 이별의 아픔과 임에 대한 그리움을 강조한다.

① 「초혼」의 화자는 임과의 이별을 초연하게 받아들인다.
② 「초혼」의 화자는 이별에 대해 절망의 정서를 느낀다.
③ 「초혼」에 등장하는 감정이입은 화자를 위로해 주는 역할을 한다.
④ 「초혼」의 화자는 계속해서 임의 부재를 부정하고 있다.

정답 · 해설

01

정답 설명

② 화자는 임과의 단절감을 인지하고 만날 수 없는 임을 간절하게 부르며 절망의 정서를 나타내고 있다.

오답 분석

① 화자는 임을 애타게 부르며 안타까움과 슬픔의 감정을 나타내고 있다.
③ 초혼의 객관적 상관물인 '사슴의 무리'는 화자의 감정이입 대상으로 슬픔의 감정을 고조시킨다.
④ 화자는 임과의 단절이 이승과 저승 간의 단절임을 깨닫고 이별을 받아들이고 있다.

02 다음 글을 이해한 내용으로 가장 적절한 것은?

서정주의 「귀촉도」는 귀촉도 설화를 바탕으로 사랑하는 임의 죽음에 대한 슬픔을 노래하고 있다. 시의 처음에 '눈물 아롱아롱 / 피리 불고 가신 님의 밟으신 길은 / 진달래 꽃비 오는 서역 삼만리'의 표현을 통해서 임과 화자가 현재 멀리 떨어져 있고, '꽃비'의 하강의 이미지를 통해서 화자가 느끼는 감정과 거리감을 보여준다.

그는 "신이나 삼아 줄걸 슬픈 사연의 / 올올이 아로새긴 육날 메투리"에서 도치법을 이용해서 임을 향한 사랑과 애석한 마음을 나타내고 있다. '육날 메투리'는 짚신처럼 삼은 신으로 화자가 뜻하는 임을 향한 사랑을 상징하고 있다. 이후 화자는 '부질없는 이 머리털 엮어 드릴걸'을 통해 '육날 메투리'를 자신의 머리털로 만들어 임에게 주려는 마음을 드러내며 지금은 곁에 있지 않은 임과의 심리적인 거리를 좁히기를 희망하는 화자의 마음을 드러내고 있다.

이후 마지막 연에서는 '초롱에 불빛, 지친 밤하늘 / 굽이굽이 은핫물 목이 젖은 새'를 통해 화자의 감정을 나타낸다. '지친 밤하늘'과 '목이 젖은 새'는 화자가 지금 감정을 이입하고 있는 존재들로 화자가 현재 임과 떨어져 있는 부정적인 상황에 처해 있음을 나타내고, 그로 인해서 화자가 슬픔의 감정을 느끼고 있음을 알 수 있다. 이때 '목이 젖은 새'는 시의 제목과도 연결되는 '귀촉도'로 설화의 이야기를 바탕으로 더 구체적인 감정을 전달했다고 볼 수 있다.

① 「귀촉도」에는 자기희생적인 태도로 인해 생겨난 임과의 단절이 드러나고 있다.
② 「귀촉도」에서 시인은 시각적인 심상을 이용하여 상황을 새롭게 인식하고 있다.
③ 「귀촉도」의 화자는 희망과 절망의 감정을 번갈아서 느끼고 있다.
④ 「귀촉도」의 화자는 감정이입의 대상을 설정하여 자신의 감정을 드러내고 있다.

정답·해설

02

정답 설명

④ 화자는 현재 임과의 단절로 인해서 부정적인 감정을 나타내고 있다. 또한 3문단을 통해 볼 때, '지친 밤하늘'과 '목이 젖은 새'는 화자가 지금 감정을 이입하고 있는 존재들로 화자의 슬픈 감정을 간접적으로 나타내고 있다.

03 다음 글을 이해한 내용으로 가장 적절하지 않은 것은?

> 이광수의 소설 "무정"은 식민지 현실 속에서 민족적 자아를 찾는 과정을 다룬 작품이다. 그 이유는 다음과 같다.
>
> 먼저, "무정"의 집필 배경은 1910년대임을 고려해야 한다. 당시 우리는 일제 강점기라는 억압적인 상황에 놓여 있었고, 민족적 자아를 찾는 것이 중요한 과제였다. 작품 속 인물들은 각자의 방식으로 민족적 자아를 추구한다. 형식은 개화와 협력을 통해 민족의 발전을 추구하는 인물이고, 영채는 순교를 통해 민족적 정신을 드러내는 인물이다. 선형은 개인의 욕망과 민족적 의무 사이에서 갈등하는 인물이다.
>
> 게다가 "무정"은 민족적 자아를 단일한 형태로 제시하지 않는다. 형식, 영채, 선형은 각자의 방식으로 민족적 자아를 추구하며, 이는 민족적 자아의 다양성을 보여 준다. 형식은 개화와 협력을 통해 민족의 발전을 추구하는 인물이다. 그는 일제의 억압적인 상황 속에서도 교육과 산업을 통해 민족의 힘을 키워야 한다고 생각한다. 반면 영채는 순교를 통해 민족적 정신을 드러내는 인물이다. 그는 일제에 맞서 싸우다가 목숨을 바치지만, 그의 죽음은 민족의 독립을 위한 의지를 나타낸다. 선형은 개인의 욕망과 민족적 의무 사이에서 갈등하는 인물이다. 그는 개인의 행복을 추구하지만, 동시에 민족을 위한 책임감을 느낀다.

① "무정"의 인물들은 저마다 다른 방식으로 민족적 자아를 찾는다.
② "무정"에서는 영채의 죽음을 통해 독립 의지를 나타낸다.
③ "무정"의 주제는 식민지 민중의 민족적 자아 추구이다.
④ "무정"에서 개인의 욕망을 추구하는 인물은 민족적 책임감을 포기하는 면모를 보였다.

정답 · 해설

03

정답 설명

④ 선형은 개인의 행복(욕망)을 추구하지만, 동시에 민족을 위한 책임감을 느낀다.

오답 분석

① 작품 속 인물들은 각자의 방식으로 민족적 자아를 추구한다.
② 영채의 죽음은 민족의 독립을 위한 의지를 나타낸다.
③ "무정"은 식민지 현실 속에서 민족적 자아를 찾는 과정을 다룬 작품이다.

07 문학 지문 파악하기

04 다음 중 밑줄 친 부분에 해당하는 것은?

> 보기 1
>
> 문학 작품을 이해하고 평가하는 데는 다양한 방법이 있다. 여러 가지 방법 중에서 작품 자체에만 주목해서 그 의미를 해석하고 감상하는 방법을 '내재적 비평'이라고 한다. 이 방법은 다른 말로 '절대주의적인 관점'이라고도 부른다.
>
> 이에 반해 작품 자체에 주목하지 않고, 다른 외부적인 요소에 중점을 두고 작품을 감상하는 방법이 있는데 이를 '외재적 비평'이라고 한다. 외재적 비평에는 3가지 관점이 있다. 그중 표현론적 관점이란 작품의 외적 요소 중에서 작가에 초점을 맞추어 문학 작품을 살펴보는 것을 말한다. 당시 작가의 심정은 어떠했는지, 작가의 가치관이나 신념 등은 무엇이며 작가가 어떤 환경에서 이 문학 작품을 쓰게 되었는지 등을 살펴보는 것이 대표적이다. 반영론적 관점은 작품의 외적 요소 중에서 실제 현실에 초점을 맞추어 문학 작품을 살펴보는 것을 말한다. 문학 작품 속 시대의 역사적 상황이 어땠는지 작품이 어떠한 시대를 모방하고 있는지 등을 살펴보는 견해이다. <u>효용론적 관점</u>은 작품의 외적 요소 중에서 독자에 초점을 맞추어 문학 작품을 살펴보는 것을 말한다. 수용론적 관점이라고 부르기도 하는 이 관점은 독자들이 이 문학 작품을 읽고 무엇을 배우고 깨달을지, 독자의 가치관에 어떠한 영향을 미칠지 등을 살펴보는 비평 방법이다.

> 보기 2
>
> 〈봄봄〉은 욕필이라 불리는 갑질의 장인(예비 장인)과 그 집 데릴사위인 주인공, 그리고 욕필이의 둘째 딸이자 주인공이 결혼하기로 약속된 점순이의 이야기다. 4년이 다 돼가도록 월급 한 푼도 못 받고 내번 조금만 더 있다가 점순이랑 결혼 시켜주겠다는 욕필이 장인의 꼬드김에 넘어가서 또 묵묵히 일을 한다. 점순이가 덤벼라도 보라는 충동질에 '나'는 예비 장인이랑 치고받고 다투기도 하지만, 실제로 다툼이 일어나자 자기 아버지 편을 드는 점순이로 인해서 맥이 풀린 '나'는 한차례 매질만 당하다가 돌아온다. 다음날 '나'는 가을에는 꼭 결혼 시켜주겠다는 장인 어른의 재다짐을 받고 장인에게 고마워하며 다시 일을 하러 간다.

① 이 작품은 1930년대 일제 강점기 하층민들이 소작농으로 전락해 어떤 삶을 살았는지를 알 수 있게 한다.

② 작가 김유정의 고향은 강원도이기 때문에 '짜증,안죽' 등의 토속적 어휘와 사투리를 사용해 향토적인 느낌을 불러일으켰다.

③ 나는 '나'처럼 사람들에게 이용당하지 않으려면 주변 사람들의 의도를 잘 파악하고 살아야 되겠다.

④ '나'와 장인의 갈등, 점순이의 이중적인 태도로 인한 상황 반전, 절정을 결말에 삽입한 역순행적 구성 등은 작품의 해학성을 부각시키고 있다.

정답·해설

04

정답 설명

③ 효용론적 관점은 '독자들이 이 문학 작품을 읽고 무엇을 배우고 깨달을지, 독자의 가치관에 어떠한 영향을 미칠지 등을 살펴보는 비평 방법'이라고 하였다. ③ 역시 이 소설을 읽고 이용당하지 않기 위해서 사람들이 의도를 잘 파악하고 살아야겠다는 깨달음의 얻은 부분은 언급하고 있기 때문에 효용론적 관점에 집중한 비평 방법에 해당한다.

공무원 시험 전문 해커스공무원

gosi.Hackers.com

IV PSAT형 언어 논리

01 논지의 강화와 약화

민숙쌤의 독해 비법

① 제시된 중심 내용을 찾는다.

② 강화, 약화를 구분한다.

㉠ 강화, 약화 부분을 삭제한 나머지 내용을 확인한다.
- 강화, 약화 부분을 없는 것으로 판단하자!

㉡ 지문의 내용과 일치 여부를 판단하여 강화, 약화를 판단하고 비교한다.
- 지문 내용과 일치: 강화
- 지문 내용과 불일치/비판: 약화
- 지문 내용과 관련(언급) 없음: 강화X, 약화X

㉢ 중심 내용이 조건을 지닌 주장(~이면/~한다면/~ㄹ수록/~일 때 ~하다)일 경우 반대되는 상황도 주장이다.

예 특정 상품에 대한 사람들의 선호도가 높다면 그 상품의 품질은 좋은 것이다.
= 특정 상품에 대한 사람들의 선호도가 낮다면 그 상품의 품질은 나쁜 것이다.

대표 문제로 유형 체크

다음 글에 대해 평가한 내용으로 가장 적절한 것은?

9급 출제기조 전환 예시문제

> 영국의 유명한 원형 석조물인 스톤헨지는 기원전 3,000년경 신석기시대에 세워졌다. 1960년대에 천문학자 호일이 스톤헨지가 일종의 연산장치라는 주장을 하였고, 이후 엔지니어인 톰은 태양과 달을 관찰하기 위한 정교한 기구라고 확신했다. 천문학자 호킨스는 스톤헨지의 모양이 태양과 달의 배열을 나타낸 것이라는 의견을 제시해 관심을 모았다.
>
> 그러나 고고학자 앳킨슨은 그들의 생각을 비난했다. 앳킨슨은 스톤헨지를 세운 사람들을 '야만인'으로 묘사하면서, 이들은 호킨스의 주장과 달리 과학적 사고를 할 줄 모른다고 주장했다. 이에 호킨스를 옹호하는 학자들이 진화적 관점에서 앳킨슨을 비판하였다. 이들은 신석기시대보다 훨씬 이전인 4만 년 전의 사람들도 신체적으로 우리와 동일했으며 지능 또한 우리보다 열등했다고 볼 근거가 없다고 주장했다.
>
> 하지만 스톤헨지의 건설자들이 포괄적인 의미에서 현대인과 같은 지능을 가졌다고 해도 과학적 사고와 기술적 지식을 가지지는 못했다. 그들에게는 우리처럼 2,500년에 걸쳐 수학과 천문학의 지식이 보존되고 세대를 거쳐 전승되어 쌓인 방대하고 정교한 문자 기록이 없었다. 선사시대의 생각과 행동이 우리와 똑같은 식으로 전개되지 않았으리라는 점은 매우 중요하다. 지적 능력을 갖췄다고 해서 누구나 우리와 같은 동기와 관심, 개념적 틀을 가졌으리라고 생각하는 것은 잘못이다.

글쓴이의 주장

① 스톤헨지가 제사를 지내는 장소였다는 후대 기록이 발견되면 호킨스의 주장은 강화될 것이다.
② 스톤헨지 건설 당시의 사람들이 숫자를 사용하였다는 증거가 발견되면 호일의 주장은 약화될 것이다.
③ 스톤헨지의 유적지에서 수학과 과학에 관련된 신석기시대 기록물이 발견되면 글쓴이의 주장은 강화될 것이다.
④ 기원전 3,000년경 인류에게 천문학 지식이 있었다는 증거가 발견되면 앳킨슨의 주장은 약화될 것이다.

정답 설명 ④ 기원전 3,000년경 인류에게 천문학 지식이 있었다는 증거가 발견되면 2문단 '앳킨슨은 스톤헨지를 세운 사람들을 '야만인'으로 묘사하면서, 이들은 호킨스의 주장과 달리 과학적 사고를 할 줄 모른다고 주장했다.'는 앳킨슨의 주장은 약화될 것이다.

오답 분석 ① 2문단을 통해 볼 때, 호킨스를 옹호하는 사람들은 '스톤헨지를 만든 사람들은 과학적 사고를 할 줄 모른다'는 앳킨슨의 주장에 대해 '진화적 관점에서 앳킨슨을 비판하였음'을 알 수 있다. 즉 호킨스는 스톤헨지를 만든 사람들은 과학적 사고를 할 수 있다고 주장한 것을 알 수 있다. 그런데 만약 스톤헨지가 제사를 지내는 장소였다는 후대 기록이 나타난다면 스톤헨지가 과학적인 장소가 아니라 제사를 지내는 장소임이 밝혀지는 것이기 때문에 호킨스의 주장은 강화되는 것이 아니라 약화된다.

② 1문단을 통해 볼 때, 호일은 '스톤헨지가 일종의 연산장치라는 주장을 하였음'을 알 수 있다. 그러므로 스톤헨지 건설 당시의 사람들이 숫자를 사용하였다는 증거가 발견되면 호일의 주장은 약화되는 것이 아니라 강화된다.

③ 3문단을 통해 글쓴이는 '하지만 스톤헨지의 건설자들이 포괄적인 의미에서 현대인과 같은 지능을 가졌다고 해도 과학적 사고와 기술적 지식을 가지지는 못했다.'고 주장하였다. 그런데 만약 스톤헨지의 유적지에서 수학과 과학에 관련된 신석기시대 기록물이 발견되면 글쓴이의 주장은 강화되는 것이 아니라 약화된다.

01 논지의 강화와 약화

엄선 문제로 실력 향상

[01~02] 다음 글을 읽고 물음에 답하시오.

피라미드는 돌이나 벽돌을 쌓아 만든 사각뿔 모양의 거대한 건조물로, 기원전 2700년에서 기원전 2500년 사이에 건조되었으며 주로 왕이나 왕족의 무덤으로 만들어진 석조물이다. 역사적으로 많은 역사학자들과 고고학자들이 피라미드를 만든 이유에 대해 다양한 추측을 하면서 오늘날까지 이 논쟁은 지속되고 있다.

피라미드 건축에 대한 가장 큰 추측은 '무덤 이론'이다. 즉, 피라미드가 파라오와 왕족들의 무덤이라는 추측이다. ㉠ 그들은 거대한 규모 그리고 건축물 내부에 숨겨진 보물 등을 통해 볼 때, 피라미드는 왕들의 영원한 존재와 부활을 기원하는 무덤으로 인식한 것이다.

하지만 일부 연구자들은 피라미드는 단순히 무덤이 아니라고 주장한다. 그들은 피라미드에서 왕의 유해가 발견되지 않은 점과 지나치게 큰 건축물의 규모 등의 이유를 들어 피라미드는 무덤을 위한 건축물이 아니라고 주장하고 있다. ㉡ 이들은 피라미드가 천문학의 용도로 사용되었다는 '천문학적 역할' 이론을 주장한다. 고대 이집트에서는 이를 오시리스 신과 연결 지으며 신성시했는데 피라미드는 이 별자리와 일치하도록 지어진 것이다. 또한 피라미드 내부 구조 또한 별의 위치에 따라 설계되었는데, 내부의 복도와 방들은 북극성과 오리온자리 별자리가 하늘에 오르고 내리는 것과 일치하도록 배치하였다. ㉢ 이들은 이를 근거로 피라미드가 단순한 무덤을 넘어 천문학적 건축의 용도라고 주장하고 있는 것이다.

한편 일부 연구자들은 ㉣ 그들의 주장에 반박하며 피라미드는 천체 관측용이 아니라 외계인들이 지식을 활용하여 지었을지도 모른다고 주장한다. 먼 과거에 외계인들이 지구를 방문해서 건축한 것이라는 '외계 생명체 건설' 주장은 각종 고대 문서에서 발견되는 '불을 뿜는 마차를 타고 하늘을 날고 인류에게 우주의 지식을 전달했다'는 신들의 이야기로 근거를 뒷받침하고 있다.

01 윗글에 대해 평가한 내용으로 가장 적절한 것은?

① 새로 발견되는 피라미드에 유해가 발견되면 피라미드의 '무덤' 이론이 강화될 것이다.
② 피라미드의 규모가 당시 사람들의 일반적인 왕의 무덤 규모였음이 밝혀지면 글쓴이의 주장은 강화될 것이다.
③ 대피라미드 건축 당시 피라미드 내부 구조와 별자리 위치가 동일했다는 증거가 발견되면 '무덤' 이론은 강화될 것이다.
④ 하늘의 존재가 인류에게 우주의 지식을 전달했다는 고대 문서가 더 발견되면 '천문학적 역할' 이론이 강화될 것이다.

02 문맥상 ㉠~㉣ 중 지시 대상이 같은 것만으로 묶인 것은?

① ㉠, ㉢　　② ㉡, ㉢
③ ㉢, ㉣　　④ ㉡, ㉢, ㉣

정답·해설

01

정답 설명

① 2문단 '피라미드에서 왕의 유해가 발견되지 않은 점과 지나치게 큰 건축물의 규모 등의 이유를 들어 피라미드는 무덤을 위한 건축물이 아니라고 주장하고 있다.'를 통해 볼 때, 만약 유해가 발견된다면 피라미드의 '무덤 이론'은 강화될 것이다.

오답 분석

② 윗글을 통해서는 글쓴이의 주장을 알 수 없다.
③ 대피라미드 건축 당시 피라미드 내부 구조와 별자리 위치가 동일했다는 증거가 발견되면 '천문학적 역할' 이론이 강화되기 때문에, 이와 다른 주장을 하는 '무덤' 이론은 약화될 것이다.
④ 하늘의 존재가 인류에게 우주의 지식을 전달했다는 고대 문서가 더 발견되면 '외계 생명체 건설' 이론이 강화되는 것이지 피라미드의 '천문학적 역할' 이론이 강화되는 것이 아니다.

02

정답 설명

④ 지시 대상이 같은 것은 ㉡, ㉢, ㉣로 이들은 모두 '피라미드가 천문학적 용도로 사용되었다는 '천문학적 역할' 이론을 주장한 사람들'을 의미한다.

오답 분석

㉠ '그들'은 '무덤 이론을 주장한 사람들'을 의미한다.

03 다음 글에 대한 분석으로 적절한 것을 <보기>에서 모두 고른 것은?

2019. 국가직 5급 변형

> 갑: '정격 연주'란 음악을 연주할 때 그것이 작곡된 시대에 연주된 느낌을 정확하게 구현하는 것을 목표로 하는 연주이다. 그럼 어떻게 정격 연주가 가능할까? 그 방법은 옛 음악을 작곡 당시에 공연된 것과 똑같이 재연하는 것이다. 이런 연주는 가능하며, 그렇다면 우리는 음악이 작곡되었던 때와 똑같은 느낌을 구현할 수 있을 것이다.
>
> 을: 옛 음악을 작곡 당시에 연주된 것과 똑같이 재연하는 것은 이상일 뿐이지 현실화할 수 없다. 18세기 오페라 공연에서 거세된 사람만 할 수 있었던 카스트라토 역을 오늘날에는 도덕적인 이유에서 여성 소프라노가 맡아서 노래한다. 따라서 과거와 현재의 연주 관습상 차이 때문에, 옛 음악을 작곡 당시와 똑같이 재연하는 것은 불가능하다.
>
> 병: 똑같이 재연하지 못한다고 해서 정격 연주가 불가능한 것은 아니다. 작곡자는 명확히 하나의 의도를 갖고 작품을 창작한다. 작곡자가 자신의 작품이 어떻게 들리기를 의도했는지 파악해 연주하면, 작곡된 시대에 연주된 느낌을 정확하게 구현할 수 있다. 따라서 작곡자의 의도를 파악할 수 있다면 정격 연주를 할 수 있다.

> **보기**
>
> ㄱ. 한 바이올리니스트가 작곡 당시와 동일한 조건에서 같은 곡을 연주하더라도 연주할 때마다 곡의 느낌과 연주 소리가 달라진다는 것은 갑의 입장을 약화한다.
>
> ㄴ. 러시아 교향악단이 베토벤의 교향곡을 완벽하게 재연했다는 것은 을의 입장을 약화한다.
>
> ㄷ. 어떤 피아니스트가 악보만 보고 16세기 창작된 중세 교회 음악의 느낌을 정확하게 표현해 냈다는 것은 병의 입장을 약화한다.

① ㄱ　　② ㄱ, ㄷ　　③ ㄴ, ㄷ　　④ ㄱ, ㄴ, ㄷ

정답·해설

03

정답 설명

④ ㄱ: '갑'은 옛 음악을 작곡 당시에 공연한 것과 똑같은 상황으로 재연하면 당시 연주된 느낌을 정확하게 구현하는 '정격 연주'가 가능하다고 설명하고 있다. 그런데 ㄱ의 상황은 같은 곡을 연주하더라도 연주할 때마다 곡의 느낌이 달라진다고 하였기 때문에 '갑'의 입장을 약화한다.

ㄴ: '을'은 옛 음악을 작곡 당시에 연주된 것과 똑같이 재연하는 것은 불가능하다고 하였다. 그런데 ㄴ은 베토벤의 교향곡을 러시아 교향악단이 똑같이 재연하였다는 내용이므로 '을'의 입장을 약화한다.

ㄷ: '병'은 연주자가 작곡가의 의도를 파악하면 '정격 연주'가 가능하다고 하였다. 이때 작곡가의 의도를 파악하려면 음악의 곡조를 기록한 악보 이외에 작가의 생각, 당시 상황 등의 작가 개인에 대한 정보가 있어야 한다. 하지만 ㄷ은 악보만으로 16세기 중세 교회 음악의 느낌을 완벽하게 재연하였다고 하였기 때문에 '병'의 입장을 약화한다.

04 A와 B의 주장에 대한 평가로 적절한 것만을 <보기>에서 모두 고르면?

2021. 국가직 5급 변형

A는 근대화란 곧 산업화이고 산업화는 농촌을 벗어난 농민들이 도시의 임금 노동자가 되어가는 과정이라고 생각했다. 토지에 얽매이지 않으며 노동력 말고는 팔 것이 없는 이들을 '자유로운 노동자'라고 불렀다. 이들 중에서 한 사람의 임금으로 가족 전부를 부양할 수 있을 만큼의 급여를 확보한 특권적인 노동자가 나타난다. 이 노동자가 한 집안의 가장 혹은 '빵을 벌어오는 사람'이다. 이렇게 자신과 가족의 생활을 유지할 만큼 급여를 받는 피고용자를 정규직이라 불러왔다. 사회의 '건강하고 문화적인' 생활 수준과 노사 협의를 통해서 결정된다. A는 산업화가 지속적으로 진전되면 세상의 모든 사람은 정규직 임금 노동자가 된다고 예측했다.

이에 이의를 제기한 B는 산업화가 진전됨에 따라 노동자들이 크게 핵심부, 반주변주, 주변주로 나뉜다고 주장했다. 핵심부에 속하는 노동자들은 혼자 벌어 가정을 유지할 만큼의 급여를 확보하는 정규직 노동자들인데, 이들의 일자리는 사회적 희소재로서 앞으로는 늘어나지 않을 것으로 예측되었다. 그 대신에 반주변부에는 정규직보다 급여가 낮은 비정규직을 포함하는 일반 노동자들이 계속해서 많아지게 될 것이다. 그의 예측은 적중했다.

산업화가 진전된 선진국에서는 고용의 파이가 더 이상 확대되지 않거나 축소되었다. 일반적으로 노조가 발달한 선진국에는 노동자에게 '선임자 특권'이라는 것이 있다. 이로 인해 이미 고용된 나이 많은 노동자를 해고하는 것이 어려워져 신규 채용을 회피하게 된다. 그 결과 국제적으로 정규직의 파이는 거의 모든 사회에서 축소되는 경향을 낳았다. 그러한 바탕 위에 노동 시장에서 고용의 비정규직화는 지속적으로 강화되었으며 청년 실업률 또한 높아졌다.

보기

ㄱ. 산업화가 지속된다면 A는 세상 모든 사람들이 정규직 노동자가 될 것이라 생각하지만, B는 그렇지 않다.

ㄴ. B는 산업화가 지속되어도 정규직 일자리는 늘지 않고, 비정규직 일자리가 많아지게 될 것이라고 생각했다.

ㄷ. A와 B는 산업화가 진전됨에 따라 청년들이 비정규직으로 고용될 확률이 높아진다고 주장한다.

① ㄱ　② ㄱ, ㄴ　③ ㄴ, ㄷ　④ ㄱ, ㄴ, ㄷ

정답·해설

04

정답 설명

② ㄱ: 1문단 마지막 문장을 통해 A는 산업화가 지속된다면 모든 사람들이 정규직 임금 노동자가 될 것이라고 예측하고 있음을 알 수 있다. 그러나 B는 2문단 2번째 문장을 통해 산업화가 진전됨에 따라 정규직 노동자는 사회적 희소재로서 앞으로는 늘어나지 않을 것으로 예측하고 있음을 알 수 있다.

ㄴ: B는 2문단에서 산업화가 진전됨에 따라 노동자가 핵심부, 반주변부, 주변부로 나뉘며, 핵심부에 속하는 정규직 노동자들의 일자리는 사회적 희소재로서 늘어나지 않고 비정규직을 포함하는 일반 노동자 혹은 실업자를 포함하는 일반 노동자 혹은 실업자를 포함하여 그보다 열악한 상황에 놓인 노동자가 많아지게 될 것 이라고 주장했다.

오답 분석

ㄷ: A는 산업화가 진전되면 모든 사람이 정규직 노동자가 된다고 했을 뿐, 청년들이 비정규직으로 고용될 확률이 높아진다고 주장했음은 알 수 없으므로 적절하지 않은 분석이다. 또한 B는 산업화가 진전되어도 정규직 일자리 수는 늘지 않을 것이며 비정규직이나 실업자가 많아질 것이라고 예측했을 뿐, 청년들의 비정규직 고용에 대해서는 설명하지 않았다.

05 ㉠을 평가한 내용으로 적절한 것만을 <보기>에서 모두 고르면?

9급 출제기조 전환 예시문제

> 흔히 '일곱 빛깔 무지개'라는 말을 한다. 서로 다른 빛깔의 띠 일곱 개가 무지개를 이루고 있다는 뜻이다. 영어나 프랑스어를 비롯해 다른 자연언어들에도 이와 똑같은 표현이 있는데, 이는 해당 자연언어가 무지개의 색상에 대응하는 색채 어휘를 일곱 개씩 지녔기 때문이라고 할 수 있다.
>
> 언어학자 사피어와 그의 제자 워프는 여기서 어떤 영감을 얻었다. 그들은 서로 다른 언어를 쓰는 아메리카 원주민들에게 무지개의 띠가 몇 개냐고 물었다. 대답은 제각각 달랐다. 사피어와 워프는 이 설문 결과에 기대어, 사람들은 자신의 언어에 얽매인 채 세계를 경험한다고 판단했다. 이 판단으로부터, "우리는 모국어가 그어놓은 선에 따라 자연 세계를 분단한다."라는 유명한 발언이 나왔다. 이에 따르면 특정 현상과 관련한 단어가 많을수록 해당 언어권의 화자들은 그 현상에 대해 심도 있게 경험하는 것이다. 언어가 의식을, 사고와 세계관을 결정한다는 이 견해는 ㉠ 사피어-워프 가설이라 불리며 언어학과 인지과학의 논란거리가 되어왔다.

보기

ㄱ. 눈[雪]을 가리키는 단어를 4개 지니고 있는 이누이트족이 1개 지니고 있는 영어 화자들보다 눈을 넓고 섬세하게 경험한다는 것은 ㉠을 강화한다.
ㄴ. 수를 세는 단어가 '하나', '둘', '많다' 3개뿐인 피라하족의 사람들이 세 개 이상의 대상을 모두 '많다'고 인식하는 것은 ㉠을 강화한다.
ㄷ. 색채 어휘가 적은 자연언어 화자들이 색채 어휘가 많은 자연언어 화자들에 비해 색채를 구별하는 능력이 뛰어나다는 것은 ㉠을 약화한다.

① ㄱ　　② ㄱ, ㄴ　　③ ㄴ, ㄷ　　④ ㄱ, ㄴ, ㄷ

정답·해설

05

정답 설명

④ '사피어-워프 가설'은 특정 현상과 관련된 단어가 많을수록 특정 현상에 대한 경험도 많고, 사고나 세계관도 영향을 크게 받는다는 것이다. 이를 정리하면 '특정 단어↑→ 관련 경험, 관련 사고, 의식, 세계관↑'으로 설명할 수 있다. 이는 거꾸로 '특정 단어↓→ 관련 경험, 관련 사고, 의식, 세계관↓'과 같은 의미이다. 그러므로 이 2가지 경우에 해당하면 글쓴이의 주장과 일치하는 것이기 때문에 글의 내용을 강화하는 것이고, 이 경우에 해당하지 않으면 글쓴이의 주장과 일치하지 않는 것이기 때문에 글의 내용을 약화하는 것이다.

ㄱ. 눈[雪]을 가리키는 단어↑→ 눈 경험↑: 글쓴이의 주장을 강화한다.
ㄴ. 수를 세는 단어↓ → 대상에 대한 인식↓(대상을 '1, 2, 많음'으로만 인식함): 글쓴이의 주장을 강화한다.
ㄷ. 색채 어휘↓→ 색채를 구별하는 능력↑: 글쓴이의 의견과 일치하지 않기 때문에 주장을 약화한다.

06 다음 글의 논지를 강화하는 것으로 가장 적절한 것은? 2025. 국가직 9급

> A국은 도시 이외 지역의 초중고 교사가 부족하다. 이 상황을 심각하게 받아들인 A국 정부는 도시 이외 지역의 교사 충원율을 높이기 위해, 도시 이외 지역의 교사 연봉을 10% 인상하고 교사 양성 프로그램을 확대하는 정책을 제시했다. 하지만 이 정책은 근본적인 해결책이 되기 어렵다. 문제를 해결하기 위해서는, 단기간에 교사의 수를 늘리거나 교사의 연봉을 인상하기보다는 도시 이외의 지역에서 근무할 수 있는 충분한 교육 환경과 사회 기반 시설을 확보하는 것이 급선무이다. 현직 교사들뿐 아니라 교사를 지망하는 대학 졸업 예정자들 다수는 교육 환경과 사회 기반 시설이 열악한 도시 이외의 지역에서 일하기를 꺼리기 때문이다.

① A국은 정부의 교육 예산이 풍부해서 도시 이외 지역의 교육 환경과 도시의 교육 환경에 별 차이가 없다는 것이 밝혀졌다.
② A국에서 도시 이외의 지역에 근무하던 사회 초년생들이 연봉을 낮추어서라도 도시로 이직한 주된 이유는 교통 시설의 부족으로 밝혀졌다.
③ A국과 유사한 상황이었던 B국에서는 교사 연봉을 5% 인상한 후, 도시 이외 지역의 학생 1인당 교사 비율이 크게 증가했다.
④ A국과 유사한 상황이었던 C국에서는 교사 양성 프로그램을 확대한 이후에 도시뿐 아니라 도시 이외의 지역에서 교사의 수가 크게 증가했다.

정답·해설

06

정답 설명

② 제시된 글은 정부가 시행한 '연봉 인상, 교사 양성 프로그램 확대' 등의 정책은 근본적인 해결책이 되지 못하며, 진정한 해결책은 도시 이외 지역의 교육 환경과 사회 기반 시설을 확보하는 것이라는 주장이 담겨 있다. ②는 연봉이 아닌 사회 기반 시설(교통)이 도시 이외 지역의 교사 충원율에 영향을 미친다는 내용이므로 논지를 강화하는 사례로 적절하다.

오답 분석

① 제시된 글은 도시 이외 지역의 교육 환경이 열악하다고 하였으므로 도시와 교육 환경의 차이가 없다는 사례는 논지를 약화한다.
③ ④ 제시된 글은 연봉과 교사 양성 프로그램은 도시 이외 지역 교사 충원율의 근본적인 해결책이 되지 못한다고 하였으므로 연봉과 교사 양성 프로그램으로 인해 교사 충원율이 증가한 사례는 논지를 약화한다.

02 추리 논증

기초 개념 잡기

1. 명제의 기호화

구분	종류	표현	기호화
부정 표현	not p	• ~이 아니다. • ~가 거짓이다.	~p
조건 명제	If p then q	• p이면 q이다. • p는 q이다. • p는 모두 q이다. • p인 경우(한) q이다. • p일 때에 q이다. • p인 전제하에 q이다. • p하기 위해서 q해야 한다. • p는 q의 충분조건이다. • q는 p의 필요조건이다. • p 중에서 q가 아닌 것은 없다.	p → q 전건 후건 충분조건 필요조건
연언 명제	p and / but q	• 그리고 • ~이면서 • 그러나 • 하지만 • 와/과 • p 중에 일부는 q • p 중에 q가 있다	p ∧ q p와 q는 '연언지'
선언(포괄적) 명제	p or q	• ~이거나 • 또는 • 적어도 하나	p ∨ q p와 q는 '선언지'

2. 조건 명제의 역/이/대우

구분	종류	기호화
p → q	역	q → p
	이	~p → ~q
	대우	~q → ~p

3. 논리 규칙

구분	기호화
교환 규칙	$p \land q \equiv q \land p$ $p \lor q \equiv q \lor p$
결합 규칙	$[p \land (q \land r)] \equiv [(p \land q) \land r]$ $[p \lor (q \lor r)] \equiv [(p \lor q) \lor r]$
연쇄 논법	$p \rightarrow q$ $q \rightarrow r$ $\therefore p \rightarrow r$
대우	$(p \rightarrow q) \equiv (\sim q \rightarrow \sim p)$

4. 주의해야 할 기호화

표현	예	기호화
A만이 B이다.	영희만이 선생님이다.	선생님 → 영희
A에만 B이다.	공원에만 시계가 있다.	시계 → 공원
어떤 A도 B이지 않다.	어떤 학생도 시험을 좋아하지 않는다.	학생 → ~시험

5. 부정

구분	기호화	표현
단순 부정	$\sim A$	• A가 아니다. • A가 거짓이다. • A를 싫어한다. • A를 탈퇴한다.
이중 부정	$\sim(\sim A)$	• A가 아닌 것은 아니다. • A가 거짓인 것은 아니다. • A를 탈퇴하지 않는다.
	$\sim(\sim A \land \sim B)$	• A와 B 모두 좋아하지 않는 것은 아니다. • A와 B 모두 적절하지 않은 것은 아니다.
부정문 대우	• $C \rightarrow A \land B = \sim(A \land B) \rightarrow \sim C$ • $C \rightarrow A \lor B = \sim(A \lor B) \rightarrow \sim C$	사과를 좋아하면 딸기와 참외를 좋아한다. = 딸기나 참외를 좋아하지 않으면 사과를 좋아하지 않는다.

02 추리 논증

유형 분석 & 대표 문제 조건 명제

민숙쌤의 유형 분석

① 조건 명제는 '→'로 기호화한다.

② 조건 명제의 표현
㉠ A면 B이다.
㉡ A는 B이다.
㉢ A일 때 B이다.
㉣ A인 경우 B이다.
㉤ A는 모두 B이다.

01 다음 진술이 모두 참일 때 반드시 참인 것은?

○ 오 주무관이 회의에 참석하면, 박 주무관도 참석한다.
○ 박 주무관이 회의에 참석하면, 홍 주무관도 참석한다.
○ 홍 주무관이 회의에 참석하지 않으면, 공 주무관도 참석하지 않는다.

① 공 주무관이 회의에 참석하면, 박 주무관도 참석한다.
② 오 주무관이 회의에 참석하면, 홍 주무관은 참석하지 않는다.
③ 박 주무관이 회의에 참석하지 않으면, 공 주무관은 참석한다.
④ 홍 주무관이 회의에 참석하지 않으면, 오 주무관도 참석하지 않는다.

01 **정답 설명** ④ 제시된 명제를 도식화하면 다음과 같다.

구분	명제	대우
전제 1	오 주무관 → 박 주무관	~박 주무관 → ~오 주무관
전제 2	박 주무관 → 홍 주무관	~홍 주무관 → ~박 주무관
전제 3	~홍 주무관 → ~공 주무관	공 주무관 → 홍 주무관

전제 1과 전제 2를 연쇄 논법으로 삭제하면 '오 주무관 → 홍 주무관'이 되므로, 이 도식의 대우인 '~홍 주무관 → ~오 주무관'이 반드시 참인 명제가 된다.

02 다음 명제가 모두 참일 때, 항상 옳은 것은?

> ○ 운동을 하는 모든 사람은 건강하다.
> ○ 건강한 모든 사람은 불면증이 없다.
> ○ 생기가 있는 모든 사람은 운동을 한다.

① 생기가 있는 모든 사람은 건강하지 않다.
② 불면증이 있는 모든 사람은 운동을 한다.
③ 운동을 하는 모든 사람은 불면증이 없다.
④ 생기가 있는 모든 사람은 불면증이 있다.

03 다음 명제가 모두 참일 때, 항상 옳은 것은?

> ○ 자택을 가진 모든 사람은 부자이다.
> ○ 결혼을 한 모든 사람은 자택을 가진다.
> ○ 돈을 벌지 않는 모든 사람은 부자가 아니다.

① 결혼을 한 모든 사람은 돈을 번다.
② 자택을 가진 모든 사람은 돈을 벌지 않는다.
③ 모든 부자는 자택을 가진다.
④ 돈을 벌지 않은 모든 사람은 자택을 가진다.

02 **정답 설명** ③ 제시된 명제를 도식화하면 다음과 같다.

구분	명제	대우
전제 1	운동 → 건강	~건강 → ~운동
전제 2	건강 → ~불면증	불면증 → ~건강
전제 3	생기 → 운동	~운동 → ~생기

전제 1과 전제 2를 연쇄 논법으로 삭제하면 '운동 → ~불면증'이 된다.

03 **정답 설명** ① 제시된 명제를 도식화하면 다음과 같다.

구분	명제	대우
전제 1	자택 → 부자	~부자 → ~자택
전제 2	결혼 → 자택	~자택 → ~결혼
전제 3	~돈 → ~부자	부자 → 돈

전제 2와 전제 1을 연결하면 '결혼 → 자택 → 부자'가 된다. 따라서 '결혼 → 부자'가 되고, 전제 3의 대우인 '부자 → 돈'과 연결하면 '결혼 → 돈'이 된다.

02 추리 논증

유형 분석 & 대표 문제 연언 명제

민숙쌤의 유형 분석

① 연언 명제는 '∧'로 기호화한다.

② 연언 명제의 표현
㉠ A 그리고 B이다.
㉡ A이면서 B이다.
㉢ A 그러나 B이다.
㉣ A 하지만 B이다.
㉤ A의 일부는 B이다.

01 몽골, 베트남, 스페인, 이탈리아 네 국가를 두고, 어디로 여행을 갈지 <조건>을 정했다고 하자. 이를 따를 때 반드시 참이라고 할 수 있는 것은?

조건
○ 몽골을 간다면, 베트남을 가지 않는다.
○ 스페인을 간다면, 이탈리아를 가지 않는다.
○ 몽골과 스페인을 간다.

① 몽골, 베트남, 스페인, 이탈리아 모두 간다.
② 베트남만 가지 않는다.
③ 이탈리아만 가지 않는다.
④ 베트남과 이탈리아 모두 가지 않는다.

01 **정답 설명** ④ 제시된 명제를 도식화하면 다음과 같다.

구분	명제	대우
전제 1	몽골 → ~베트남	베트남 → ~몽골
전제 2	스페인 → ~이탈리아	이탈리아 → ~스페인
전제 3	몽골 ∧ 스페인	-

전제 3에 따라 몽골과 스페인을 가는 것은 확정임을 알 수 있다. 전제 1은 몽골을 가면 베트남을 가지 않는다는 것인데, 몽골을 가는 것이 확정되었으므로 베트남은 가지 않음을 알 수 있다. 또 전제 2는 스페인을 가면 이탈리아는 가지 않는다는 것인데, 스페인을 가는 것이 확정되었으므로 이탈리아는 가지 않음을 알 수 있다. 따라서 '몽골, ~베트남, 스페인, ~이탈리아'이므로 반드시 참인 것은 ④이다.

02 **다음 명제들이 모두 참일 때 반드시 참이라고 할 수 있는 것은?**

> ○ 고추를 심으면, 상추를 심지 않는다.
> ○ 감자는 심지 않고 고추는 심는다.
> ○ 배추를 심지 않으면, 감자는 심는다.

① 고추, 상추, 감자, 배추 모두 심는다.
② 상추만 심지 않는다.
③ 상추는 심지 않고 배추는 심는다.
④ 고추, 상추, 감자, 배추를 모두 심지 않는다.

03 **A교재, B교재, C교재, D교재를 두고, 어느 것을 풀지 <조건>을 정했다고 하자. 이를 따를 때 반드시 참이라고 할 수 있는 것은?**

> 조건
> ○ A교재를 푼다면, B교재를 풀지 않는다.
> ○ C교재를 푼다면, D교재를 풀지 않는다.
> ○ A교재와 C교재를 푼다.

① A교재, B교재, C교재, D교재 모두 푼다.
② B교재만 풀지 않는다.
③ D교재만 풀지 않는다.
④ B교재와 D교재 모두 풀지 않는다.

02 정답 설명 ③ 제시된 명제를 도식화하면 다음과 같다.

구분	명제	대우
전제 1	고추 → ~상추	상추 → ~고추
전제 2	~감자 ∧ 고추	-
전제 3	~배추 → 감자	~감자 → 배추

전제 2에 따라 '~감자, 고추'는 확정임을 알 수 있다. 전제 1과 전제 3의 대우가 각각 '고추, ~감자'로 시작되므로 후건인 '~상추, 배추'가 확정됨을 알 수 있다. 따라서 '고추, ~상추, ~감자, 배추'이므로 반드시 참인 것은 ③이다.

03 정답 설명 ④ 제시된 명제를 도식화하면 다음과 같다.

구분	명제	대우
전제 1	A교재 → ~B교재	B교재 → ~A교재
전제 2	C교재 → ~D교재	D교재 → ~C교재
전제 3	A교재 ∧ C교재	-

전제 1과 전제 2는 각각 A교재와 C교재를 풀면 B교재와 D교재는 풀지 않는다는 것인데, 전제 3에 따라 A교재와 C교재를 푸는 것이 확정되었으므로 B교재와 D교재는 풀지 않음을 알 수 있다. 따라서 'A교재, ~B교재, C교재, ~D교재'이므로 반드시 참인 것은 ④이다.

02 추리 논증

유형 분석 & 대표 문제 선언 명제

민숙쌤의 유형 분석

① 선언 명제는 'V'로 기호화한다.

② 연언 명제의 이중 부정은 선언 명제로 푼다.
예 사과와 참외가 모두 필요하지 않은 것은 아니다. → 사과가 필요하거나 참외가 필요하다.

③ 선언 명제의 표현
㉠ 적어도 하나
㉡ ~이거나
㉢ 또는

01 다음 글의 내용이 참일 때, 반드시 참이라고 할 수 있는 것은?

> ○ 철이, 돌이 중 적어도 하나는 합격한다.
> ○ 철이가 시험에 합격하면 석이가 떨어진다.
> ○ 돌이가 시험에 합격하면 석이도 합격한다.
> ○ 철이는 합격하지 않는다.

① 철이만 시험에 합격한다.
② 석이만 시험에 합격한다.
③ 철이와 돌이가 시험에 합격한다.
④ 돌이와 석이가 시험에 합격한다.

01 정답 설명 ④ 제시된 명제를 도식화하면 다음과 같다.

구분	명제	대우
전제 1	철이 V 돌이	-
전제 2	철이 → ~석이	석이 → ~철이
전제 3	돌이 → 석이	~석이 → ~돌이
전제 4	~철이	-

전제 4에 따라 '~철이'는 확정이므로 전제 1에서 선언지 제거에 따라 '돌이'가 확정된다. '돌이'가 확정이므로 전제 3에 따라 '석이'도 확정된다. 따라서 '~철이, 돌이, 석이'이므로 반드시 참인 것은 ④이다.

02 다음 진술이 모두 참일 때 반드시 참이라고 할 수 없는 것은?

○ 삼겹살을 먹으면, 볶음밥도 먹는다.
○ 피자를 먹으면, 파스타도 먹는다.
○ 삼겹살이나 피자 중 적어도 하나를 먹는다.

① 볶음밥을 먹지 않으면, 피자를 먹는다.
② 피자를 먹지 않으면, 삼겹살을 먹는다.
③ 파스타를 먹지 않으면, 볶음밥을 먹는다.
④ 삼겹살을 먹지 않으면, 볶음밥을 먹지 않는다.

03 다음 글의 내용이 참일 때 반드시 참이라고 할 수 있는 것은?

○ 민철, 민지, 하람은 발레를 좋아한다.
○ 민철, 민지, 하람 중 적어도 한 명은 백조의 호수를 좋아한다.
○ 민지는 백조의 호수를 좋아하지 않는다.

① 민철이만 백조의 호수를 좋아한다.
② 하람이만 백조의 호수를 좋아한다.
③ 민철이나 하람이가 백조의 호수를 좋아한다.
④ 민지와 하람이가 백조의 호수를 좋아하지 않는다.

02 정답 설명 ④ 제시된 명제를 도식화하면 다음과 같다.

구분	명제	대우
전제 1	삼겹살 → 볶음밥	~볶음밥 → ~삼겹살
전제 2	피자 → 파스타	~파스타 → ~피자
전제 3	삼겹살 ∨ 피자	-

삼겹살을 먹지 않는다고 가정하면 전제 3에 따라 피자를 먹는다. 피자를 먹으면 전제 2에 따라 파스타도 먹는 것을 알 수 있으나 볶음밥을 먹는지의 여부는 알 수 없으므로 ④는 반드시 참이라고 할 수 없다.

03 정답 설명 ③ 제시된 명제를 도식화하면 다음과 같다.

구분	명제	대우
전제 1	민철 ∧ 민지 ∧ 하람 → 발레	~발레 → ~민철 ∨ ~민지 ∨ ~하람
전제 2	민철 백조의 호수 ∨ 민지 백조의 호수 ∨ 하람 백조의 호수	-
전제 3	~민지 백조의 호수	-

전제 2에 따라 민철, 민지, 하람 중 한 명은 백조의 호수를 좋아하는데, 전제 3에 따라 민지는 백조의 호수를 좋아하지 않음을 알 수 있다. 민철이와 하람이가 백조의 호수를 좋아하는지는 확정되지 않지만 전제 2에 따라 둘 중 한 명은 백조의 호수를 좋아하므로 답은 ③이다.

02 추리 논증

유형 분석 & 대표 문제 드모르간의 법칙

민숙쌤의 유형 분석

① 선언(∨)의 부정: ~(A ∨ B) ≡ ~A ∧ ~B

② 연언(∧)의 부정: ~(A ∧ B) ≡ ~A ∨ ~B

01 다음 글의 내용이 참일 때 반드시 참이라고 할 수 있는 것은?

○ 파리행 비행기가 출발했을 때만, 독일행 비행기도 출발한다.
○ 런던행 비행기가 출발하면, 파리행 비행기가 출발하지 않는다.
○ 독일행 비행기는 출발하지 않는다.
○ 런던행과 독일행 비행기가 모두 출발하지 않는 것은 아니다.

① 독일행, 런던행, 파리행 비행기 모두 출발한다.
② 런던행 비행기만 출발한다.
③ 런던행과 독일행 비행기가 출발한다.
④ 독일행과 파리행 비행기가 출발한다.

01 정답 설명 ② 제시된 명제를 도식화하면 다음과 같다.

구분	명제	대우
전제 1	독일행 → 파리행	~파리행 → ~독일행
전제 2	런던행 → ~파리행	파리행 → ~런던행
전제 3	~독일행	-
전제 4	~(~런던행 ∧ ~독일행) = 런던행 ∨ 독일행	-

전제 3에 따라 '~독일행'이 확정이므로 전제 4에서 선언지 제거에 따라 '런던행'이 확정됨을 알 수 있다. '런던행'이 확정이므로 전제 2에 따라 '~파리행'이 확정임을 알 수 있다. 따라서 '런던행, ~독일행, ~파리행'이므로 '런던행' 비행기만 출발함을 알 수 있다. 참고로, '만'이 나오면 위치를 바꿔서 기호화해야 하기 때문에 전제 1은 '독일행 비행기가 출발했을 때, 파리행 비행기도 출발한다.'와 동일하다.

02 다음 글의 내용이 참일 때 반드시 참이라고 할 수 있는 것은?

○ 갑의 대타자 기용이 적절하면, 정의 대타자 기용은 적절하지 않다.
○ 을의 대타자 기용이 적절하면, 정의 대타자 기용도 적절하다.
○ 갑과 을의 대타자 기용이 모두 적절하지 않은 것은 아니다.
○ 을의 대타자 기용은 적절하지 않다.

① 갑의 대타자 기용만 적절하다.
② 을의 대타자 기용만 적절하다.
③ 갑과 을의 대타자 기용이 적절하다.
④ 갑과 정의 대타자 기용이 적절하다.

03 다음 글의 내용이 참일 때 반드시 참이라고 할 수 있는 것은?

○ A는 바둑은 두지 않는다.
○ A는 장기를 둘 때에만, 바둑을 둔다.
○ A는 체스와 바둑을 모두 두지 않는 것은 아니다.
○ A는 체스를 두면, 장기는 두지 않는다.
○ A는 바둑을 두지 않으면 오목도 두지 않는다.

① 체스와 바둑, 오목을 둔다.
② 장기와 체스를 둔다.
③ 체스를 두고, 장기와 오목은 두지 않는다.
④ 장기, 체스, 바둑, 오목 모두 둔다.

02 정답 설명 ① 제시된 명제를 도식화하면 다음과 같다.

구분	명제	대우
전제 1	갑 → ~정	정 → ~갑
전제 2	을 → 정	~정 → ~을
전제 3	~(~갑 ∧ ~을) = 갑 ∨ 을	-
전제 4	~을	-

전제 4에 따라 '~을'이 확정이므로 전제 3인 '갑 ∨ 을'에서 선언지 제거에 따라 '갑'이 확정임을 알 수 있다. '갑'이 확정이므로 전제 1에 따라 '~정'이 확정임을 알 수 있다. 따라서 '갑, ~을, ~정'이므로 '갑'의 대타자 기용만 참임을 알 수 있다.

03 정답 설명 ③ 제시된 명제를 도식화하면 다음과 같다.

구분	명제	대우
전제 1	~바둑	-
전제 2	바둑 → 장기	~장기 → ~바둑
전제 3	~(~체스 ∧ ~바둑) = 체스 ∨ 바둑	-
전제 4	체스 → ~장기	장기 → ~체스
전제 5	~바둑 → ~오목	오목 → 바둑

전제 1에 따라 '~바둑'이 확정이므로 전제 5에 따라 '~오목'도 확정임을 알 수 있다. 또한 전제 3인 '체스 ∨ 바둑'에서 선언지 제거에 따라 '체스'가 확정임을 알 수 있다. '체스'가 확정이므로 전제 4에 따라 '~장기'가 확정임을 알 수 있다. 따라서 '체스, ~바둑, ~장기, ~오목'이므로 답은 ③이다.

유형 분석 & 대표 문제 결론 추론 ①

민숙쌤의 유형 분석

전제의 앞을 동일하게 만들어 결론 추론하기

① 제시된 전제를 기호화한다.

② 교환법칙과 대우를 이용하여 전제의 앞부분(A)을 일치시킨다.

③ 조건절에 있는 일치되는 내용을 삭제하고 결론절 전제 1(B)과 전제 2(C)에 있는 **B, C 순서로** 배치된 전제를 찾는다.

④ 제시된 전제 중에서 '**어떤, 일부**'가 포함된 문장을 찾는다.

***결론 찾기 도표**

㉠

전제	모든 A는 B다.
전제	모든 A는 C다.
결론	?

→ 어떤 B는 C다.

㉡

전제	모든 A는 B다.
전제	어떤 A는 C다.
결론	?

→ 어떤 B는 C다.

㉢

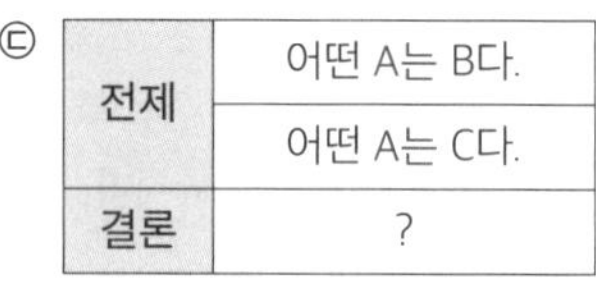

전제	어떤 A는 B다.
전제	어떤 A는 C다.
결론	?

→ 어떤 B는 C다.

01 (가)와 (나)를 전제로 할 때 빈칸에 들어갈 결론으로 가장 적절한 것은?

(가) 노인복지 문제에 관심이 있는 사람 중 일부는 일자리 문제에 관심이 있는 사람이 아니다.
(나) 공직에 관심이 있는 사람은 모두 일자리 문제에 관심이 있는 사람이다.
따라서 [ ].

① 노인복지 문제에 관심이 있는 사람 중 일부는 공직에 관심이 있는 사람이 아니다
② 공직에 관심이 있는 사람 중 일부는 노인복지 문제에 관심이 있는 사람이 아니다
③ 공직에 관심이 있는 사람은 모두 노인복지 문제에 관심이 있는 사람이 아니다
④ 일자리 문제에 관심이 있지만 노인복지 문제에 관심이 없는 사람은 모두 공직에 관심이 있는 사람이 아니다

01 정답 설명 ① 제시된 명제를 도식화하면 다음과 같다.

구분	명제	대우
(가)	노인 복지 ∧ ~일자리 = ~일자리 ∧ 노인 복지	-
(나)	공직 → 일자리	~일자리 → ~공직

(가)와 (나)의 대우는 조건절이 동일하므로 결론을 도출하면 '노인복지 문제에 관심이 있는 사람 중 일부는 공직에 관심이 있는 사람이 아니다(노인 복지 ∧ ~공직).'가 도출되므로 ①은 빈칸에 들어갈 결론으로 적절하다.

02 (가)와 (나)를 전제로 할 때 빈칸에 들어갈 결론으로 가장 적절한 것은?

(가) 출생률 문제에 관심이 있는 사람 중 일부는 세금 문제에 관심이 있는 사람이 아니다.
(나) 사업에 관심이 있는 사람은 모두 세금 문제에 관심이 있는 사람이다.
따라서 [   ].

① 출생률 문제에 관심이 있는 사람 중 일부는 사업에 관심이 있는 사람이 아니다
② 사업에 관심이 있는 사람 중 일부는 출생률 문제에 관심이 있는 사람이 아니다
③ 사업에 관심이 있는 사람은 모두 출생률 문제에 관심이 있는 사람이 아니다
④ 세금 문제에 관심이 있지만 출생률 문제에 관심이 없는 사람은 모두 사업에 관심이 있는 사람이 아니다

03 다음 전제가 모두 참일 때, 반드시 참인 결론인 것은?

○ 매운 음식을 좋아하는 어떤 사람은 과식을 한다.
○ 과음을 하지 않는 모든 사람은 과식을 하지 않는다.
따라서 [   ].

① 매운 음식을 좋아하는 모든 사람은 과음을 한다
② 과음을 하는 모든 사람은 매운 음식을 좋아하지 않는다
③ 과음을 하지 않는 모든 사람은 매운 음식을 좋아한다
④ 매운 음식을 좋아하는 어떤 사람은 과음을 한다

02 정답 설명 ① 제시된 명제를 도식화하면 다음과 같다.

구분	명제	대우
(가)	출생률 ∧ ~세금 = ~세금 ∧ 출생률	-
(나)	사업 → 세금	~세금 → ~사업

(가)와 (나)의 대우는 조건절이 동일하므로 결론을 도출하면 '출생률 문제에 관심이 있는 사람 중 일부는 사업에 관심이 있는 사람이 아니다(출생률 ∧ ~사업).'가 도출되므로 ①은 빈칸에 들어갈 결론으로 적절하다.

03 정답 설명 ④ 제시된 명제를 도식화하면 다음과 같다.

구분	명제	대우
전제 1	매운 음식 ∧ 과식 = 과식 ∧ 매운 음식	-
전제 2	~과음 → ~과식	과식 → 과음

전제 1과 전제 2의 대우를 통해 '매운 음식 ∧ 과음'임을 알 수 있다.

02 추리 논증

유형 분석 & 대표 문제 결론 추론 ②

민숙쌤의 유형 분석

두 명제의 공통부분으로 결론 추론하기

① 선언 명제로 연결된 두 명제의 공통부분을 찾는다.

② (A ∧ B) ∨ (A ∧ C) → 그러므로 'A'이다(선언 명제로 연결된 두 명제의 공통된 부분은 확정 명제가 된다).

01 (가) ~ (다)를 전제로 할 때 빈칸에 들어갈 결론으로 가장 적절한 것은? 2025 국가직 9급

(가) 인공일반지능이 만들어지거나 인공지능 산업이 쇠퇴한다.
(나) 인공일반지능이 만들어지면, 인간의 생활이 편리해지는 동시에 많은 사람이 직장을 잃는다.
(다) 인공지능 산업이 쇠퇴하면, 많은 사람이 직장을 잃는 동시에 세계 경제가 침체된다.
따라서 [　　　　　　　　　　].

① 세계 경제가 침체된다
② 인간의 생활이 편리해진다
③ 많은 사람이 직장을 잃는다
④ 인간의 생활이 편리해지고 세계 경제가 침체된다

01 정답 설명 ③ 제시된 명제를 도식화하면 다음과 같다.

구분	명제	대우
(가)	일반지능 ∨ 산업 쇠퇴	-
(나)	일반지능 → 생활 편리 ∧ ~직장	~생활 편리 ∨ 직장 → ~일반지능
(다)	산업 쇠퇴 → ~직장 ∧ 경제 침체	직장 ∨ ~경제 침체 → ~산업 쇠퇴

(나)와 (다)를 (가)에 결합하면 '(생활 편리 ∧ ~직장) ∨ (~직장 ∧ 경제 침체)'이다. 앞부분을 교환법칙에 의해 다시 정리하면 '(~직장 ∧ 생활 편리) ∨ (~직장 ∧ 경제 침체)'이다. 이때 선언 명제로 연결된 두 명제에 공통된 부분은 확정이 되기 때문에 '~직장'이 결론으로 도출된다.

02 (가) ~ (다)를 전제로 할 때, 빈칸에 들어갈 결론으로 가장 적절한 것은?

(가) 디젤자동차가 만들어지거나 전기차 산업이 쇠퇴한다.
(나) 디젤자동차가 만들어지면 가격이 저렴해지는 동시에 공기가 오염된다.
(다) 전기차 산업이 쇠퇴하면 공기가 오염되는 동시에 미세먼지가 늘어난다.
따라서 [   ].

① 가격이 저렴해진다
② 공기가 오염된다
③ 공기가 오염되고 미세먼지가 늘어난다
④ 가격이 저렴해지고 미세먼지가 늘어난다

03 다음 빈칸에 들어갈 말로 가장 적절한 것은?

갑, 을, 병, 정 네 학생의 수강 신청과 관련하여 다음과 같은 사실들이 알려졌다.
○ 갑과 을 적어도 한 명은 〈글쓰기〉를 신청한다.
○ 을이 〈글쓰기〉를 신청하면 병은 〈말하기〉와 〈듣기〉를 신청한다.
○ 병이 〈말하기〉와 〈듣기〉를 신청하면 정은 〈읽기〉를 신청한다.
○ 정은 〈읽기〉를 신청하지 않는다.
이를 통해 갑이 〈   〉를 신청한다는 것을 알 수 있게 되었다.

① 말하기
② 듣기
③ 읽기
④ 글쓰기

02 정답 설명 ② 제시된 명제를 도식화하면 다음과 같다.

구분	명제	대우
(가)	디젤자동차 ∨ 전기차 산업 쇠퇴	-
(나)	디젤자동차 → 가격 저렴 ∧ 공기 오염	~가격 저렴 ∨ ~공기 오염 → ~디젤자동차
(다)	전기차 산업 쇠퇴 → 공기 오염 ∧ 미세먼지 증가	~공기 오염 ∨ ~미세먼지 증가 → ~전기차 산업 쇠퇴

(나)와 (다)를 (가)에 결합하면 '(가격 저렴 ∧ 공기 오염) ∨ (공기 오염 ∧ 미세먼지 증가)'이고, 앞부분이 동일하도록 교환법칙에 의해 다시 정리하면 '(공기 오염 ∧ 가격 저렴) ∨ (공기 오염 ∧ 미세먼지 증가)'이다. 이때 선언 명제로 연결된 두 명제에 공통된 부분은 확정이 되기 때문에 '공기 오염'이 결론으로 도출된다.

03 정답 설명 ④ 제시된 명제를 도식화하면 다음과 같다.

구분	명제	대우
전제 1	갑〈글쓰기〉 ∨ 을〈글쓰기〉	-
전제 2	을〈글쓰기〉 → (병〈말하기〉 ∧ 병〈듣기〉)	~(병〈말하기〉 ∧ 병〈듣기〉) → ~ 을〈글쓰기〉
전제 3	(병〈말하기〉 ∧ 병〈듣기〉) → 정〈읽기〉	~정〈읽기〉→ ~(병〈말하기〉 ∧ 병〈듣기〉)
전제 4	~정〈읽기〉	-

전제 4에 의하면 '~정<읽기>'가 확정이므로 전제 3의 후건을 부정할 수 있다. 그에 따라 '~(병<말하기> ∧ 병<듣기>)'가 성립한다. 마찬가지로 전제 2의 후건을 부정할 수 있으므로 '~을<글쓰기>'가 성립한다. '~을<글쓰기>'가 확정되므로 선언지 제거에 의해 '갑<글쓰기>'가 성립한다. 따라서 갑이 ④ '<글쓰기>'를 신청한다는 것을 알 수 있다.

02 추리 논증

유형 분석 & 대표 문제 결론의 앞을 동일하게 만들어 전제 추론

민숙쌤의 유형 분석

① 제시된 전제와 결론을 기호화한다.

② '결론'을 기준으로 '결론'의 앞부분과 '전제'의 앞부분이 동일하도록 교환법칙과 대우를 이용하여 전제를 바꾼다.

③ 조건절에 있는 일치되는 내용을 삭제하고 결론절 전제 1(B)과 전제 2(C)에 있는 **B, C 순서로** 배치된 전제를 찾는다.

④ 제시된 전제 중에서 '**모든, 모두**'가 포함된 문장을 찾는다.

***결론 찾기 도표**

㉠

전제	모든 A는 B다.
	?
결론	모든 A는 C다.

→ 모든 B는 C다.

㉡

전제	모든 A는 B다.
	?
결론	어떤 A는 C다.

→ 모든 B는 C다.

㉢

전제	어떤 A는 B다.
	?
결론	어떤 A는 C다.

→ 모든 B는 C다.

01 다음 글의 밑줄 친 결론을 이끌어내기 위해 추가해야 할 것은?

○ 문학을 좋아하는 사람은 모두 자연의 아름다움을 좋아하는 사람이다.
○ 자연의 아름다움을 좋아하는 어떤 사람은 예술을 좋아하는 사람이다.
따라서 예술을 좋아하는 어떤 사람은 문학을 좋아하는 사람이다.

① 자연의 아름다움을 좋아하는 사람은 모두 문학을 좋아하는 사람이다.
② 문학을 좋아하는 어떤 사람은 자연의 아름다움을 좋아하는 사람이다.
③ 예술을 좋아하는 어떤 사람은 자연의 아름다움을 좋아하는 사람이다.
④ 예술을 좋아하지만 문학을 좋아하지 않는 사람은 모두 자연의 아름다움을 좋아하는 사람이다.

01 정답 설명 ① 제시된 명제를 도식화하면 다음과 같다.

구분	명제	대우
전제 1	문학 → 자연	~자연 → ~문학
전제 2	자연 ∧ 예술	-
추가		
결론	예술 ∧ 문학	-

전제 2에 '예술'이라는 공통부분이 있으므로 이를 정리하면 '예술 ∧ 자연', '예술 ∧ 문학'이 된다. 따라서 '예술 ∧ 문학'이라는 결론을 도출하기 위해서는 '자연 → 문학'의 전제가 필요하다. 이를 말로 풀이하면 '자연의 아름다움을 좋아하는 사람은 모두 문학을 좋아하는 사람이다.'로 답은 ①이다.

02 다음 글의 밑줄 친 결론을 이끌어내기 위해 추가해야 할 것은?

> ○ 바다를 좋아하는 사람은 모두 자연을 좋아하는 사람이다.
> ○ 자연을 좋아하는 어떤 사람은 음악을 좋아하는 사람이다.
> 따라서 음악을 좋아하는 어떤 사람은 바다를 좋아하는 사람이다.

① 자연을 좋아하는 사람은 모두 바다를 좋아하는 사람이다.
② 바다를 좋아하는 어떤 사람은 자연을 좋아하는 사람이다.
③ 음악을 좋아하는 어떤 사람은 자연을 좋아하는 사람이다.
④ 음악을 좋아하지만 바다를 좋아하지 않는 사람은 모두 자연을 좋아하는 사람이다.

03 다음 글의 밑줄 친 결론을 이끌어내기 위해 추가해야 할 것은?

> ○ 클래식을 좋아하는 사람은 모두 음악을 좋아하는 사람이다.
> ○ 음악을 좋아하는 어떤 사람은 미술을 좋아하는 사람이다.
> 따라서 미술을 좋아하는 어떤 사람은 클래식을 좋아하는 사람이다.

① 미술을 좋아하지만 클래식을 좋아하지 않는 사람은 모두 음악을 좋아하는 사람이다.
② 클래식을 좋아하는 어떤 사람은 음악을 좋아하는 사람이다.
③ 미술을 좋아하는 어떤 사람은 음악을 좋아하는 사람이다.
④ 음악을 좋아하는 사람은 모두 클래식을 좋아하는 사람이다.

02 정답 설명 ① 제시된 명제를 도식화하면 다음과 같다.

구분	명제	대우
전제 1	바다 → 자연	~자연 → ~바다
전제 2	자연 ∧ 음악	-
추가		
결론	음악 ∧ 바다	-

전제 2에 '음악'이라는 공통부분이 있으므로 이를 정리하면 '음악 ∧ 자연', '음악 ∧ 바다'가 된다. 따라서 '자연을 좋아하는 사람'은 모두 '바다를 좋아하는 사람이다'의 전제가 추가되어야 결론이 도출될 수 있다.

03 정답 설명 ④ 제시된 명제를 도식화하면 다음과 같다.

구분	명제	대우
전제 1	클래식 → 음악	~음악 → ~클래식
전제 2	음악 ∧ 미술 = 미술 ∧ 음악	-
추가		
결론	미술 ∧ 클래식	-

전제 2에 '미술'이라는 공통부분이 있으므로 이를 정리하면 '미술 ∧ 음악', '미술 ∧ 클래식'이 된다. 따라서 '음악을 좋아하는 사람'은 모두 '클래식을 좋아하는 사람이다'의 전제가 추가되어야 결론이 도출될 수 있다.

02 추리 논증

유형 분석 & 대표 문제 결론의 뒤를 동일하게 만들어 전제 추론

민숙쌤의 유형 분석

① 제시된 전제와 결론을 기호화한다.

② '결론'을 기준으로 '결론'의 뒷부분과 '전제'의 뒷부분이 동일하도록 교환법칙과 대우를 이용하여 전제를 바꾼다.

③ 일치된 내용을 삭제하고 '도표'를 암기하여 답을 찾는다.

***결론 찾기 도표**

㉠

구분	내용
전제	모든 B는 A다.
전제	?
결론	모든 C는 A다.

→ 모든 C는 B다.

㉡

구분	내용
전제	모든 B는 A다.
전제	?
결론	어떤 C는 A다.

→ 모든 C는 B다.
→ 모든 B는 C다.
→ 어떤 C는 B다.
→ 어떤 B는 C다.

㉢

구분	내용
전제	어떤 B는 A다.
전제	?
결론	어떤 C는 A다.

→ 모든 B는 C다.

01 다음 글의 모든 문장이 참일 때, 밑줄 친 결론을 이끌어내기 위해 추가해야 할 것은?

> 노란색을 좋아하는 모든 사람은 파란색을 좋아한다. 따라서 <u>빨간색을 좋아하지 않는 모든 사람은 파란색을 좋아한다.</u>

① 노란색을 좋아하는 사람들 중 일부는 파란색을 좋아한다.
② 파란색을 좋아하지 않는 사람들 중 일부는 노란색을 좋아하지 않는다.
③ 노란색을 좋아하지 않는 사람들 모두 빨간색을 좋아하지 않는다.
④ 빨간색을 좋아하지 않는 사람은 모두 노란색을 좋아한다.

01 정답 설명 ④ 제시된 명제를 도식화하면 다음과 같다.

구분	명제	대우
전제	노란색 → 파란색	~파란색 → ~노란색
추가		
결론	~빨간색 → 파란색	~파란색 → 빨간색

전제와 결론에 공통적으로 제시된 단어는 뒷부분인 '파란색'이기 때문에 '파란색'은 삭제한 이후, '노란색'과 '~빨간색'의 관계를 전제에 추가하면 된다. 전제와 결론이 '모두'로 동일한 경우 '모두'를 포함한 전제가 추가되며, 결론에서 전제에 제시된 단어 순서(~빨간색 → 노란색)로 추가되는 전제가 배치되면 된다. 이를 말로 풀이하면 '빨간색을 좋아하지 않는 사람은 모두 노란색을 좋아한다.'가 되기 때문에 답은 ④이다.

02 다음 글의 모든 문장이 참일 때, 밑줄 친 결론을 이끌어내기 위해 추가해야 할 것은?

> 사과를 좋아하지 않는 모든 사람은 포도를 좋아한다. 따라서 딸기를 좋아하지 않는 어떤 사람은 사과를 좋아한다.

① 사과를 좋아하는 어떤 사람은 딸기를 좋아하지 않는다.
② 포도를 좋아하는 어떤 사람은 사과를 좋아하지 않는다.
③ 포도를 좋아하지 않는 모든 사람은 딸기를 좋아한다.
④ 딸기를 좋아하지 않는 모든 사람은 포도를 좋아하지 않는다.

03 다음 글의 모든 문장이 참일 때, 밑줄 친 결론을 이끌어내기 위해 추가해야 할 것은?

> 해달을 좋아하지 않는 모든 사람은 수달을 좋아한다. 따라서 물개를 좋아하지 않는 어떤 사람은 해달을 좋아한다.

① 해달을 좋아하는 어떤 사람은 물개를 좋아하지 않는다.
② 수달을 좋아하는 어떤 사람은 해달을 좋아하지 않는다.
③ 수달을 좋아하지 않는 모든 사람은 물개를 좋아한다.
④ 물개를 좋아하지 않는 모든 사람은 수달을 좋아하지 않는다.

02 정답 설명 ④ 제시된 명제를 도식화하면 다음과 같다.

구분	명제	대우
전제 1	~사과 → 포도	~포도 → 사과
추가		
결론	~딸기 ∧ 사과	-

전제 1을 교환법칙에 의해 동일하게 배치하면 '~포도 → 사과', '~딸기 ∧ 사과'가 된다. 전제와 결론이 '모두'와 '어떤, 일부'로 일치하지 않는 경우, '모두'를 포함한 전제, '어떤, 일부'를 포함한 전제가 모두 가능하며, 그 배치 순서도 '~포도 다음에 ~딸기' '~딸기 다음에 ~포도' 모두 가능하다. 따라서 답은 ④이다.

03 정답 설명 ④ 제시된 명제를 도식화하면 다음과 같다.

구분	명제	대우
전제 1	~해달 → 수달	~수달 → 해달
추가		
결론	~물개 ∧ 해달	-

전제 1을 교환법칙에 의해 동일하게 배치하면 '~수달 → 해달', '~물개 ∧ 해달'이 된다. 전제와 결론이 '모두'와 '어떤, 일부'로 일치하지 않는 경우, '모두'를 포함한 전제와 '어떤, 일부'를 포함한 전제가 모두 가능하며, 그 배치 순서도 '~수달 다음에 ~물개', '~물개 다음에 ~수달' 모두 가능하다. 따라서 답은 ④이다.

유형 분석 & 대표 문제 결론이 확정되었을 때 전제 추론

① 각 명제를 기호화한다.

② 확정 명제를 확인했을 경우, 조건 명제는 전제의 '대우'까지 표시한다.

③ 확정 명제를 시작으로, 결론에서 요구하는 명제가 나올 때까지 연쇄 추론하여 찾는다.

01 다음 글의 밑줄 친 결론을 이끌어내기 위해 추가해야 할 것은?

○ 만약 환경오염이 심각하다면, A국은 세금 지출을 늘릴 것이다.
○ 그런데 A국이 할 수 있는 선택은 세금 지출을 늘리지 않거나 규제 정책을 시행하는 것이다.
○ 그러나 A국이 규제 정책을 시행한다면, A국의 경기는 침체될 것이다.
○ 그러므로 <u>A국의 경기는 결국 침체될 것이다</u>.

① 환경오염이 심각하다.
② A국이 규제 정책을 시행하지 않는다.
③ A국이 규제 정책을 시행한다면, A국은 세금 지출을 늘릴 것이다.
④ A국이 세금 지출을 늘린다면, 환경오염은 심각하지 않을 것이다.

01 정답 설명 ① 제시된 진술과 결론을 기호화하면 다음과 같다.

구분	명제	대우
진술 1	환경오염 심각 → 세금 지출	~세금 지출 → ~환경오염 심각
진술 2	~세금 지출 ∨ 규제 정책	-
진술 3	규제 정책 → 경기 침체	~경기 침체 → ~규제 정책
결론	경기 침체	-

이때 '경기 침체'라는 결론이 도출되려면 진술 3에서 이용할 '규제 정책'이라는 정보가 필요하다. '규제 정책'을 이끌어내기 위해서는 진술 2에서 선언지 제거를 하면 된다. 따라서 진술 2에서 이용할 '세금 지출'이라는 정보가 필요하다. '세금 지출'을 이끌어내기 위해서는 진술 1에서 이용할 '환경오염 심각'이라는 정보가 필요하다. 따라서 추가해야 할 것은 ① '환경오염이 심각하다'이다.

02 다음 밑줄 친 결론을 이끌어내기 위해 추가해야 할 전제는?

○ 만약 국제적으로 테러가 증가한다면, A국의 국방비 지출은 늘어날 것이다.
○ 그런데 A국 앞에 놓은 선택은 국방비 지출을 늘리지 않거나 증세 정책을 실행하는 것이다.
○ 그러나 A국이 증세 정책을 실행한다면, 세계 경제는 반드시 침체한다.
○ 그러므로 세계 경제는 침체하고 말 것이다.

① 국제적으로 테러가 증가한다.
② A국이 감세 정책을 실행한다.
③ A국의 국방비 지출이 늘어나지 않는다.
④ 만약 A국이 증세정책을 실행한다면, A국의 국방비 지출은 늘어날 것이다.

02 정답 설명 ① 제시된 진술과 결론을 기호화하면 다음과 같다.

구분	명제	대우
진술 1	테러↑ → 국방비↑	~국방비↑ → ~테러↑
진술 2	~국방비↑ ∨ 증세	-
진술 3	증세 → 침체	~침체 → ~증세
결론	침체	-

결론인 '침체'가 확정되기 위해서는 진술 3의 전제인 '증세'를 만족해야 한다. 진술 2인 '~국방비↑∨증세'에서 '증세'가 도출되기 위해서는 '국방비↑'여야 한다. '국방비↑ '이기 위해서는 진술 1의 전제인 '테러'를 만족해야 하므로 ①번 '국제적으로 테러가 증가한다'가 정답이다.

유형 분석 & 대표 문제 선언 명제가 있을 때 전제 추론

민숙쌤의 유형 분석

① 각 명제를 기호화한다.
② 결론 명제를 찾는다.
③ 조건 명제의 후건(결과절)이 결론 명제와 동일한 명제를 찾는다.
④ ③의 결론이 나오기 위해서 필요한 '전건(조건절)'을 확인한다.
⑤ ④의 명제를 선언 명제에 적용하여 추가적으로 필요한 전제를 찾는다.

01 다음 대화의 빈칸에 들어갈 말로 가장 적절한 것은? 2025. 국가직 9급

> 갑: 설명회는 다음 달 셋째 주 목요일이나 넷째 주 목요일에 개최해야 합니다.
> 을: 설명회를 [　　　　　　　　　　].
> 병: 설명회를 다음 달 셋째 주 목요일에 개최하면 홍보 포스터 제작을 이번 주 안에 완료해야 합니다.
> 정: 여러분의 의견대로 하자면, 반드시 이번 주 안에 홍보 포스터 제작을 완료해야 하겠군요.

① 다음 달 넷째 주 목요일에 개최해야 합니다
② 다음 달 셋째 주 목요일에 개최할 수 없습니다
③ 다음 달 넷째 주 목요일에 개최할 수 없습니다
④ 다음 달 넷째 주 목요일에 개최하면, 이번 주 안에 홍보 포스터 제작을 완료하지 않아도 됩니다

01 정답 설명 ③ 제시된 명제를 도식화하면 다음과 같다.

구분	명제	대우
갑	셋째 주 목요일 ∨ 넷째 주 목요일	-
을		
병	셋째 주 목요일 → 이번 주 홍보 포스터 제작	~이번 주 홍보 포스터 제작 → ~셋째 주 목요일
정	이번 주 홍보 포스터 제작	-

'정'의 명제 '이번 주 홍보 포스터 제작'을 확정하기 위해서는 '병'의 '셋째 주 목요일 설명회 개최'가 확정되어야 한다. 또한 '갑'의 명제를 통해 볼 때, 설명회는 셋째 주 목요일이나 넷째 주 목요일에 개최되어야 하기 때문에, '을'이 설명회를 '다음 달 넷째 주 목요일'에는 개최할 수 없다는 조건을 추가적으로 제시한다면 결론이 확정될 수 있다. 따라서 답은 ③이다.

02 다음 대화의 빈칸에 들어갈 말로 가장 적절한 것은?

> 갑: 모델하우스는 다음 주 수요일이나 이번 주 토요일에 오픈해야 합니다.
> 을: 모델하우스를 [　　　　　　　　　　].
> 병: 모델하우스를 다음 주 수요일에 오픈하면 안내 문자 발송을 사흘 안에 완료해야 합니다.
> 정: 여러분의 의견대로 하자면, 반드시 사흘 안에 안내 문자 발송을 완료해야 하겠군요.

① 이번 주 토요일에 오픈해야 합니다
② 다음 주 수요일에 오픈할 수 없습니다
③ 이번 주 토요일에 오픈할 수 없습니다
④ 이번 주 토요일에 오픈하면, 사흘 안에 안내 문자 발송을 완료하지 않아도 됩니다

03 다음 대화의 빈칸에 들어갈 말로 가장 적절한 것은?

> 갑: 도서관은 5월 5일이나 6일에 휴관해야 합니다.
> 을: 도서관을 [　　　　　　　　　　].
> 병: 도서관을 5월 5일에 휴관하면 행사 취소 안내를 이번 주 안에 완료해야 합니다.
> 정: 여러분의 의견대로 하자면, 반드시 이번 주 안에 행사 취소 안내를 완료해야 하겠군요.

① 5월 6일에 휴관해야 합니다
② 5월 5일에 휴관할 수 없습니다
③ 5월 6일에 휴관할 수 없습니다
④ 5월 6일에 휴관하면, 이번 주 안에 행사 취소 안내를 완료하지 않아도 됩니다

02 정답 설명 ③ 제시된 명제를 도식화하면 다음과 같다.

구분	명제	대우
갑	다음 주 수요일 ∨ 이번 주 토요일	-
을		
병	다음 주 수요일 → 안내 문자 발송	~안내 문자 발송 → ~다음 주 수요일
정	안내 문자 발송	-

'정'의 '안내 문자 발송'을 확정하기 위해서는 '병'의 '다음 주 수요일'이 확정되어야 한다. '다음 주 수요일'이 확정되기 위해서는 '갑'의 '다음 주 수요일 ∨ 이번 주 토요일'에서 '~이번 주 토요일'이 추가되어야 한다. 따라서 답은 ③이다.

03 정답 설명 ③ 제시된 명제를 도식화하면 다음과 같다.

구분	명제	대우
갑	5월 5일 ∨ 5월 6일	-
을		
병	5월 5일 → 이번 주 행사 취소 안내	~이번 주 행사 취소 안내 → ~5월 5일
정	이번 주 행사 취소 안내	-

'정'의 '이번 주 행사 취소 안내'를 확정하기 위해서는 '병'의 '5월 5일'이 확정되어야 한다. '5월 5일'이 확정되기 위해서는 '갑'의 '5월 5일 ∨ 5월 6일'에서 '~5월 6일'이 추가되어야 한다. 따라서 답은 ③이다.

02 추리 논증

유형 분석 & 대표 문제 확정 명제가 있을 때 추론

민숙쌤의 유형 분석

① 확정 명제는 가장 먼저 사용한다.
예 철수는 반장이다.

01 다음 진술이 모두 참일 때 반드시 참인 것은? 2025. 국가직 9급

○ 갑이 제주도 출장을 가면, 을은 제주도 출장을 가지 않는다.
○ 을이 제주도 출장을 가지 않으면, 병은 휴가를 내지 않는다.
○ 병이 휴가를 낸다.

① 갑이 제주도 출장을 가지 않는다.
② 을이 제주도 출장을 가지 않는다.
③ 갑이 제주도 출장을 가고 병은 휴가를 낸다.
④ 을이 제주도 출장을 가고 병은 휴가를 내지 않는다.

01 정답 설명 ① 제시된 명제를 도식화하면 다음과 같다.

구분	명제	대우
전제 1	갑 제주도 → ~을 제주도	을 제주도 → ~갑 제주도
전제 2	~을 제주도→ ~병 휴가	병 휴가 → 을 제주도
전제 3	병 휴가	

전제 3에서 '병 휴가'가 확정되었기 때문에 이를 전제 2의 대우에 결합하면 '을 제주도'도 확정된다. '을 제주도'가 확정되었으므로 이를 전제 1의 대우와 결합하면 '~갑 제주도'가 확정된다.

02 철수가 섭취할 음식을 모두 고른 것은?

> 철수는 오이, 빵, 계란, 토마토 중에서 다음 조건에 따라 먹을 예정이다.
> ○ 철수가 오이를 먹는다.
> ○ 철수가 빵을 먹지 않으면 오이와 토마토도 먹지 않는다.
> ○ 철수가 계란을 먹으면 오이를 먹지 않는다.
> ○ 철수가 토마토를 먹으면 계란을 먹는다.

① 오이, 계란, 빵 ② 오이, 토마토, 빵 ③ 오이, 빵 ④ 오이, 토마토

03 다음 글의 내용이 참일 때 반드시 참이라고 할 수 있는 것은?

> 다음 조건에 따라, 모의고사를 실시하려고 한다.
> ○ 국어 모의고사를 실시할 때만, 영어 모의고사도 실시한다.
> ○ 사탐 모의고사를 실시하면, 국어 모의고사를 실시하지 않는다.
> ○ 영어 모의고사는 실시하지 않는다.
> ○ 사탐과 영어 모의고사를 모두 실시하지 않는 것은 아니다.

① 영어, 사탐, 국어 모의고사를 모두 실시한다. ② 사탐 모의고사만 실시한다.
③ 사탐과 영어 모의고사를 실시한다. ④ 영어와 국어 모의고사를 실시한다.

02 정답 설명 ③ 제시된 명제를 도식화하면 다음과 같다.

구분	명제	대우
전제 1	오이	-
전제 2	~빵 → ~오이 ∧ ~토마토	오이 ∨ 토마토 → 빵
전제 3	계란 → ~오이	오이 → ~계란
전제 4	토마토 → 계란	~계란 → ~토마토

전제 1에서 '오이'가 확정되므로 전제 2의 대우와 전제 3의 대우에 따라 '빵, ~계란'이 확정된다. '~계란'이 확정되므로 전제 4의 대우에 따라 '~토마토'가 확정된다. 따라서 '오이, 빵, ~계란, ~토마토'이므로 철수는 오이와 빵만 먹을 것이다.

03 정답 설명 ② 제시된 명제를 도식화하면 다음과 같다.

구분	명제	대우
전제 1	영어 → 국어	~국어 → ~영어
전제 2	사탐 → ~국어	국어 → ~사탐
전제 3	~영어	-
전제 4	~(~사탐 ∧ ~영어) = 사탐 ∨ 영어	-

전제 3에 따라 '~영어'가 확정이므로 전제 4인 '사탐 ∨ 영어'에서 선언지 제거에 따라 '사탐'이 확정됨을 알 수 있다. '사탐'이 확정이므로 전제 2에 따라 '~국어'가 확정임을 알 수 있다. 따라서 '사탐, ~영어, ~국어'이므로 '사탐'만 실시함을 알 수 있다.

Memo

Memo

Memo

2026 대비 최신개정판

해커스공무원

신 민 숙
쉬운국어

한 권으로 끝

개정 2판 1쇄 발행 2025년 5월 7일

지은이	신민숙
펴낸곳	해커스패스
펴낸이	해커스공무원 출판팀
주소	서울특별시 강남구 강남대로 428 해커스공무원
고객센터	1588-4055
교재 관련 문의	gosi@hackerspass.com 해커스공무원 사이트(gosi.Hackers.com) 교재 Q&A 게시판 카카오톡 플러스 친구 [해커스공무원 노량진캠퍼스]
학원 강의 및 동영상강의	gosi.Hackers.com
ISBN	979-11-7244-976-6 (13710)
Serial Number	02-01-01

이 책의 내용 중 일부는 국립국어원이 제공하는 '표준국어대사전', '한국어 어문 규범'을 참고하였습니다.